dtv

Werden in zwanzig Jahren unsere Kinder die Bilder von Fukushima betrachten so wie wir heute die Bilder von Tschernobyl – mit der gleichen Bestürzung und Ratlosigkeit? Oder werden sie sagen: Wir haben unsere Lektion gelernt, damals ist das Tor zu einem neuen Zeitalter aufgestoßen worden? Wie soll unsere Gesellschaft im Jahr 2030 aussehen? Wie wollen wir leben? Darüber sprechen Klaus Töpfer und Ranga Yogeshwar. Ihr Plädoyer: Wir haben die einmalige Chance, die Welt und unser Verhalten zu verändern. Tun wir alles, um dem Diktat der Kurzfristigkeit zu entkommen!

Klaus Töpfer war elf Jahre Minister in der Bundesregierung und 1998–2006 Direktor des Umweltprogrammes der UN. Im Frühjahr 2011 übernahm er den Co-Vorsitz der »Ethikkommission für eine sichere Energieversorgung der Bundesregierung«, die nach der Katastrophe von Fukushima eingerichtet wurde.

Ranga Yogeshwar studierte experimentelle Physik und arbeitete am Schweizer Institut für Nuklearforschung, am CERN und am Forschungszentrum Jülich. Er moderiert Fernsehsendungen und verfasst Sachbücher. Für seine Berichterstattung zum Reaktorunglück in Fukushima wurde er 2011 mit dem Deutschen Fernsehpreis ausgezeichnet.

Klaus Töpfer/
Ranga Yogeshwar

Unsere Zukunft

Ein Gespräch über die Welt

Deutscher Taschenbuch Verlag

Ausführliche Informationen über unsere
Autoren und Bücher finden Sie auf unserer Website
www.dtv.de

MIX
Papier aus verantwortungsvollen Quellen
FSC
www.fsc.org
FSC® C019821

Ungekürzte Ausgabe 2013
Deutscher Taschenbuch Verlag GmbH & Co. KG, München

Zuerst bei C.H. Beck erschienen unter dem Titel
›Unsere Zukunft. Ein Gespräch über die Welt nach Fukushima‹

Umschlagkonzept: Balk & Brumshagen
Umschlagfoto: Markus Bollen
Satz: Fotosatz Amann, Aichstetten
Druck und Bindung: Druckerei C.H. Beck, Nördlingen
Gedruckt auf säurefreiem, chlorfrei gebleichtem Papier
Printed in Germany • ISBN 978-3-423-34781-5

INHALT

VORWORT
von Ranga Yogeshwar

Dieses Buch entstand im Sommer 2011 als Ergebnis eines intensiven Gesprächs zwischen Klaus Töpfer und mir. In der Vergangenheit waren wir uns mehrfach begegnet, bei Fernsehsendungen, Podiumsdiskussionen, diversen Veranstaltungen oder im Rahmen unserer gemeinsamen Arbeit im Rat für Nachhaltige Entwicklung. Dabei bemerkte ich im Laufe der Jahre, wie er sich veränderte: Aus einem profilierten Parteipolitiker ist ein erfahrener und unabhängiger Fürsprecher in Sachen Nachhaltigkeit geworden. Seine Zeit als Exekutivdirektor des Umweltprogramms der Vereinten Nationen (UNEP) in Nairobi hat seine Sichtweise erweitert.

Die Reaktorkatastrophe in Fukushima und die daraus resultierende Energiewende in Deutschland waren der Anlass für dieses Buch. Wir waren beide umfänglich mit der Katastrophe und ihren Konsequenzen konfrontiert worden. Klaus Töpfer leitete die einberufene Ethikkommission, und ich bemühte mich als Wissenschaftsjournalist, den Unfall und seine Folgen so gut wie möglich zu beleuchten und in den Medien verständlich zu vermitteln.

Beide analysierten wir unabhängig voneinander die Ursachen der Katastrophe und suchten nach konkreten Auswegen. In unseren Gesprächen wurde schnell deutlich, dass man die viel beschworene Energiewende nicht isoliert betrachten kann, denn die Krisen der Energie-, Klima- und Sicherheitspolitik und die anhaltende

«Kernschmelze» der Finanzsysteme hängen miteinander zusammen. Die Energiewende führt unweigerlich zu einer Veränderung unseres Gesamtsystems!

In unseren Gesprächen spannten wir den Bogen von der jüngsten und immer noch gegenwärtigen Vergangenheit bis in unsere Zukunft. Die acht Kapitel des Buches bilden diesen Bogen ab. Nicht unmittelbar in Fragen der Energiewende und der damit verbundenen Perspektiven einzusteigen, war eine bewusste Entscheidung: Wir beide, der Journalist wie der Politiker, haben uns am Schauplatz der Atomkatastrophe aufgehalten, wenn auch zu unterschiedlichen Zeiten, und können unmittelbare Erlebnisse mitteilen. Wer unsere Berichte liest, kann nachvollziehen, wie sich durch intensive Erfahrung und entsprechende Analysen eine Veränderung im Denken ergibt. Erst eine solche Orientierung ermöglicht einen Schritt in die Zukunft.

Unsere Gespräche fanden nicht in kalten Konferenzräumen oder Redaktionsbüros statt, sondern bei mir zu Hause, in einer persönlichen und konzentrierten Atmosphäre. Jenseits von Fernsehstudios und Rednerpulten erlebten wir einen offenen und freundschaftlichen Gedankenaustausch.

Während des Gesprächs ereignete sich ein Unfall: Ein junger Sperber flog gegen eine Fensterscheibe und lag zuckend auf dem Boden. Wir hatten gerade über Katastrophen und Restrisiken gesprochen, als wir den Aufprall hörten. Mir war es unbegreiflich, wie das passieren konnte, denn die größeren Scheiben unseres Hauses sind durch vorsorglich heruntergelassene Stores für Vögel gut sichtbar. Wir alle waren besorgt und unterbrachen unsere Diskussion. Ich rief sofort einen Tierarzt an, Klaus Töpfer kontaktierte ebenfalls seine Tochter, die als Tierärztin erste Ratschläge durchgab. Wir legten den benommenen Vogel in eine Kiste.

Der Fotograf Markus Bollen, der anwesend war und einige Bilder für das Buchcover geschossen hatte, nahm den Vogel auf seinem

Heimweg mit. Nach einer ersten Untersuchung beim Tierarzt brachte er den verletzten Sperber in die Greifvogelstation Gut Leidenhausen bei Köln. Wie sich herausstellen sollte, hatte der Vogel sich bereits zuvor verletzt. Eine Wunde im Rachenraum, verursacht durch den spitzen Knochen einer Beute, hatte sich so heftig entzündet, dass ein Auge angeschwollen und trüb war. Der Sperber hatte also aufgrund seiner eingeschränkten Sicht die Fensterscheibe übersehen. Zum Glück war die Verletzung durch den Aufschlag vergleichsweise gering. Seine Flügel waren intakt. Er erholte sich schnell und fraß selbstständig. Unter medizinischer Fürsorge wurde der spitze Knochen, die Ursache seiner Verletzung, entfernt und die Wunde täglich desinfiziert. Nach diversen Telefonaten besuchte ich einige Tage später die Greifvogelstation und konnte mich vom Fortschritt der Genesung überzeugen.

Nach einigen Wochen würde «unser» Sperber wieder in die Freiheit entlassen. Ich vereinbarte mit den Mitarbeitern der Station, dass ich bei der Auswilderung dabei sein wollte, und auch der Fotograf Markus Bollen wollte diesen Moment festhalten.

Der junge Raubvogel hatte für mich inzwischen Symbolcharakter: Vielleicht hatte er sich wegen seiner Gier beim Fressen verletzt. Seine Sinne waren getrübt. Die Kollision mit der Fensterscheibe – die Katastrophe – war sein «Glück», denn geschwächt und halb erblindet, hätte er ohne die intensive Pflege in der Vogelstation wohl kaum in der Natur überlebt. Das Unglück hatte ihm das Leben gerettet!

Die Katastrophe in Fukushima ist unsere Chance ...

Wie gerne hätte ich Ihnen an dieser Stelle vom geheilten Greifvogel erzählt, von der Auswilderung und von dem glücklichen Moment, wenn der Vogel voller Energie in den Himmel aufsteigt. Wie passend wäre doch in diesem Kontext die Fabel vom Sperber mit dem getrübten Blick, der nun seine Außenwelt wieder klar erkennt und dessen «Einsicht» nicht mehr durch spiegelnde Scheiben getäuscht wird.

Leider achtet die Wirklichkeit nicht immer auf Metaphern und Symbole! Trotz aller Pflege starb der junge Sperber etwa zwei Wochen nach seinem Unfall.

Ihm wurde seine zweite Chance verwehrt …

Ranga Yogeshwar, im September 2011

VORWORT

von Klaus Töpfer

Bisher hatte ich mich immer erfolgreich geweigert, aus aktuellen Anlässen ein Buch zu schreiben oder Grundsatzartikel zu veröffentlichen. Zu groß erschien mir die Gefahr, dass man aus der Aktualität heraus einen Tunnelblick auf die Ereignisse hat, dass man mental nicht weit genug davon entfernt ist, um wirklich die ganze Bandbreite der Ursachen und Wirkungen, vor allem auch der möglichen Lösungen in den Blick zu bekommen. Zu sehr war ich mir der Wahrscheinlichkeit bewusst, dass man sich schnell wiederfindet in der bewussten oder unbewussten Aufnahme von Strömungen und Wertungen, die man weder selbst ausgelöst hat noch in ihren Verzweigungen hinreichend detailliert analysieren konnte.

So war meine Reaktion auf den Anruf aus dem Verlag C.H.Beck, gemeinsam mit Ranga Yogeshwar ein Gesprächsbuch zur Bedeutung, zur Nachwirkung und zur Einordnung der Reaktorkatastrophe von Fukushima zu veröffentlichen, zunächst sehr zurückhaltend, wenn nicht ablehnend. Gründe dafür, an einem solchen Projekt nicht mitzuwirken, gab es für mich ja auch in großer Zahl. Der Terminkalender war ohnedies massiv überlastet. Über nahezu drei Monate hinweg, also in der Zeit, in der die Ethikkommission ihre Arbeit zu bewältigen hatte, mussten alle anderen Termine gestrichen werden. Sie wurden verlagert auf die «Zeit danach» – und diese Zeit war genau jetzt.

Aber: ein Gespräch mit Ranga Yogeshwar? Je konkreter ich mir dies vorstellte, umso stärker traten meine Bedenken in den Hintergrund. Denn deutlich taten sich höchst attraktive Facetten für ein derartiges Gespräch auf. So hatte ich die große Chance, die Überlegungen und Forschungsansätze aufzugreifen und weiterzudenken, die ich als Gründungsdirektor des Instituts für Nachhaltigkeitsforschung (IASS) in Potsdam mit engagierten, hoch qualifizierten jungen Wissenschaftlerinnen und Wissenschaftlern in Angriff genommen habe. Immer «kreativer» habe ich daraufhin meinen Terminkalender nach noch verbliebenen «Frei-Zeiten» durchforstet. Am Ende hatte ich derart viele gefunden, dass auch diese Begründung zur Absage entfiel. Also sagte ich zu.
Diese Zusage habe ich nicht bereut. Es zeigte sich wieder einmal, dass man im Gespräch und später in der Durchsicht dessen, was davon niedergeschrieben wurde, zu einer ganz anderen gedanklichen Durchdringung der Ereignisse gezwungen wird. Das ließ neue Blicke auf diese Katastrophe und ihre Folgen zu, verlängerte das Nachdenken weit über die Kernenergie hinaus. Die analytische Betrachtung des gleichen Vorgangs aus den Perspektiven eines Wissenschaftlers, der wie kaum ein Zweiter komplexe wissenschaftliche Zusammenhänge so aufarbeiten kann, dass sie in der Breite der Bevölkerung verständlich werden, ohne dass damit die Erklärung falsch würde – eine spannende Erfahrung. Und selbst wenn wir viele wichtige Fragen nicht erschöpfend behandeln konnten, wenn der Anspruch an eine wissenschaftlich tief greifende Analyse nicht erhoben wird, die vielen Stunden der gemeinsamen Gespräche wurden dadurch nie belastend. Ganz im Gegenteil: Die Erinnerung an die Zeit in diesem ökologisch so durchdachten Haus in Hennef ist bei mir sehr lebendig und wird es lange bleiben. Für mich war das Mitwirken an diesem Buch ein Gewinn. Vielleicht ist es auch anderen hilfreich und gewinnbringend.

Klaus Töpfer, im September 2011

1 GAU!

Wie Katastrophen uns verändern

Yogeshwar Klaus Töpfer, wissen Sie, was Töpferkerzen sind?

Töpfer Sie sagen es mir gleich.

Yogeshwar Also, Töpferkerzen sind in Kernkraftwerke eingebaute Absaugsysteme, bei denen der Wasserstoff in Sicherheitsbehältern abgefangen wird. Durch dieses System sollen Explosionen verhindert werden.

Töpfer Nach dem Unglück in Tschernobyl, Ende der achtziger Jahre, wurde entschieden, bestimmte Ventile in deutschen Kernkraftwerken zur Druckentlastung einzubauen. Aber bis heute wusste ich noch nicht, dass es auch Töpferkerzen gibt. Mir sind die «Wallmann-Ventile» in Erinnerung. Aber wenn das so ist, dann freue ich mich und bin Ihnen dafür dankbar.

Yogeshwar Dankbar? Ich dachte, Sie würden vor Stolz platzen.

Töpfer Ja, mein Stolz ist kaum zu überbieten.

Yogeshwar Kein Wunder, ich habe noch keine eigene Kerze. Aber es kommt mir so vor, als wenn Ihnen wirklich nicht bekannt war, dass diese Töpferkerzen nach Ihnen benannt sind.

Töpfer Stimmt, davon hatte ich keine Ahnung. Gut, dass Sie mich aufgeklärt haben. Aber wollten wir nicht über etwas anderes reden?

Yogeshwar Ich denke, wir sind schon mitten im Thema. Fukushima hat vieles verändert, und wir beide wollen ein Gespräch über unsere Zukunft führen. Der Auslöser war der 11. März 2011 – erst das Erdbeben, dann der Tsunami, darauf folgend die Serie von Explosionen in den Atomreaktoren von Fukushima-Daiichi. Ist Ihnen schon einmal aufgefallen, dass der 11. März 2011 auf den Tag genau neuneinhalb Jahre nach einem anderen Datum liegt, das die Welt zu Beginn des 21. Jahrhunderts radikal verändert hat – ich meine den 11. September 2001? Für mich sind das ganz besondere Zeitereignisse. Jeder von uns, auch Sie, erinnert sich noch, wo er damals war und was er gemacht hat, als zum Beispiel die beiden Flugzeuge in das New Yorker World Trade Center flogen. Aber was verbinden wir jetzt und in Zukunft mit dem 11. März 2011?

Töpfer Erst einmal: Ob der 11. September 2001 oder der 11. März 2011 – wichtig ist, festzuhalten, dass ich mich an jedes dieser Ereignisse sehr scharf und sehr genau erinnere. Als ich die kaum fassbaren Bilder von den Terroranschlägen in Amerika sah, war das ein Geschehen, so monströs, dass es mit keinem anderen zu vergleichen war. Bei diesen Bildern suchte ich auch gar nicht nach Vergleichen, ich stand wie angewurzelt, musste hinsehen und die Ereignisse verfolgen: Wie die entführten Maschinen auf die Hochhäuser zuflogen, wie nach dem Einschlag in die Türme die Rauchschwaden zum Himmel stiegen, die Türme zusammenbrachen – dazu die einlaufenden Berichte, dass noch ein drittes und viertes Verkehrsflugzeug auf das Pentagon zusteuerten und auf ein weiteres Ziel in der Hauptstadt der Vereinigten Staaten, wohl auf das Weiße Haus.

Zum Zeitpunkt dieses Anschlags war ich in London, und über die großen Bildflächen, die in der City an den Häusern angebracht sind, wurden die schockierenden Bilder übertragen. Der Verkehr ruhte, die Menschen waren fassungslos, es war für Londoner Verhältnisse um diese Zeit sehr still. Dies war eine völlig neue Dimension. Gleichzeitig ertappte ich mich bei der banalen Frage, ob ich an diesem Abend noch wie geplant nach Kenia zurückfliegen könnte. Zu dieser Zeit war ich Exekutivdirektor des Umweltprogramms der Vereinten Nationen und lebte aus diesem Grund seit 1998 in Nairobi. Merkwürdig, welche Gedanken man angesichts einer derartigen Katastrophe haben kann. Da dachte man daran, dass der gesamte Flugverkehr eingestellt werden würde. So war es auch. Bis heute hat diese Katastrophe den Flugverkehr, vor allem die Kontrollsysteme, grundsätzlich und bleibend verändert.

Yogeshwar Nebenbei gesagt: Nach dem Anschlag herrschte in den USA eine große Angst vor dem Fliegen. Viele Geschäftsleute wichen auf das Auto aus. In der Folge stieg dadurch sogar die Zahl der Verkehrsopfer. Der Psychologe Gerd Gigerenzer bemerkt dazu, dass wir unser Leben aufs Spiel setzen, weil wir vermeintlich tödliche Gefahren vermeiden wollen.

Töpfer Wohl wahr, das ist paradox. Aber ich wollte noch etwas zu Fukushima sagen. Da gab es für mich sofort den Vergleich. Da musste ich, als das schwere Erdbeben und der folgende Tsunami den Reaktorkomplex zerstörten, in der Tat sofort an die Katastrophe im Kernkraftwerk Tschernobyl denken, an den 26. April 1986, an dem im Reaktor nahe der ukrainischen Stadt Prypjat der Unfall passierte. Als an diesem Tag langsam durchsickerte, es sei im Bereich der Kernenergie etwas in der damaligen Sowjetunion passiert – ich war zu dieser Zeit Landesumweltminister in Rheinland-Pfalz –, waren wir alle außerordentlich betroffen. Wir hatten gerade in Hessen eine Umweltministerkonferenz. Die Umweltminister der Bundesländer trafen sich – eigentlich ein Routinetermin. Die Nachricht aus der Sowjetunion beendete diese Routine abrupt. Selbst diejenigen Minister, die sich immer engagiert für die Kernenergie eingesetzt hatten, schwiegen, als bekannt wurde, dass der Reaktor beziehungsweise dessen Block 4 explodiert war. In der zivilen Nutzung von Atomenergie war dies bislang der schwerste Unfall weltweit. Zugleich musste ich bei dem japanischen Unglück daran denken, dass die Menschen in diesem Land schon einmal unter einer nuklearen Katastrophe zu leiden hatten, im August 1945, als der amerikanische Präsident Harry S. Truman den Befehl zum Abwurf der Atombomben auf Hiroshima und Nagasaki gegeben hatte, um den Zweiten Weltkrieg in dieser Region der Welt zu beenden. Hierbei starben über 130 000 Menschen.

Yogeshwar Die Nachricht von Hiroshima und Nagasaki schockierte die Menschheit, aber damals führte die Welt Krieg. Städte und Länder lagen in Schutt und Asche, und die Atombombe markierte einen neuen Höhepunkt menschlicher Zerstörungskraft. Damals endete der Zweite Weltkrieg. Bei Tschernobyl waren die Rahmenbedingungen jedoch anders. Im Gegensatz zum Attentat auf das World Trade Center ereignete sich diese Katastrophe ohne Livekameras. Die Welt nahm nicht unmittelbar teil, sondern wurde vor vollendete Tatsachen gestellt. Da war etwas passiert, doch niemand wusste genau, was. Wie erfuhren Sie damals davon, dass Radioaktivität aus dem Kernkraftwerk Tschernobyl entwichen war?

Töpfer Die ersten Informationen erhielten wir von Messstationen in Finnland, denn die sowjetische Regierung hatte eine Informationsmauer gebaut. Nichts sollte nach außen dringen und schon gar nicht in den Westen. Erst nach diesem Unfall, als er sich nicht mehr verbergen ließ, erklärte man sich in der Sowjetunion dazu bereit, dass wir in der Nähe der Kernkraftwerke Messstationen errichten durften, die mit unserem Messnetz verbunden waren. Hätte es ein weiteres nukleares Unglück gegeben, so wäre eine automatische Weiterleitung erfolgt. Bezahlt wurden diese Messstationen in der Sowjetunion übrigens von der Regierung in Bonn. Doch es dauerte, bis die Menschen in der SU einsahen, dass solche Einrichtungen notwendig waren.

Der 11. März 2011 liegt noch nicht lange zurück. Die Bilder von diesem Tag sind noch so nah, ich könnte alles genau zeichnen, nachempfinden, nachziehen: jede Situation, jeden Menschen, mit dem ich an diesem Tag zu tun hatte und dem ich begegnete. In unserem 2009 gegründeten Institute for Advanced Sustainability Studies in Potsdam, dem IASS, veranstalteten wir gerade einen Workshop: Einer der Teilnehmer war Japaner. Er hielt über Internet ständig Kontakt mit seiner Heimat und wurde auf einmal unruhig. Als das Ausmaß des Unglücks von Fukushima und den havarierten Reaktoren klar war, übernahm er die Aufgabe, uns zu informieren. Über ihn bekamen wir genauere Hinweise als über die offiziellen Medienkanäle. Wie im Fall von Tschernobyl konnten wir feststellen, dass die Informationsfreudigkeit und -offenheit, vielleicht aber auch schlicht die Informationsfähigkeit der Handelnden außerordentlich eingeschränkt waren. Ehrlichkeit schien nicht gerade oberstes Gebot zu sein. Es fehlte Vertrauen zu den amtlichen Mitteilungen. Entsprechend misstrauisch wurden die öffentlichen Nachrichten betrachtet, nicht nur in Japan, sondern auch und gerade in Deutschland. Schnell war festzustellen: Wenn die Menschen nicht gleich zu Anfang dem glauben können, was ihnen offiziell mitgeteilt wird, dann wird es schwer, im Nachhinein dieses Manko zu beheben.

Mir war sofort klar, dass die Ereignisse in Japan zu einer Neubewertung der Energietechnologie führen mussten, die auf Kernreaktionen basiert. Zwei Tage später, am 13. März, war ich beim *Presseclub* der ARD eingeladen. Das Thema war Fukushima, die Fragen galten der Bewertung des Super-GAUs in Japan, aber auch den Konsequenzen für die deutsche Energiepolitik. Sagen konnte ich, dass diese Auswirkungen in Japan und in Deutschland weitreichend sein würden. Aber den Gedanken, dass dadurch ein schnelles Abschalten aller deutschen Kernkraftwerke ausgelöst würde, den hatte ich nicht. Auch heute, wo wir wissen, dass es sich um eine dreifache Kernschmelze handelt, also einen Super-GAU hoch drei, können wir uns die gesamten Folgen dieser Katastrophe nur bedingt vorstellen. Zwar wissen wir, dass unzählige Menschen ihre Heimat verlassen mussten und weiterhin in Notunterkünften leben, wir wissen, dass Unmengen von Wasser zur Kühlung der Reaktoren benutzt wurde, das noch in den Anlagen lagert oder kontrolliert oder unkontrolliert ins Meer gelangte – aber was bedeutet das letztlich für die Menschen und die Umwelt, für die Sanierung der Region, für die gesundheitlichen Konsequenzen in der Zukunft?

Yogeshwar Ich finde, es gibt einen qualitativen Unterschied zwischen dem Attentat auf das World Trade Center und den Geschehnissen in Tschernobyl und Fukushima. Zumindest habe ich es so erlebt. Als die entführten Maschinen in die Twin Towers flogen, hielt ich mich in meinem Büro in Köln auf, ich war damals Chef der Wissenschaftsredaktion beim WDR. Plötzlich kam ein Kollege in den Raum und sagte: «Du musst dir das ansehen, da ist möglicherweise ein Flugzeug in die höchsten Türme in New York geflogen.» Ich schaltete das Fernsehgerät ein, und nach und nach versammelten sich die Kollegen in meinem Büro. In den ersten Minuten sah es so aus, als sei es ein Unfall gewesen. Ich kann mich noch gut an den Moment erinnern, als dann das zweite Flugzeug auf den anderen Turm zuflog. Ich werde dieses Bild nie vergessen. Ich wunderte mich, denn wenn man einmal in New York gelandet ist, weiß man, dass der Anflug auf den Flughafen etwas weiter östlich verläuft. Dieses Flugzeug passte irgendwie nicht dahin.

Bis dahin ging man noch von einem Unfall aus, doch die Kollision des zweiten Flugzeugs veränderte alles. Auf einmal wurde klar: Es ist ein Attentat, und kurze Zeit später hieß es: *America is on war!* Die Serie der Attentate machte uns allen klar, wie verletzbar wir sind. Ich entsinne mich noch gut an die tiefe Traurigkeit, die ich an diesem Abend empfand, denn mir wurde klar, dass Angst und Misstrauen unseren Alltag bestimmen würden.

Als Tschernobyl passierte, war ich hingegen in Indien. Ich befand mich auf der Rückreise nach Deutschland, ein Jahr lang war ich im Himalaya gewesen, hatte mir einen Traum erfüllt und war viele Monate abgeschnitten von Nachrichten und der Hektik unserer industriellen Gesellschaft. Nachmittags um fünf hörte ich im Radio BBC World News. Nachmittags um fünf hat das Sonnenlicht in Delhi eine so wunderbare Farbe. Es taucht die Stadt in Gold, und ich vernahm in den Nachrichten, es gebe ein Problem mit einem Reaktor in der Sowjetunion. Als das verlautbart wurde, konnte ich die Dimension dieses Unfalls noch keinesfalls ermessen – das war für mich auch der qualitative Unterschied. Erst im Laufe der nächsten Tage wurde nach und nach das Ausmaß dieser Katastrophe klar. Zurück in Deutschland, besuchte ich meine alten Kollegen im Forschungszentrum Jülich.

Töpfer Damals hieß es noch Kernforschungsanlage Jülich.

Yogeshwar Richtig. Zu der Zeit wurden dort mehrere Forschungsreaktoren betrieben, und an einer Anlage nutzte ich den Reaktor für ein physikalisches Experiment. Für mich, einen Teilchenphysiker, war das zwar untypisch, doch auf diese Weise lernte ich die Welt der Kernreaktoren von innen kennen. Nach Tschernobyl gab es bei den Reaktorphysikern sehr viel Unsicherheit. Keiner wusste anfangs, wie hoch die radioaktive Belastung war. Dann gab es unzählige offene Fragen: Durfte man Salat essen, Milch trinken? Durften Kinder draußen spielen? Es fehlten Ansprechpartner, es gab keine klaren Zuständigkeiten. Niemand von uns konnte genau sagen, wie viele radioaktive Stoffe in die Erdatmosphäre gelangt waren und welche konkreten Konsequenzen das für die Pflanzen und Tiere haben würde.

Wir gingen der Frage nach, wie sich Cäsium, wie sich Jod in Lebensmitteln anreichert, wie dies von der Bodenbeschaffenheit der Pflanzen abhängt. Es hatte sowohl am Forschungszentrum in Jülich wie auch in Kalkar am Niederrhein – dort war 1985, ein Jahr vor dem Unglück in der Ukraine, der Schnelle Brüter fertiggestellt und nie in Betrieb genommen worden – im Vorfeld Untersuchungen darüber gegeben, Radioaktivität auf Pflanzen zu übertragen, um herauszufinden, was sich dabei verändert hat. Aber als die Katastrophe geschah, war das plötzlich nicht mehr eine akademische Arbeit, sondern man benötigte sehr konkrete Antworten, und die fehlten in vielen Bereichen. Und das war dann auch für mich eine wichtige Einsicht: Obwohl man schon lange Kernenergie betrieb, gab es offensichtlich noch viele weiße Flecken.

In Jülich haben wir danach angefangen, mit Natriumjodid-Detektoren die Gammaspektren von verschiedensten Gemüsesorten zu messen. Besonders alles, was aus den südlichen Bundesländern kam, wurde untersucht. Und ich erinnere mich noch an einen Tag, an dem wir Pilze erhalten hatten und feststellten, dass die Cäsium-Aktivität in ihnen besonders hoch war. Das kommunizierten wir damals auch nach München. Dort gab es die Gesellschaft für Strahlenforschung, heute ist es das Helmholtz Zentrum München, das Deutsche Forschungszentrum für Gesundheit und Umwelt. Den Kollegen sagten wir: «Schaut selbst mal nach, ob ihr auch zu diesem Ergebnis kommt.» Noch am selben Tag wurde dann abends in den Nachrichten vor dem Verzehr von Pilzen gewarnt.

Damals bemerkte ich als junger Journalist zum ersten Mal die enorme Spannung zwischen der Welt der Medien und der Welt der Wissenschaft. Ich stand genau zwischen diesen beiden Polen. Für die meisten Chefredakteure waren Begriffe wie Isotop, Becquerel oder Halbwertszeit ein Fremdwort, und in den Reihen der Wissenschaft fiel es den meisten schwer, sich allgemeinverständlich auszudrücken. Damals wurde mir auf intensive Weise klar, wie wichtig eine klare Wissensvermittlung ist.

Töpfer Die Herausforderung zur verständlichen und doch präzisen, nicht beschönigenden oder dramatisierenden Vermittlung wissenschaftlicher Erkenntnisse an die Zivilgesellschaft und die Politik ist bis heute eine ungelöste Aufgabe. Für viele andere Bereiche gilt das ebenfalls. Dabei denke ich zum Beispiel an die vergleichsweise schlichte wissenschaftliche Erkenntnis, dass Fluor-Chlor-Kohlenwasserstoffe die Ozonschicht zerstören.

Yogeshwar Gut. Aber kommen wir auf Fukushima zurück. Dort war vieles ähnlich wie bei Tschernobyl und doch auch ganz anders. Als es in Japan zu der Explosion kam, die mit dem Tsunami begann, saß ich zu Hause in meinem Büro in Hennef. Live konnte ich mitverfolgen, wie dem Erdbeben vor der japanischen Ostküste, das ja eine Stärke von 9,0 hatte, eine Wasserwelle folgte, die bis zu dreiundzwanzig Meter hoch war. Diese Livebilder – das war etwas, was es nicht von Tschernobyl gab. Überhaupt hat sich zwischen Tschernobyl und Fukushima die gesamte Medienlandschaft verändert: Privatfernsehen, Satellitenschaltungen, Internet. Alles ist extrem schnell geworden. Mit meinem Kollegen Thomas Hallet, dem jetzigen Wissenschaftschef vom WDR, diskutierte ich, wie wir auf das Erdbeben reagieren sollten. Zusammen dachten wir über eine Sondersendung nach. Nach einigem Hin und Her meinte ich: »Fukushima ist ein Erdbebenthema, im Moment geht es vor allem um aktuelle Nachrichten, alle wollen wissen, wie es den Menschen in dieser Region ergeht. Niemand interessiert sich für die Wissenschaft von Subduktionszonen und für den pazifischen Feuerring im Detail.»

Wenige Stunden später hieß es, es gebe in einigen Kernkraftwerken angeblich Stromprobleme. Danach klingelte laufend bei mir das Telefon, und ich gab insgesamt drei, vier Radiointerviews. Der erste Gesprächspartner fragte mich: «Was passiert da jetzt?» Daraufhin antwortete ich: «Ich kann mir zwar kein genaues Bild vor Ort machen, aber wenn es nur die Stromversorgung ist, dann kann davon ausgegangen werden, dass die sicher eine Batterienotstromversorgung haben, die sich bei Stromausfall sofort einschaltet. Japan ist ein hoch industrialisiertes Land, und glauben Sie mir, dies wird kein Problem sein. Das Militär wird in kurzer Zeit entsprechende Generatoren einfliegen. Das kriegt man hin.»

Nachdem ich das gesagt hatte, stellte mir der Reporter folgende Frage: «Und was passiert, wenn es keine entsprechenden Generatoren gibt?» Ich sprach dann davon, dass es durch die radioaktive Zerfallswärme, die auch bei einem abgeschalteten Reaktor entsteht, zu einer Erwärmung kommen würde. Durch das Zirkonium – aus diesem Schwermetall werden die Hüllen der Uran-Brennelemente in Kernkraftwerken hergestellt – würde sich dann bei höheren Temperaturen Wasserstoff bilden. Und als ich das geäußert hatte, formulierte ich auch in diesem Moment meine Bedenken: «Dann bildet sich Knallgas, das war schon in Harrisburg so, das ist immer gefährlich, denn es kann zu einer heftigen Explosion im Reaktorgebäude kommen.» Und kurz nachdem ich diese Interviews gegeben hatte, die alle in einer ähnlichen Form abliefen, knallte in Fukushima das Dach von Block 1 weg.

Das war für mich ein Schock, denn auf einen Schlag wurde klar, dass man dort nichts im Griff hatte. Die Fernsehbilder illustrierten auf makabre Weise, was ich kurz zuvor befürchtet hatte. Die Gesetze der Physik hatten die Regie übernommen, und alle wurden zu passiven Zuschauern. Wie in einem festen Drehbuch folgte eine Szene nach der anderen, und der Ablauf war nicht mehr zu ändern. Ein paar Tage später explodierte dann Block 3, danach Block 4 …

Töpfer Lassen Sie mich noch einmal auf die Wirkungen von Informationen auf die breite Bevölkerung eingehen. Große Katastrophen, egal welcher Art, lassen sich meiner Wahrnehmung nach stets auf ein, zwei konkrete Bilder reduzieren. Beim World Trade Center waren es der Einschlag der Flugzeuge und das Zusammenstürzen der Türme. In Fukushima: Wann immer man sich Sondersendungen zu der Reaktorkatastrophe in Japan anschaute, wurden diese Explosionen gezeigt, von denen eben die Rede war.

Wieder und wieder. Bei Tschernobyl haben sich bei mir die Bilder mit Verspätung eingestellt. Zweimal bin ich dorthin gereist, und beide Male stellte sich bei mir das Gefühl ein, wofür es bereits einen Ausdruck gab: Man betrat einen Sarkophag, einen Betonsarkophag. Dieses Bild fand ich erschreckend zutreffend. Ein Sarkophag – ein Grab für diese Technologie, ein Abschließen von der Außenwelt, vom Leben. Alle diese Bilder haben eine Signalwirkung: Wir Menschen versuchen damit die Komplexität eines solchen unfassbaren Ereignisses auf ebendiese eine Vorstellung zu reduzieren.

Aber sind Sie nicht selbst einmal in Tschernobyl gewesen?

Yogeshwar Ja. Das war 2006: Zum 20. Jahrestag der Katastrophe fuhr ich mit einem Fernsehteam dorthin. Ich hatte einen alten Kollegen aus Jülich mitgenommen, Reinhard Lennartz, einen Strahlenschutzexperten. Dass diese Reise möglich wurde, lag an Umweltminister – jetzt muss ich überlegen, war es ein Enkel von Ihnen, ein Urenkel? Ich meine Sigmar Gabriel ...

Töpfer Angela Merkel, das war die Tochter. Jürgen Trittin der Enkel, Gabriel der Urenkel, Norbert Röttgen der Ururenkel.

Yogeshwar Gut, der Urenkel von Ihnen. Sigmar Gabriel also hatte mir geholfen, dass wir mit dem Kamerateam bis in den Kontrollraum gelangen konnten, um so detailliert wie möglich alles aufnehmen zu können. Dabei traf ich auch mit dem damaligen Schichtleiter zusammen, der mir erläuterte, was eigentlich in Tschernobyl 1986 geschah. Vor Ort hatte er diese Havarie aktiv zu koordinieren versucht; es war sehr eindrucksvoll, was er erzählte. Um aber bei den Bildern zu bleiben: Was ich dort während unseres Aufenthalts beobachtet habe, werde ich nie vergessen. Schon der erste Eindruck war sehr auffällig. Wir kamen in ein Areal hinein, in diese Sperrzone, und erlebten eine Natur, die seit zwanzig Jahren sich selbst überlassen war. Nie zuvor in meinem Leben hatte ich so viele Elche, Wölfe und wild lebende Pferde gesehen, die den Menschen nicht kennen, was dazu führt, dass sie sich ihm neugierig nähern. Wenn man nicht wüsste, dass es eine radioaktive Sperrzone ist, könnte man glatt von der Opulenz der Natur begeistert sein. Diese Wahrnehmung endet aber abrupt, wenn man dann in eine Stadt wie Prypjat gelangt, die 1970 für die Techniker und Arbeiter des Kernkraftwerks Tschernobyl gebaut wurde. Es war ein bisschen so, als hätte man beim Videorekorder auf den Pausenknopf gedrückt. Die Zeit steht still. Es ist eine Stadt mit Kindergärten, mit Schulen, mit einem Schwimmbad, mit Läden – und plötzlich musste man alles stehen und liegen lassen, um vor einem unsichtbaren Feind zu fliehen. Die gesamte Ortschaft ist vollkommen menschenleer. Das ist surreal. Ich ging durch Wohnungen. Da befanden sich in der Küche noch der Herd und im Schlafzimmer der Kleiderschrank. An den Wänden hingen private Bilder und Plakate, und anhand der Einrichtung versuchte ich mir vorzustellen, wer hier einmal gelebt hatte. Ganze Hochhäuser mit Spielplätzen und Geschäften – und nirgendwo eine Menschenseele. Obwohl ich mitten in einer Stadt stand, war es gespenstisch still.

Bei meinem Streifzug kam ich mir zeitweise vor, als wäre ich der einzige Mensch auf diesem Planeten. Ich gelangte zum Beispiel in ein Klassenzimmer und konnte anhand der Versuche sehen, zu welchem Thema der Chemielehrer gerade eine Stunde gegeben hatte. Ich fand einen Stapel Schulhefte auf dem Lehrerpult. In dieser Klasse hatten die Schüler und Schülerinnen am Tag der Katastrophe gerade eine Mathematikarbeit geschrieben. Auf den Schulfluren hingen vergilbte Porträts der kommunistischen Sekretäre, Fotos von Parteifesten. Was für ein Anachronismus: Das Ende der Sowjetunion ist in Prypjat bis heute noch nicht angekommen.

Und noch andere Details sind mir in Erinnerung geblieben. Liebevoll gezeichnete Kinderbilder mit fröhlichen Menschen oder eine bemalte Herbstkrone aus Papier. An diesen kleinen Dingen konnte man ablesen, dass es den Menschen, die dort lebten, für sowjetische Verhältnisse wohl vergleichsweise gut ging. Offensichtlich hatte man hier ein funktionierendes Bildungssystem mit gut ausgestatteten Schulen. Doch nun konnte man merken, wie sich die Natur nach zwanzig Jahren vieles zurückerobert hatte. Bäume wuchsen zwischen Treppenaufgängen oder in Klassenzimmer hinein, überall gab es wild wucherndes Gras. In einem Kindergarten standen noch geöffnete Milchflaschen herum, da machte ich auch ein Foto von einer kleinen Puppe, die auf dem Boden neben der Gasmaske eines sogenannten Dekontaminators lag. Für mich ist das Bild wie ein Symbol – «Der Tod und das Mädchen».

Besonders in den Außenanlagen sah ich das ganze Ausmaß der Katastrophe, denn sie waren zu gigantischen Schrottplätzen umfunktioniert worden. Dort stehen unzählige Busse, Lkws, Bagger, Räumfahrzeuge und riesige Hubschrauber herum. Ein riesiger Parkplatz mit rostenden strahlenden Fahrzeugen. Bewacht wird diese menschenleere Stadt von nur einem einzigen Mann, einem Wächter, der Tag für Tag in einem Wohnwagen lebt – ein seltsamer Beruf, oder?

Töpfer Mein Aufenthalt in Tschernobyl hat entscheidend dazu beigetragen, dass ich damals in aller Öffentlichkeit gefordert habe: «Wir müssen eine Zukunft ohne Kernenergie erfinden.» Dieser Satz hat mir in meinem politischen Umfeld recht viel Ärger bereitet. Es wurde vielmehr darauf hingewiesen, dass diese monströse Katastrophe nicht generell einer Technik angelastet werden kann, sondern dem unverantwortlichen, menschenverachtenden System in der Sowjetunion.

Yogeshwar Darauf müssen wir unbedingt noch eingehen. Aber lassen Sie mich erst weiter von meinen Eindrücken in Tschernobyl berichten. Ich hatte ein Gerät bei mir, um das mich die ukrainischen Wissenschaftler beneideten: einen Taschenspektrometer, mit dem man noch nach zwanzig Jahren in Luftfiltern oder in diesen großen Hubschraubern die Restaktivität messen kann.

In den Hubschraubern ist die Aktivität noch heute stark erhöht. Stellenweise habe ich 32 Mikrosievert pro Stunde gemessen – nur zum Vergleich: Die Belastung hier, wo wir beide sitzen, beträgt 0,06 Mikrosievert. Man kann sich indirekt ein Bild davon machen, welche Strahlenbelastung die jungen Piloten ertragen haben. Das Ticken unserer Messgeräte erschien mir wie ein Echo der Katastrophe.

Die Atmosphäre zwischen meinen Kollegen und mir war ein sonderbares Gemisch aus Faszination und Entsetzen. Wir alle hatten uns gut vorbereitet, wussten viele Details, doch es macht einen riesigen Unterschied, ob man Dinge in einem Buch oder einem Film sieht oder ob man den Ort direkt erlebt.

Auch der Bahnhof zeigte uns ein beklemmendes Bild: Auf den Gleisen stehen Dutzende Züge und verwahrlosen. Die Farbe der Waggons blättert ab, der Stahl rostet. Dieser totale Stillstand, ausgelöst durch unsichtbare radioaktive Isotope, das ist schwer zu begreifen. Auf den ersten Blick versteht man nämlich nicht, warum die Welt hier stillsteht. Vereinzelt gibt es Warntafeln mit dem Symbol für Radioaktivität, doch die Schilder selbst zerfallen allmählich: Die Radioaktivität überlebt ihre Warnschilder, und was passiert danach? Können wir uns das vorstellen?

Sie erwähnten den Sarkophag. Er ist in der Tat ein solch besonderes Bild. Wenn man ihn genau betrachtete, und das fand ich sehr auffällig, merkte man, dass man durch ihn hindurchsehen konnte. Es war eine provisorische Konstruktion. Aus der Ferne hatte ich noch gedacht, er wäre stabil, aber das war eine Täuschung. Dieser Sarkophag ist ein Provisorium voller Ritzen und Löcher. Das Dach ist undicht, und ich habe gesehen, wie Vögel dort brüten. Auch im Innern kann man erkennen, dass die Schutzhülle zum Teil stark renovierungsbedürftig ist.

Auf dieser Reise traf ich Sergej, einen Ingenieur, der von Zeit zu Zeit mit einer Videokamera in den Sarkophag hineingeht, um den sich verändernden Zustand zu filmen. Er zeigte mir einige Aufnahmen. Auf all seinen Videoaufnahmen sieht man weiße Punkte, die Bilder sind verrauscht. Das ist das direkte Ergebnis der radioaktiven Strahlung. Immer dann, wenn sie auf den Sensor der Kamera trifft, erzeugt sie einen weißen Punkt. Auf Sergejs Videofilmen kann man also unmittelbar ablesen, wie radioaktiv das Innere des Sarkophags noch ist.

Dann der Kontrollraum in Block 4, das war für mich ein Schlüsselbild. Da war das Steuerpult mit dem Notausschalter. Man muss sich nur einmal klarmachen: Vor diesem Steuerpult saß ein Mensch, der zu einem schon früheren Zeitpunkt den Notausschalter hätte drücken können, um die Katastrophe zu verhindern. Wenn man das bewusst realisiert, merkt man, dass die Relation von Ursache und Wirkung bei dieser Technologie nicht stimmig ist. Es kann nicht sein, dass eine einzige Person oder eine Handvoll von Menschen diese Art von Desaster erzeugen kann. Das ist in gewisser Weise auch der Unterschied zu Fukushima. In Japan war es Schlamperei, mangelnde Vorsorge, zum Beispiel beim Tsunami-Schutz. Nach der gewaltigen Flutwelle von 2004 im Indischen Ozean hatte man nicht entsprechend vorgesorgt. Tepco hatte seine Hausaufgaben nicht gemacht. Schon in Tschernobyl hatte ich begriffen, dass allein wenige Menschen in der Lage waren, eine solche Katastrophe auszulösen. Angesichts beider Katastrophen bleibt bei mir das Gefühl zurück, dass man etwas ändern muss. Wir brauchen eine Technologie, die tolerant ist gegenüber unseren menschlichen Fehlern.

Töpfer Dem Versuch, Fehler und Fehlverhalten der Menschen durch Technik und Automatisierung aufzufangen und damit eine größere Fehlerfreundlichkeit zu erreichen, stehe ich nur bedingt positiv gegenüber. Denn mit mehr technischen Sicherungssystemen sind wiederum, dann auf anderer Ebene, Fehlsteuerungen möglich.

Ich kam als Umweltminister nach Tschernobyl, deutlich früher als Sie, und es ging dabei um einige wesentliche Fragestellungen. Die eine war: Wie hoch ist die Wahrscheinlichkeit, dass der Sarkophag, der unter den Bedingungen der Katastrophe errichtet worden war, auch hält? Nicht umsonst verrotten in Prypjat diese Hubschrauber auf den Sportplätzen; sie haben das Material für den Bau des Sarkophags abgeworfen. Unsere Sorge aber galt nicht den Hubschraubern, sondern den Menschen, die in diesen Maschinen arbeiteten und dabei horrenden Strahlungsbelastungen ausgesetzt waren. Unsere Frage lautete: Was müssen wir tun, wenn der unter solchen Extrembedingungen errichtete Sarkophag nicht hält? Das radioaktive Inventar war und ist noch erheblich, um es vorsichtig zu sagen.

Yogeshwar Bis heute ist wohl nicht klar, wie viel Radioaktivität weiterhin in dem Kernkraftwerk ist. Ich versuchte, es herauszufinden, aber es gab dazu keine Messungen – was ich erstaunlich finde.

Töpfer Das ist es. Jedenfalls war für uns deutlich: Wenn diese Sarkophag-Konstruktion – um es ganz banal zu sagen – zusammenbricht, würde es zu einer weiteren umfangreichen, großräumigen Belastung von Menschen und Umwelt kommen, die in ihrem Ausmaß mindestens der ersten Katastrophe entspräche. Neben dieser Problematik beschäftigten wir uns mit der Frage, ob wir dort in der Umgebung Messsysteme anbringen konnten, die uns unabhängig von Moskau darüber informierten, mit welchen Werten wir es zu tun hatten. Den offiziell verkündeten Werten trauten wir nicht. Um das hinzubekommen, waren vorher ein oder zwei Besuche in der sowjetischen Hauptstadt notwendig. Empfangen wurde ich von dem für Tschernobyl zuständigen Vizeminister. Er begrüßte mich mit dem zweifelhaften Angebot: «Also, wenn Sie in Deutschland Probleme mit Ihren Kernkraftwerken haben, dann sind wir gerne bereit, Ihnen zu helfen.» Zynischer ging es nicht. Eine solche Bereitschaft zur «Zusammenarbeit» war kennzeichnend für

die Mentalität, mit der ich mich auseinanderzusetzen hatte. Immerhin war die Neigung zu einer Zusammenarbeit vorhanden.
Diesen Vizeminister habe ich später in Nairobi wiedergetroffen, als russischen Botschafter. Er war in Nairobi bekannt dafür, dass er eigenen Wodka mit sehr unterschiedlichen Geschmacksrichtungen herstellte, Rosenwodka, Knoblauchwodka – zehn bis zwölf verschiedene Sorten. Bei einem Besuch in seiner Botschaft konnte ich erst, nachdem wir die ganze Wodka-Palette durchprobiert hatten, auf unser damaliges Treffen in Moskau zurückkommen. Seine Ansicht war nach wie vor: Unsere Wissenschaft und Technik waren und sind Weltspitze. Tschernobyl war menschliches Versagen – «mehr nicht».
Zurück nach Moskau, zu meinem damaligen Besuch: Wir konnten durchsetzen, dass die Sowjetunion zu einer begrenzten Kooperation bereit war, und das nicht nur hinsichtlich Tschernobyl, sondern auch bei vergleichbaren Reaktortypen. Das war sehr hilfreich, denn so konnten wir später in Bonn, anlässlich einer großen Pressekonferenz, in Echtzeit darüber informieren, welche radioaktive Belastung es an welchem Standort russischer Kernkraftwerke gab. Und es gab noch einen dritten Grund, warum wir nach Tschernobyl fuhren: Wir wollten wissen, was wir tun könnten, um den in hohem Maße belasteten, kontaminierten Menschen zu helfen.

Yogeshwar Es ist kaum zu fassen, aber noch immer, fünfundzwanzig Jahre nach der Katastrophe, ist unklar, wie viele Menschen durch die radioaktive Strahlung geschädigt wurden. Sie haben doch sicher auch den Sarkophag betreten …

Töpfer Nie werde ich das vergessen. Durch eine Öffnung am Fuß dieser Ruine betrat ich den Sarkophag, es folgte ein langer Gang. Ich sah eine Maus vor mir herlaufen – diese Maus ist mir deutlich in Erinnerung geblieben als Symbol für das Scheitern einer Technik und die Konsequenzen für das Leben.

Yogeshwar Ich sah einen Raben, der auf dem Sarkophag saß ...

Töpfer Ja, da war diese so abweisende Umgebung, und auf einmal kreuzt eine Maus meinen Weg. Es war sicher nicht die einzige Maus in diesem Sarkophag, aber sie zeigte mir: Die Natur gibt nicht auf, unbeschadet der von Menschen verursachten Katastrophenfolgen und Strahlenbelastung. Es bleibt Leben. Was mich beschäftigte, was wir aber nicht verfolgen konnten: Was geschah mit dem Erbgut der Mäuse, wie veränderte es sich, was waren die Folgen für die nächste und übernächste Mausgeneration, gab es Schäden, und wenn ja, welche Schäden? Das würde mich auch bei den Wildpferden und den anderen Tieren interessieren. Gibt es einen Beleg dafür, dass die Natur sich nicht unendlich anpassen kann, dass auch sie bei einer solch hohen Radioaktivität dauerhaft geschädigt und verändert wird?

Diese menschenleere Gegend, sie hat mich erdrückt, massiv mental belastet. Von Kiew aus waren wir mit dem Bus nach Tschernobyl gefahren, eine relativ lange Strecke, und je näher man der Sperrzone kam, umso weniger Menschen sahen wir in den Dörfern. Dann die Geisterstadt Prypjat. Die Stadt, die für diese Kernenergieanlage gebaut worden war. In einer weitgehend menschenleeren Gegend, sehr dünn besiedelt. Nicht nur nach diesem Aufenthalt in Tschernobyl wurde verstärkt darüber diskutiert, ob die Distanz von Wohngebieten zu einem Reaktor ein mögliches Abschaltekriterium für Kernkraftwerke sein könnte. Eine nahezu perverse Überlegung, ganz abgesehen von der Tatsache, dass man in Deutschland nirgends Sicherheit durch Entfernung erreichen kann.

Ich erinnere mich auch noch daran, dass die damalige Sowjetführung unter Parteichef Michail Gorbatschow diese Katastrophe als eine innersowjetische Angelegenheit betrachtete, bei der andere Länder nichts zu sagen haben sollten. Mich hatte das außerordentlich betroffen gemacht, wie auch die Tatsache, dass man die anderen Reaktoren in Tschernobyl, die man nach der Dramatik der

Explosion von Reaktor 4 vorübergehend ausgeschaltet hatte, wieder in Betrieb nehmen wollte. Es gab ja Hinweise, dass es auch in denen Probleme gegeben hatte. Diese Reise hat bei mir dazu geführt, alles zu tun, um Alternativen zur Kernenergie zu entwickeln. Tu alles, erforsche Alternativen, wie Energie mit geringeren Risiken erzeugt werden kann, um die Risiken der Kernenergie nicht nur weiter zu minimieren, sondern ganz auszuschließen.

Yogeshwar Um das zu verstärken, noch folgender Hinweis: In einigen Regionen um Tschernobyl hat man tonnenweise Sand auf die kontaminierten Böden geschüttet, um so die Radioaktivität unter einer Erdschicht zu verbergen. Auch in diesen Gebieten haben wir die Radioaktivität gemessen. Der Boden an sich strahlt zwar kaum, aber was man nicht bedacht hatte: In den letzten zwanzig Jahren sind Bäume gewachsen, und nun können wir Radioaktivität an den Blättern messen – die Kiefern etwa haben über ihre Wurzeln die strahlenden Isotope wieder nach oben transportiert. Das, was man provisorisch gleichsam unter den Teppich kehren wollte, holt einen langfristig wieder ein.

Was die Menschen in dieser Region betrifft, so machten wir die eigenartigsten Erfahrungen. So traf ich ein altes Ehepaar, das noch in der Sperrzone lebt. Beide waren störrisch, wollten nicht das Haus verlassen, in dem sie seit Jahrzehnten gewohnt hatten. «Hier gehen wir nicht weg», sagte die Frau. Sie war eine richtige Mamutschka, lud uns in ihr Haus ein und bot mir Kompott mit Früchten an, die sie in ihrem Garten geerntet hatte. Das war für mich eine völlig absurde Situation – denn nun kontrollierte ich mit dem Messgerät, ob das Essen auch in Ordnung war, um es danach beruhigt zu vertilgen. Oder ein anderes Beispiel: In der Zeit hatten wir einen Fahrer, auch er hieß Sergej. Während der vielen gemeinsamen Touren merkte ich, dass er einen gewissen Blick für das Wild übrighatte. Irgendwann fragte ich ihn: «Sergej, gehst du jagen?» Er stritt dies vehement ab: «Nein, nein, keineswegs.» Radioaktivität kann man jedoch nicht verbergen, und unser Messgerät verriet uns, dass Sergejs Bauchbereich eine erhöhte Aktivität aufwies, was mit großer Sicherheit auf den kürzlichen Verzehr von mit Cäsium kontaminiertem Wildfleisch zurückzuführen war.

Ich bin mir sicher, dass die Menschen, die in der Nähe der Sperrzone leben, auch Wild erlegen. Unmittelbar neben dem Reaktor verläuft der Fluss Prypjat, und im Winter, wenn der Fluss zufriert, sitzen hier Eisfischer. Ich habe sie selbst gesehen. Auf den großen Schrottplätzen sieht man, dass eine Reihe von Fahrzeugen, die auf alten Luftbildern zu erkennen waren, verschwunden sind. Was ist damit passiert? Bei den hohen Metallpreisen habe ich mich oft gefragt, ob hier strahlender Schrott verkauft wurde.

Töpfer Die Realität ist wohl, dass diese kontaminierten Metallteile irgendwo in kleinen Mengen beigemischt wurden, sodass am Ende die Grenzwerte deutlich unter denen blieben, die für die menschliche Gesundheit bedrohlich sind.

Für mich wurde das besonders erfahrbar bei den Pilzen. In Schlesien, der Heimat meiner Kindheit, haben wir viele Steinpilze gesammelt: Ein Steinpilz hat für mich nahezu eine identifikationsbildende Qualität, er erinnert mich an meine Kindheit, an die Tage mit meinem Vater, mit dem ich abseits der Waldwege in den Schonungen und Lichtungen Pilze gesucht habe. Wenn man in eine Schonung hineingeht und einen gesunden großen Steinpilz entdeckt und daneben noch einen oder mehrere kleinere – der Genuss dieses Anblicks geht weit über das Verzehren der Pilze hinaus!

Aber zurück zu Tschernobyl: Als wir einmal in der Sperrzone kurz anhielten und ich in den Wald hineinging, konnte ich dort eine Menge dieser wunderbaren Pilze sehen. Ich wusste, dass ich schon viele Steinpilze in meinem Leben verspeist hatte, aber musste mir klarmachen: «Das geht bei diesen Pilzen nicht mehr.»

Für mich wurde dieser Pilz geradezu ein ikonographisches Bild für die Folgen von Tschernobyl, ein lapidares Bild sicherlich angesichts der unermesslichen menschlichen Leiden, angesichts der verkrüppelt geborenen Kinder.

Yogeshwar Es gibt noch etwas anderes, das zeigt, wie extrem dieser Unfall war: Damit meine ich die sogenannten Fallout-Karten, die erst nach dem Zusammenbruch der Sowjetunion ans Tageslicht kamen. Sie machten deutlich, dass der radioaktive Niederschlag nicht nur die Ukraine betraf, sondern, bedingt durch das Wetter, auch große Teile von Weißrussland. Im Bezirk Gomel, im Südosten von Weißrussland, hat sich die Zahl der an Schilddrüsenkrebs erkrankten jungen Menschen verdreißigfacht. In der dortigen Ambulanz liegen die Unterlagen von 90 000 Schilddrüsenpatienten. Man muss dabei wissen, dass Schilddrüsenerkrankungen eine frühe Folge der Reaktorkatastrophe sind, hervorgerufen durch das radioaktive Jod, welches sich in der Schilddrüse anreichert.

Und dann gab es ja noch die «Liquidatoren», wie man sie nannte. Junge Menschen, viele davon aus der sowjetischen Armee, die zum Aufräumen nach Tschernobyl kamen. Insgesamt waren nach dem Unfall etwa 600 000 dieser Liquidatoren im Einsatz. Manche von ihnen arbeiteten nur wenige Minuten. Ihre Körper wurden einer extremen Strahlung ausgesetzt. Danach ging es wieder zurück zu ihrer Einheit oder ihrem eigentlichen Wohnort. Dahinter steckte eine gewisse Logik: Bei den Aufräumarbeiten versuchte man die radioaktive Strahlung auf möglichst viele Menschen zu verteilen. Statt wenige Menschen in den sicheren Tod zu schicken, hoffte man, durch die Unterstützung vieler Menschen das Risiko zu verteilen. Die Betroffenen wussten wohl nicht, welcher Gefahr sie sich aussetzten.

Allein bei den Aufräumarbeiten auf dem Dach, auf dem hoch radioaktive Brennstäbe herumlagen, waren 5000 Rekruten beteiligt. Die «Schicht» dauerte ganze neunzig Sekunden! Keiner von ihnen

wurde dosimetrisch, also strahlungsmäßig, überwacht; manche trugen improvisierte Bleischürzen – mehr nicht. All diese durchgeschleusten Menschen wurden niemals registriert. Und da es über diese Einsätze keine Protokolle gibt, wissen wir auch nicht: Wie hoch ist die tatsächliche Zahl der Opfer? Viele dieser Männer waren und sind in meinem Alter. Ich stelle mir vor, dass es irgendwo, weit weg von Tschernobyl, einen Mann gibt, der wie ich vor zwei Jahren fünfzig wurde, jedoch an extremen Beschwerden leidet. Die Welt wird aber nie erfahren, dass es da einen kausalen Zusammenhang mit dem Reaktorunglück gibt. Keine Entschädigung, keine Hilfe, nicht einmal eine kalte Statistik. Sie tauchen nirgendwo auf. Das ist für mich die eigentliche Tragik, dass die Aufarbeitung der Katastrophe in allen Details in Vergessenheit geraten ist und damit die Chance zum Lernen vergeben wurde. Das ist im wahrsten Sinne des Wortes menschenverachtend.
Ähnliches erleben wir übrigens jetzt in Fukushima. Auch hier gibt es Zweifel an der Transparenz. Was genau verschweigt uns der Betreiber? Auf welche Daten und Messwerte kann man sich verlassen? Was wird den Menschen vorenthalten? Nehmen Sie nur die Sperrzone. Genau wie in Tschernobyl existiert keine Gleichverteilung der Radioaktivität um den zerstörten Reaktor. So zeigt sich zum Beispiel, dass weit außerhalb der Sperrzone, in der Region nordwestlich des Reaktors, eine erhöhte Kontamination vorherrscht. Das liegt an der Struktur der Landschaft. Diese Region ist gebirgig, und es kommt verstärkt zu Steigungsregen. Die Radioaktivität hat sich dort abgeregnet, doch man sieht diesen Fallout nicht. Nur eine systematische Erfassung der Bodenaktivität gibt Klarheit, und genau da habe ich meine Zweifel.
Die Kontamination des Bodens führt nämlich zu einer bedenklichen Situation. Von allen Seiten wird der Schaden verdrängt: Der Betreiber Tepco hat wohl kaum Interesse, den Schaden noch größer erscheinen zu lassen. Die Menschen in der Region leben mit

der Angst, dass sie bei Kenntnis der Werte womöglich ihre Heimat verlassen müssten, und verdrängen mit der Zeit das Thema. Die Bauern sind besorgt, denn sie könnten bei akribischer Kontrolle der Radioaktivität damit konfrontiert werden, dass ihr Gemüse und ihr Fleisch zu stark belastet sind und sie womöglich ihre Existenz verlieren. Der japanische Staat muss dabei befürchten, dass er Entschädigungen und Kompensationsleistungen aufbringen muss, und die Region fürchtet um ihr Image. Diesen Mechanismus habe ich auch im Kontext anderer Katastrophen beobachtet. Nach dem Chemieunfall im indischen Bhopal oder selbst hier in Deutschland nach Tschernobyl: In Bayern waren und sind einige Landstriche mit radioaktivem Cäsium belastet. Bei einer Untersuchung im Jahr 2005 hat man in Südbayern noch Bodenwerte von 13 200 Becquerel pro Quadratmeter an Cäsium 137 nachgewiesen. Die Radioaktivität ist also auch bei uns noch immer vorhanden. Tschernobyl ist keineswegs passé. Die Ironie besteht darin, dass es zu einer unbewussten kollektiven Verdrängung kommt.

Töpfer Wenn das so ist, wenn es ein sehr langsames Abklingen der Radioaktivität, andererseits aber ein recht schnelles Abklingen der Betroffenheit gibt – dann erklärt das, warum auch die Relevanz und Akzeptanz von Kernenergie einige Zeit nach Tschernobyl wieder steigen konnte. Weltweit gab es in der Zeit vor Fukushima ja eine regelrechte Renaissance der Atomkraft, in Großbritannien etwa oder in Schweden, in gewisser Weise auch in Deutschland. Was würden Sie denn einem Politiker empfehlen, Herr Yogeshwar, damit dieses nicht passiert? Was würden Sie tun, wären Sie Politiker? Viele Menschen, die dieses Buch lesen, könnten ja dennoch sagen: «Na ja, Tschernobyl, das ist schon lange her, das war ein menschlicher Irrtum.» Und in weiteren zwanzig Jahren steht dann dort, wo jetzt von Tschernobyl die Rede ist, Fukushima. Auch hier wird den Bewohnern der sogenannten Zwanzig-Kilometer-Zone der Rückweg in ihre Heimat wohl auf lange Zeit, wenn nicht auf Dauer versperrt bleiben. Und in noch einmal zwanzig Jahren steht da wieder ein anderer Name. Wie kann man das verhindern?

Yogeshwar Beispiele aus der Vergangenheit haben gezeigt, dass das kollektive Gedächtnis erschreckend kurzlebig ist. Das betrifft auch katastrophale politische Konflikte. Nach dem Ersten Weltkrieg hieß es in Deutschland: «Nie wieder Krieg!» – nichtsdestotrotz rüstete man wieder auf. In ähnlicher Weise können auch Unfälle wie Tschernobyl und Fukushima schnell verdrängt werden. Der Grund liegt einerseits im ökonomischen Denken, denn bei der Aufrüstung verdienen ja manche Firmen ganz gut. Andererseits ist diese kollektive Vergesslichkeit ein Merkmal von uns Menschen. Wir verdrängen Dinge, die nicht schön sind. Wir wollen uns nicht daran erinnern.

Töpfer So wie es eine Katastrophe für den Menschen wäre, wenn er völlige Kenntnis über die Zukunft hätte, so wäre es genauso eine Katastrophe, wenn er nicht die Qualität des Vergessens hätte. Ich glaube, das korrespondiert miteinander. Wir Menschen verfügen offenbar nur über ein bestimmtes Maß an kumulierender Erinnerung, und die negativen Ereignisse werden schneller ausgeblendet – eine Erfahrung, die wir in unserem täglichen Leben immer wieder machen können.

Yogeshwar Insofern sollte man genereller fragen: Was lernen wir aus der Geschichte? 1986, nach dem Reaktorunfall von Tschernobyl, konnte man Zeitungen und Magazine kaufen, auf deren Titelseite stand: «Aussteigen!» Aber das war dann auch schon alles. Wirtschaftliche, finanzielle, vielleicht sogar politische Interessen konkurrierten mit dem GAU – und so wurde der Ausstieg aus dem Ausstieg wieder möglich.

Töpfer Aber Sie haben meine Frage nicht beantwortet. Nun sind Sie Politiker ...

Yogeshwar Nein, ich bin kein Politiker.

Töpfer Klar, ich habe – übrigens als Politiker – auch gelernt, auf hypothetische Fragen nicht zu antworten. Dennoch: Was würden Sie empfehlen? Es geht hierbei ja um eine Verbindung von wissenschaftlicher Erkenntnis und politischer Implementierung. Das ist der große Bogen, der sich in einer Wissensdemokratie mit breitem Zugang der Bürgerinnen und Bürger zu Daten und Informationen, gerade auch über das Internet, in besonderer Weise spannt.

Yogeshwar Bei solchen Lektionen gibt es immer drei Phasen: Die erste ist die Phase der Betroffenheit, die Überraschung, dass so etwas überhaupt passiert. Die zweite Phase beinhaltet das Überdenken und den Willen zur Veränderung. Aber die dritte Phase wird oft ausgelassen, nämlich das aktive Handeln, das konkrete Umsetzen eines Veränderungsprozesses, wo man sich nicht damit begnügt zu sagen: «Das müsste man noch tun, auch jenes könnte man in Erwägung ziehen ...»

Töpfer Na ja, vor dem Hintergrund der schnell verfliegenden Aufmerksamkeiten müssen wir diese drei Phasen doch in einen verlässlichen Handlungsrahmen einbinden. Ich möchte nämlich nicht, dass meine Kinder zwanzig Jahre nach Fukushima, wie wir nun zwanzig Jahre nach Tschernobyl, ihrerseits kopfschüttelnd vor einer solchen Fallout-Karte sitzen oder sich im Fernsehen die nächste Reaktorkatastrophe anschauen müssen, wo jemand hinterher mit der Kamera durch einen Sarkophag geht. Wir müssen die Bilder von Fukushima in uns verankern, dürfen es nicht als unbedeutend für uns ansehen, dass die Menschen in dieses Gebiet genauso wenig zurückkehren können wie in das um Tschernobyl. Ich stelle mir diese Frage sehr konkret, denn ich war damals Minister. Ich bin damals nicht hingegangen und habe gesagt: «Wir stellen die Kernenergie ab.» Das war seinerzeit keine umsetzbare, geschweige denn mehrheitsfähige Alternative. Möglich gewesen wären bestenfalls mehr Kohlekraftwerke, mehr fossile Energie. Für das Abschalten ohne Ersatz für die verloren gehenden Kapazitäten der Energieproduktion hätte man keine demokratische

Mehrheit gefunden. Außerdem war und bin ich der Überzeugung, dass in Deutschland Kernenergie verantwortungsvoll genutzt wurde und genutzt wird.

Ich war also nicht in einer Position, in der ich mir sagte: «Du bist eigentlich gegen Kernenergie, aber weil du Minister bleiben willst, tust du so, als wärest du dafür.» Dem war nicht so. Mein Motto lautete damals: «Wir brauchen eine Zukunft ohne Kernenergie, die wir aber erst erfinden müssen.» Jetzt aber, nach Fukushima, können wir berechtigt feststellen: Wir haben die Möglichkeit, aus dieser Technik auszusteigen. Die Alternativen sind vorhanden, auch wenn ihre massiv verstärkte Nutzung mit Schwierigkeiten und ökonomischen Konsequenzen verbunden ist. Da müsste ich mir einen großen Vorwurf machen, wenn ich nicht alles dafür tue, um diese verbleibenden Schwierigkeiten in relativ kurzer Zeit zu bewältigen. Das ist meine ethische Ausgangssituation gewesen, die Diskussionen über veränderte Strompreise in einem gänzlich anderen Licht erscheinen lässt und die Widerstände ...

Yogeshwar ... relativiert ...

Töpfer ... sehr deutlich sogar relativiert, sie nahezu obszön werden lässt.

2 WIR SIND GEFANGEN

Warum Alternativlosigkeit so gefährlich ist

Yogeshwar Als das Unglück in Fukushima schon einige Tage andauerte, waren plötzlich seltsame Stimmen zu hören: «Die Japaner haben die Situation nicht im Griff, warum nehmen die nicht fremde Hilfe an?» In einer deutschen Zeitung las man: «Eine deutsche Betonpumpe rettet die Japaner.» Da kam eine große Hochnäsigkeit auf, nahm man doch an, dass die Japaner – im Gegensatz zu uns – ihr Problem nicht unter Kontrolle hätten. Dahinter verbirgt sich allzu oft die Haltung: Bei uns würde das nicht passieren. Auch bei Tschernobyl hörte man schnell: Die deutschen Kraftwerke sind besser und sicherer. Gibt es Katastrophen, dann suchen wir Schuldige, und das passierte meines Erachtens auch in Japan. Bis hin zur Tatsache, dass wir massiv unterstellten, die Japaner würden uns bewusst nicht informieren. Hierzulande war man irritiert über die Rezeption der Katastrophe in Japan. Die Menschen dort schienen gefasst, blieben höflich. Es gab die täglichen Pressekonferenzen ohne laute Polemik, ohne große Massendemonstrationen.

Aus meiner Sicht ließ man aber erheblich mehr Informationen nach draußen gelangen als bei vielen anderen Katastrophen. Selbst in den entfernten Provinzen wurde die Radioaktivität gemessen – und die Daten waren anschließend im Netz abrufbar. Natürlich existierten auch Zonen, über die man nichts wusste. Der genaue Zustand in den Reaktorgebäuden war unklar, doch das lag vermutlich daran, dass selbst die Verantwortlichen keine zuverlässigen Daten besaßen. Sogar die Bevölkerung wurde systematisch auf Strahlung hin untersucht. Japan war also meines Erachtens durchaus aktiv. Es waren erheblich mehr Informationen verfügbar als bei Tschernobyl.

Töpfer Nimmt man den damaligen sowjetischen Informationsstand als Kriterium, um von mehr Informationen nach Fukushima zu sprechen, so legt man die Messlatte in der Tat sehr niedrig. Es bedurfte nicht viel, sie zu überspringen. Aber letztlich heizte das Gefühl, dass man doch nicht so gut unterrichtet wurde, die ohnehin emotional aufgeladene Katastrophe noch weiter an. Da gab es dieses Misstrauen: Die wissen mehr, als sie sagen! Man zog Verbindungen zur damaligen sowjetischen Politik und letztlich auch zu unserer Politik in Deutschland.

Yogeshwar Gab es denn dieses Misstrauen beim Unglück in Fukushima?

Töpfer Aber sicher! Die Menschen konnten beobachten, dass der AKW-Betreiber Tepco, immerhin ein bekanntes japanisches Energieunternehmen, ein Verhalten an den Tag legte, das den Eindruck erwecken musste, man wolle die Öffentlichkeit bewusst täuschen und im Dunkeln lassen – gerade als es darum ging, ob es nun im Reaktor 1 zu einer Kernschmelze gekommen war oder nicht. Über Wochen blieb das wahre Ausmaß der Katastrophe unbekannt; erst Monate später teilte man mit, dass die Strahlungswerte höher seien als anfangs angenommen – und das entweder wider besseres Wissen oder, was wohl wahrscheinlicher ist, weil man selbst diese Informationen nicht exakter ermittelt hatte. Hinter diesem Verhalten werden dann bestimmte Interessen vermutet, etwa jene, dass man der Kernenergie in Japan weiter eine Zukunft geben will. Nur so lässt sich auch erklären, warum gerade in diesem Land, in dem allein durch die geografische Lage sehr viele Kenntnisse über Erdbeben und Tsunamis bestehen, keine Alternative zur Kernenergie entwickelt wurde. Dabei müsste man doch denken, dass es sich genau umgekehrt verhielte. Warum ist Japan nicht führend in der Erarbeitung der wissenschaftlichen und praktischen Perspektiven für Geothermie, für Windenergie, für Gezeitenkraftwerke?

Yogeshwar Die Unternehmen spielen sicherlich eine Rolle, wenn es darum geht, die eine Energieform zu fördern und die andere nicht. Gerade in Japan unterschätzen wir die Macht der ganz großen Konzerne, übrigens nicht nur im Energiesektor. Aber ich möchte noch einmal auf die wichtige Frage zurückkommen, ob man in Japan mehr wusste, als man sagte. War es vielleicht nicht so, dass man möglicherweise schlichtweg selbst nicht einschätzen konnte, was gerade passierte? Wenn ich mir den Verlauf dieser Katastrophe anschaue und wenn ich an das denke, was mir alte Freunde aus der Kernphysik, darunter auch Japaner, erzählt haben, dann gewinne ich den Eindruck, dass die Ingenieure vor Ort überfordert waren.

Natürlich hatte man vorher versucht, alles Mögliche zu vertuschen – Tepco hat offensichtlich eine ganze Reihe von Fehlern gemacht und ist genauso ein gutes und schlechtes Unternehmen wie alle anderen, da unterscheidet es sich von keinem anderen Energiekonzern auf der Welt. Aber spätestens ab dem Moment, als das Dach von Block 1 wegflog, gab es nichts mehr zu verbergen. Von diesem Moment an blickten alle Augen auf das, was dort geschah. Spätestens da war es an der Zeit, ehrlich zu werden. Ab diesem Augenblick gab es nach meiner Wahrnehmung auch eine große Offenheit. Die Meldungen von Tepco wurden vom Rest der Welt mit sehr kritischen Augen betrachtet und analysiert. Ich erinnere mich zum Beispiel an die Einstufung der Katastrophe auf der INES-Skala, der internationalen Bewertungsskala für nukleare Ereignisse. Gerade in den ersten Tagen gab es in der Fachwelt heiße Diskussionen. In einer *Brennpunkt*-Sendung schätzten wir die Geschehnisse schon zu einem frühen Zeitpunkt kritischer ein, als es die japanischen Behörden taten. Bei der GRS, der Gesellschaft für Anlagen- und Reaktorsicherheit, gab es zum Beispiel große Expertenteams, die alle Meldungen aus Japan analysierten. Zum Teil versuchte man sogar, genau zu simulieren, was dort im Einzelnen geschah. Auch hier herrschte aus meiner Sicht eine große Offenheit. Ich glaube, man würde den Japanern Unrecht tun, ihnen generell zu unterstellen, dass danach immer noch etwas vertuscht wurde.

Töpfer Aber das führt doch zurück zu der Überlegung, warum ein Hightechland wie Japan in der Analyse eines solchen Ablaufs offenbar überfordert war. Wieso verfestigte sich der Eindruck, dass man unzureichend auf eine massive Katastrophe in der Kernenergie vorbereitet war. Wenn auch höchst unwahrscheinlich, war sie denklogisch aber doch nicht ausgeschlossen. Man braucht sich nur das Tsunami-Warnsystem in Japan genauer anzusehen – es ist perfekt. Bis ins kleinste Detail ist alles durchorganisiert, selbst die Kinder in den Schulen wissen, wo sie hinlaufen sollen, wenn Tsunami-Alarm gegeben wird. Und dennoch hat diese gewaltige Flutwelle Tausende Menschenleben gekostet, hat ganze Landstriche verwüstet. Fukushima hat in Deutschland dieses menschliche Drama in den Hintergrund gerückt. Bei aller Diskussion über Kernenergie sollten wir den Japanern immer wieder unsere Anteilnahme an dem menschlichen Leid und unseren großen Respekt vor der Reaktion der Menschen auf die Naturkatastrophe bekunden.
In Fukushima, direkt am Meer, sind diese vier Kernkraftblöcke nebeneinandergebaut. Weltweit war man sicher davon überzeugt, dass in Japan für alle Katastrophenszenarien vorsorgend eine detaillierte Planung entwickelt wurde, die aufzeigt, wie man in einem solchen Fall zu reagieren hat. Diese Planung hätte auch die Frage zu umfassen, wo man das betreffende Equipment zur Katastrophenbewältigung gelagert hat, um nur ein konkretes Beispiel zu nennen. In Deutschland sind solche Einsatzpläne entwickelt,

nicht weil wir glauben, dass bestimmte Katastrophen eintreffen werden, sondern weil sie gegen unsere Erwartungen eintreten können. In solchen Fällen müssen wir vorbereitet sein. Dass es in Japan nicht so zu sein schien, in einem Land, das auf Sicherheit und Vorsorge aufbaut, das einer großen Anzahl von Menschen auf kleinstem Raum in einer lebendigen Demokratie einen rechtlich verlässlichen Ordnungsrahmen gibt und das auch eine konsequente Staatsführung hat – das ist doch sehr erstaunlich.

Yogeshwar Vielleicht liegt der Grund tiefer: Ein Unternehmen wie Tepco musste aus den Kategorien eines regulären Betriebs von einem Augenblick auf den anderen in die Kategorie Katastrophe springen, und das angesichts eines Ereignisses, das man so bestimmt nicht antizipiert hatte. Und ich denke, dass man in einer solchen Situation das eigene Handeln nicht sofort aufs richtige Gleis setzt und nach Plan gestaltet – und das ist nicht spezifisch für Tepco, auch nicht spezifisch für Japan, sondern gilt für uns alle, weltweit.

Um es noch mal zu konkretisieren: Sie haben eine Anlage, die läuft. Auf einmal taucht ein Problem auf, und der erste Gedanke ist, konform mit den Systemgrößen und den gesetzlichen Rahmenbedingungen zu agieren. In Fukushima wurde das ständig versucht, jedenfalls konnte ich das deutlich erkennen. Das hatte jedoch einen Nachteil: Ich stelle die Behauptung auf, dass die Detonationen, die in Block 3 und in Block 4 passierten, vollkommen überflüssig waren. Dazu hätte es eines anderen Denkens bedurft. Die Japaner waren aber in ihrem eigenen System gefangen, was man daran beobachten konnte, dass sie nach Prozeduren suchten, nach Lösungsmöglichkeiten, die sie schon einmal durchgespielt hatten. Diese Verfahrensweise findet sich in vielen technischen Bereichen. Wenn bei einem Flugzeug ein Triebwerk ausfällt, greifen die Piloten auf vorgefertigte Listen zurück. Dort ist genau aufgeführt, was zu tun ist. Solche Notfallprozeduren gab es auch in

Fukushima. Die Techniker arbeiteten diese Listen ab – bis zu dem Punkt, an dem sie merkten, dass ihr Vorgehen nicht funktioniert. Man hätte sehr viel früher erfassen müssen, dass diese Situation nicht mehr mit Standardrezepten zu bewältigen war.

Ganz konkret: Spätestens nach der Explosion von Block 1 hätte man wissen können, dass es leichtsinnig war, Wasserdampf und damit auch Wasserstoff ins Containment, in den Sicherheitsbehälter des Kernkraftwerks, abzulassen. Hier hätte man radikal anders handeln, hätte den Raum des regulären Vorgehens verlassen müssen. Im Grunde hätte man einen Mann mit einem Presslufthammer nach oben aufs Kernkraftwerk schicken müssen. Mit einer Anweisung: «Mach das Dach auf!» Zu einem frühen Zeitpunkt wäre das ohne großes Risiko möglich gewesen.

Töpfer Man hätte also dieses von Ihnen erwähnte Töpferventil einbauen müssen ...

Yogeshwar Ja, und zwar schon im Vorfeld, aber das hatte Tepco wohl versäumt, und jetzt rächte sich die Schlamperei der Vergangenheit. Oder bei Block 4 – als die Katastrophe schon da war und die Temperaturen im Abklingbecken durchgegeben wurden, schienen die Werte anfangs noch okay zu sein. Man muss sich das verdeutlichen: Das gesamte Kerninventar von Block 4 lag in diesem Abklingbecken, das man sich wie einen großen Swimmingpool vorstellen muss, in den man auch hineinschauen kann. Als ich vor vielen Jahren im Forschungszentrum Jülich arbeitete, stand ich öfter an solchen Abklingbecken. Hier lagerten im Wasser die abgebrannten, verbrauchten Brennelemente, um ihre Strahlungsaktivität zu mindern und bis zur Transportfähigkeit gekühlt zu werden.

Töpfer Das sieht in den deutschen Kernkraftwerken heute nicht anders aus.

Yogeshwar Das stimmt. Doch versetzen wir uns in die Situation in Fukushima. Noch war Block 4 unbeschädigt, aber der Ausfall des gesamten Kühlsystems machte dieses Abklingbecken zu einer tickenden Zeitbombe. Und in dieser Situation hätte irgendeiner den «Mut» haben müssen zu sagen: «Wir stellen vor Block 4 einen Feuerwehrwagen oder auch zwei und pumpen Wasser hin und her.» Selbst wenn dies in den klassischen Kategorien illegal gewesen wäre, weil man sozusagen bestimmte Stoffe aus dem Inneren des Containments in die Umwelt gepumpt hätte. In dieser Situation waren die Brennstäbe gekapselt und intakt, und die radioaktive Belastung für die Umwelt wäre vergleichsweise gering gewesen. Aber für eine solche Vorgehensweise hätte einer die Verantwortung übernehmen, hätte geltende Gesetze brechen müssen, um Schlimmeres zu verhindern. Genau hier hat man versagt. Niemand wollte einen Fehler machen, und so wurde alles nur noch furchtbarer. Ab einem bestimmten Punkt muss man sich bei einer Katastrophe trauen, über die Grenze des Normalen hinauszugehen.

Es gibt ein psychologisch interessantes Phänomen, das man bei Unfällen untersucht hat: Der britische Psychologe John Leach teilt die Menschen dabei in drei Gruppen: Etwa 10 Prozent reagieren bei einem Notfall gelähmt und panisch, 80 Prozent der Menschen sind perplex und benommen und bleiben passiv. Nur die restlichen 10 Prozent sind in solchen Extremsituationen noch denkfähig und handeln angemessen. Leach spricht von der 10-80-10-Verteilung. Es gibt dafür viele Belege: Nach dem Bergbahnunglück im November 2000 im österreichischen Kaprun, bei dem 155 Menschen durch einen Brand in der Gletscherbahn ums Leben kamen, stellte man fest, dass die meisten Reisenden dieser Stollenbahn darauf warteten, dass jemand in Aktion trat. Eine undichte Hydraulikleitung hatte sich entzündet. In der Kabine gab es eine starke Rauchentwicklung. Die Passagiere warteten aber ab und verharrten in einer inaktiven Haltung. Man wusste nicht, wie man mit dem Feuer umgehen sollte. Nur einige wenige Passagiere hatten den Mut, ihre Skier in die Hand zu nehmen und damit die Fenster zu zerstören. Einer davon war der Skilehrer Manfred Hiltel. Er erzählte mir, dass er etwa zwanzigmal mit den Skiern gegen die Scheibe geschlagen hatte. Er selbst hatte dabei ein schlechtes Gewissen, weil er den Wagen beschädigte. Nachdem die Scheibe zertrümmert war, konnten sich viele Passagiere retten. Ohne diese Initiative wäre die Zahl der Opfer noch größer gewesen.

In solchen Situationen muss man den Raum der vorgedachten Lösungen verlassen. Mir kommt es so vor, als ob eine derartige Reaktion auch eine Frage der Mentalität ist, wobei sich das auf ganze Länder ausweiten lässt. Entsprechend habe ich sehr unterschiedliche Verhaltensweisen wahrgenommen: Die Bürger der Sowjetunion, die nahezu in einer Kultur der Improvisation aufgewachsen sind und die in diesem Stegreifdenken fast schon zu Hause sind, hatten in gewisser Weise weniger große Schwierigkeiten mit ihrem Kernkraftunglück als die Japaner, die in einer Situation ohne Struktur und Richtung nicht so recht wussten, wohin.

Töpfer In der Sowjetunion hatte man bei Atomkraftwerken eine sehr robuste Technik entwickelt, weniger durch Hightechsysteme gesichert. Wer je in Tschernobyl war, kann das sehr gut nachvollziehen. Sowjetische Kernkraftwerke des Tschernobyl-Typs sind sehr viel stärker durch menschliches Fehlverhalten gefährdet als durch technologische Fehlsteuerungen. Dadurch gibt es auch weniger Möglichkeiten, Gegenreaktionen zu entwickeln, wenn sich ein Störfall einstellt und selbst weiter verstärkt. Der Super-GAU in der Ukraine wurde letztlich von einem Arbeiter in Block 4 ausgelöst, als ein vorschriftswidriges Experiment am Turbinengenerator im Rahmen von Wartungsarbeiten ausgeführt wurde. Der Reaktor wurde deshalb mit nur sieben Prozent seiner Nennleistung betrieben. Konstruktionsbedingt und durch einen Bedienungsfehler kam es innerhalb von Sekunden zu einem starken Leistungsanstieg. Eine manuelle Notabschaltung erfolgte viel zu spät.

Die Tatsache, dass unsere modernen Technologien immer stärker darauf ausgerichtet sind, von menschlichem Verhalten unabhängig zu werden, bedeutet jedoch keineswegs, dass wir die Sicherheitsstandards deutlich erhöhen konnten – ich habe darauf schon hingewiesen. Sicherheit durch redundante Technik hat ihre ganz eigenen Risiken. Das Szenario ist ja bekannt: Es müssen sich nur Terroristen auf Anschläge spezialisieren, die zum Ziel haben, die Software in den AKWs zu manipulieren oder in einer fatalen Weise fehlzuprogrammieren. Wenn ich immer höre, was Hacker zuwege bringen, um auch in höchst sicherheitsrelevante Computersysteme einzudringen, muss ich mir auch vorstellen, welche Konsequenzen sich aus einem derartigen Vorgehen ergeben könnten.

Yogeshwar Bis hin zu digitalen Erstschlägen. Im Iran gab es 2010 einen vollkommen neuartigen Computervirus, den Trojaner «Stuxnet», der als digitale Waffe Atomanlagen des Landes sabotieren sollte. Jedenfalls wurde bestätigt, dass dieser Trojaner in die entsprechenden Rechner hatte eindringen können.

Töpfer Und insofern bekommt man ein neues Feld von Risiken, und zwar gerade dadurch, dass man die Technologie vom menschlichen Verhalten unabhängig machen will. Natürlich ist die Forderung sehr nachvollziehbar: Die Technik müsste so beschaffen sein, dass auch ein Mensch, der willentlich terroristisch handelt, sie nicht übertölpeln kann. Setzt man das voraus, ist man jedoch von Steuerungsmechanismen, die man nicht selbst in der Hand hat, abhängig – stärker, als wir es vielleicht wollen.

Wenn ich in einer Bergbahn bin und im Brandfall die Fenster einschlage und mir dabei bewusstmache, dass das Schlimmste, was ich durch mein Tun erziele, darin besteht, dass ich die in dieser Bahn eingeschlossenen Mitmenschen noch weiteren negativen Konsequenzen aussetze, dann ist das etwas anderes, als wenn ich ein hochkomplexes Kernkraftwerk vor mir habe. Aus diesem Grund ist für mich die Überlegung, ob man in Fukushima besser hätte handeln können, auch nicht so entscheidend. Das werden die Japaner sicher noch selbst ausreichend herausarbeiten.

Yogeshwar Trotzdem hat es damit zu tun, dass wir uns an der Schwelle zu einer anderen Art des Denkens befinden. Im vergangenen Jahrhundert hatten wir noch die Hoffnung, deterministisch die Welt steuern zu können. Dazu ein ganz praktischer Vergleich aus dem unterschiedlichen Erleben von älteren und jüngeren Generationen: Verabreden sich ältere Menschen, Menschen wie wir, sagen sie: «Wir treffen uns heute Abend um 20 Uhr beim Italiener.» Jüngere kommunizieren ganz anders. Wenn ich meinen neunzehnjährigen Sohn frage: «Was machst du heute Abend?», antwortet er: «Mal gucken.» Er und seine gleichaltrigen Freunde verständigen sich eher situationsbezogen. Situationsbezogen wird vereinbart, wo man sich trifft. Das kann sich im Laufe eines Tages immer wieder verändern, es wird immer wieder neu definiert. Über SMS oder via Facebook findet ein ständiger Austausch statt, und durch diese intensive Kommunikation verändern sich die Entscheidungsprozesse. Es kommt zu einer «Verflüssigung» des Handelns.

Ich habe dieses Beispiel gewählt, weil wir merken, dass wir mit der deterministischen Betrachtungsweise der Welt, bei der die zukünftigen Ereignisse durch Vorbedingungen eindeutig festgelegt sind, überfordert sind. Besonders dann, wenn es darum geht, die Komplexität von Systemen, die Komplexität von Technik zu erfassen, etwa alle Eventualitäten eines Kernkraftwerks antizipieren zu wollen. Sie fallen aus dem Rahmen dessen heraus, was wir simulieren, was wir in gewisser Weise kontrollieren können.

Töpfer Deterministisches Denken in dieser Form hat mich noch nie überzeugt.

Yogeshwar Deterministisches Denken führen die Amerikaner exemplarisch vor, wenn es um ihre Sicherheitsvorstellungen geht. In jedem Flugzeug befindet sich vorne bei den Piloten das dicke

Buch, ich habe es ja bereits erwähnt, zu dem sie greifen sollen, wenn etwas Unvorhergesehenes passiert. Kommt es zu einem Turbinenausfall, schlägt der Pilot die entsprechende Seite auf: «Was mache ich bei einem Turbinenausfall?» Aber ab einem gewissen Grad von Komplexität fehlt die entsprechende Seite. Fukushima war für mich ein Paradebeispiel dafür, dass die Komplexität so immens geworden ist, dass wir, um sie zu bewältigen, ein anderes Denken benötigen. Doch wir sind in diesem noch völlig ungeübt und verhalten uns hilflos, was das angeht, weil es dafür keine kulturelle Tradition gibt. Es ist aber anzunehmen, dass wir uns in Zukunft von den deterministischen Denkmustern verabschieden müssen, bei denen man Risikoabschätzungen im Hinblick auf Wahrscheinlichkeiten vornimmt. Das hat man früher gemacht. Sie erinnern sich vielleicht an den Rasmussen-Report, wo man sogar Eintrittswahrscheinlichkeiten mit einer bestimmten Anzahl von Opfern für dieses oder jenes Ereignis berechnete. Und doch wurden wir immer wieder davon überrascht, dass die Realität völlig anders aussah und plötzlich Katastrophen an Stellen auftraten, wo man sie ganz und gar nicht erwartet hatte.

Töpfer Sind aber nicht alle menschlichen Entscheidungen Entscheidungen bei unvollkommenen Informationen, Entscheidungen unter Risiko? Haben wir das vielleicht nur ausgeblendet?

Yogeshwar Die Franzosen sagen: «Jede Entscheidung wird im Zweifel gefällt.»

Töpfer Als Kind habe ich gelernt, dass Allwissenheit eine göttliche Tugend ist. Menschliches Entscheiden, man kann es nicht oft genug unterstreichen, ist immer ein Entscheiden bei unvollkommener Information. Das kann man sehr schön am Informationsparadoxon nachvollziehen, das einst die amerikanischen Wirtschaftswissenschaftler Sanford Grossman und Joseph Stiglitz formuliert haben. Sie zogen die Ansicht, dass man durch mehr Wissen und mehr Information auch mehr Gewinn erzielen könne, in Frage. Denn Informationen liegen auch Bewertungen zugrunde, und wenn kein Anreiz mehr besteht, diese anzuwenden, passiert dennoch nichts, selbst wenn man einen Wissensvorsprung hat. An einem konkreten Beispiel gezeigt: Haben ein Verbrecher und ein Detektiv beide einen vollkommenen Informationsstand, treten sie auf der Stelle und handeln nicht.

Wenn aber alle Entscheidungen mit einem Risiko behaftet sind, dann muss gefragt werden, ob Entscheidungen verantwortet werden können, die, was die Größe der mit ihnen verbundenen, fast undenkbaren Konsequenzen betrifft, das Prinzip von *trial and error*, von Versuch und Irrtum, aufheben. Weil nämlich die Folgen des Irrtums so gravierend sind, dass ein neuer Versuch unmöglich wird.

In der Ethikkommission ist diese kategorische Ethik sehr konsequent herausgearbeitet worden. Danach darf man nicht abwägen zwischen positiven und negativen Folgen einer solchen Technik, sondern muss zu der Entscheidung kommen: Das geht über das menschliche Maß hinaus und muss vermieden werden. Für mich lässt sich aus dieser Erkenntnis nur ein Prinzip ableiten: Entscheide so, dass selbst dann, wenn die damit verbundenen Risiken eintreten, Handhabbarkeit und Handlungsmöglichkeiten erhalten bleiben. Und auch so, dass das, wofür man sich entscheidet, nicht so weitreichend in Raum und Zeit bindend ist, dass dadurch alle anderen Optionen hinfällig werden.

Wir müssen alles daransetzen, am Ende nicht in eine Situation zu geraten, die zumindest in der kürzeren Frist alternativlos ist oder erscheint. Dieser Aspekt gehörte für mich immer zu den ganz wichtigen Überlegungen. Ein Beispiel: Nachdem die baltischen Staaten nicht mehr Teil der Sowjetunion waren und somit auch für ihre eigene Energieversorgung aufkommen mussten, erkannte man: Hätte man das Kernkraftwerk Ignalina im Nordosten Litauens, ein AKW des Tschernobyl-Typs, sofort abgestellt als Reaktion auf Tschernobyl oder nachdem diese Entscheidung auf eigene Verantwortung nach dem Zusammenbruch der Sowjetunion gefällt werden konnte, wäre es in Litauen und in weiten Teilen der Nachbarregionen dunkel geworden. Der Reaktor war für die Stromversorgung dieser Großregion alternativlos. Es gab keinen wirklichen Energiemix, keine Möglichkeit, andere Energiequellen einzusetzen. In einer solchen Situation sieht die Risikoabwägung anders aus. Ich betone das mit so großem Nachdruck, weil wir uns immer stärker auf Situationen zubewegen, wo es keine Alternativen mehr gibt. Das gilt weit über die Kernenergie hinaus, wie wir in der gegenwärtigen Finanzkrise sehr deutlich spüren.

Yogeshwar Diese Erfahrungen können wir genauso gut in unserem Alltag machen. Fiel früher der Strom aus, funktionierte das Telefon immer noch. Fällt heute der Strom aus, geht gar nichts mehr, weder das Telefon noch die Heizung.

Töpfer Spinnt man den Faden noch ein wenig weiter, wird einem klar, dass das Unwort des Jahres 2010 nicht zufällig «alternativlos» war. Doch wodurch wird etwas alternativlos? *Too big to fail!* Zu groß, um zu scheitern. Es ist die Vorstellung, dass Unternehmen, dass Banken und sogar ganze Staaten allein aufgrund ihrer Größe davor geschützt sind, insolvent zu werden oder unterzugehen. Ihre «Systemrelevanz» schützt sie – der schlichte Hinweis darauf: «Wenn die untergehen, dann gehen wir auch mit unter.» Doch eigentlich heißt dies nichts anderes, als dass im Vorfeld alle Alternativen beseitigt wurden und dass aus dieser Alternativlosigkeit Systemrelevanz und Bestandsgarantie resultieren. Erkennt man das als Gefahr an, muss man auch die Maxime seines eigenen Handelns korrigieren: «Handle so, dass Entwicklungsprozesse entschieden werden und nicht schon feste Ergebnisstrukturen.»
In der Ethikkommission war eine der großen Fragen: «Wann steigen wir aus? Verbinden wir den Atomausstieg mit einem Datum, oder wäre es nicht besser, überhaupt kein Datum festzulegen?»

Wir haben dieses Dilemma überbrückt. Ein Datum musste festgelegt werden, damit Investitionssicherheit für alternative Energien und erhöhte Energieeffizienz gewährleistet werden konnten. Zugleich haben wir aber mit großem Nachdruck betont, dass es entscheidend um den Ausstiegsprozess geht. Der muss konsequent und transparent Jahr für Jahr verfolgt werden. Es muss nachjustiert werden können. Es muss beständig die Akzeptanz in der Bevölkerung durch Transparenz gewährleistet bleiben ...

Yogeshwar ... auf Sicht fahren.

Töpfer Ja, genau. Menschliches Entscheiden ist stets mit Unsicherheit verbunden, also müssen die Entscheidungskomplexe auf kleine, überprüfbare Schritte innerhalb eines Prozessablaufs heruntergebrochen werden. Wie es uns der gute alte Popper, der Philosoph, gelehrt hat: «Vermeide holistische Aussagen und Handlungsentwürfe!» Holistische Aussagen sind die Feinde einer offenen Gesellschaft, einer offenen Demokratie.

Das zeigt sich beispielsweise, wenn jetzt von einer Öko-Diktatur geredet wird. Wenn Menschen behaupten, sie hätten die besseren Informationen, sie könnten nicht darauf warten, bis die tumbe Masse das auch verstanden hat, wenn es heißt, deshalb sei es notwendig, diese oder jene Entscheidung einfach durchzuziehen. Genau an diesem Punkt stellt sich die Frage: Wie kann zum Beispiel eine Energiewende so umgesetzt werden, dass sie mit absehbaren, begrenzten Teilschritten eines insgesamt koordinierten Prozesses abläuft? So, dass die immer wieder aktualisierten Informationen diesen Umsetzungsprozess demokratieverträglich machen? Ich muss doch zu einer Situation kommen, in der die Annahme «Wir entscheiden aus Unsicherheiten» dazu führt, den schrittweisen Handlungsablauf zu entwickeln. Das umfasst ebenso die Anforderung, wo immer möglich Non-Regret-Entscheidungen zu fällen, Entscheidungen also, die dann noch sinnvoll und gut begründet sind, wenn die begründenden Ausgangsbedingungen und Ursachen sich als nicht oder nicht vollständig richtig erweisen. So kann auch eine Überwindung des «Diktats der Kurzfristigkeit» gelingen.

Yogeshwar Auf der einen Seite ist das, was Sie gesagt haben, vollkommen logisch, vollkommen richtig. Aber es setzt andererseits etwas voraus, und genau das fehlt noch: Ein solches Denken muss sich ebenso in den ökonomischen Kategorien niederschlagen. Es darf im wirtschaftlichen Sinn nicht alternativlos bleiben. Denn wenn das so wäre, hätte man ein Monopol. Hätte ich ein alternativloses Produkt, könnte ich damit viel Geld machen. Und weil die Wirtschaft nun mal das Interesse hat, viel Geld zu machen, tun sich da einige Konflikte auf. Wie stark sie daran interessiert ist, zeigte sich am deutschen Energiemarkt. In diesem Land gab es viele einzelne Stadtwerke, viele dezentrale Strukturen, doch all diese Alternativen mündeten zunehmend in nahezu monopolistische Energiestrukturen. Ähnlich verläuft die Entwicklung im Bereich Information. Man muss sich nur anschauen, wie wir alle Facebook, Google, Apple oder Wikipedia groß gemacht haben und dies akzeptieren, obwohl echte Alternativen dazu vorhanden sind. Aber wir rutschen immer wieder in diese monopolistischen Strukturen hinein, scheinen manchmal sogar hinzunehmen, dass sie sich in der Wirtschaft ständig generieren. Jedenfalls kritisieren wir das nur bedingt.

Töpfer Statt von Monopolen könnten Sie ebenso von Monokulturen sprechen. Die Natur bestätigt immer wieder, dass Monokulturen, welcher Art auch immer, höchst gefährlich und riskant sind. Kurzfristig erlauben Monokulturen häufig große Vorteile und ökonomisch große Erträge. Gegen Kalamitäten aber sind sie höchst anfällig. Aus diesem Grund sollten wir in der Landwirtschaft Monokulturen nicht weiterverfolgen. Die Energiewende ist mithin geprägt durch eine Diskussion darüber, wieder Dezentralität zu ermöglichen. Nebenbei gesagt: Bislang war unsere Wissenschaft – und ist es immer noch – ebenfalls auf große, konzentrierte Lösungen ausgerichtet. In dieser Hinsicht ist auch ein Umdenken notwendig.

Yogeshwar In der Tat, als Physiker kann ich Ihnen da nur beipflichten. In der Wirtschaft wie in der Wissenschaft ging es einzig um den Sieger, den Ersten. *«The winner takes it all»* – der Gewinner bekommt alles, der Rest geht leer aus. Das war und ist auf beiden Seiten das vorherrschende Denken. Man braucht sich dazu nur die heutige Computerbranche anzusehen. Anfang der achtziger Jahre gab es eine enorme Vielzahl an Betriebssystemen, an Computern, überhaupt an allem, was mit diesem Bereich zu tun hatte. Längst ist diese Vielfalt reduziert worden. Langfristig müssen wir uns möglicherweise überlegen, ob wir diese großen, alternativlosen Strukturen noch akzeptieren können und wollen.

Töpfer Überall dort, wo wir den Eindruck haben, alternativlos zu sein, besteht massiver Handlungsbedarf. Und das nicht nur, wenn sich eine Katastrophe ereignet hat oder abzeichnet. Die Alternativlosigkeit ist ein wesentlicher Teil der Katastrophe, da sie Handlungsmöglichkeiten begrenzt oder ganz ausschließt. Es ist dann auch nicht weiter erstaunlich, dass die Reaktion auf die Alternativlosigkeit der Wutbürger ist, jener Bürger also, den wir zuvor noch motiviert und aufgefordert haben, an einer offenen Demokratie teilzuhaben. Gibt es keine Alternativen, haben wir keine Möglichkeit, demokratisch zu entscheiden. Denn Demokratie bedeutet für mich immer einen Wettbewerb zwischen Alternativen – deswegen finde ich Ihren Hinweis auf die Monopole auch sehr zutreffend.

Aber noch etwas anderes kommt hinzu: Wenn wir uns einig darüber sind, dass menschliches Entscheiden immer nur ein Entscheiden bei unvollkommenen Informationen ist, dann muss ich fragen: Welche Entscheidungskriterien bieten sich für die Politik aus der Wissenschaft und aus der Wirtschaft an?

Yogeshwar Im Deutschen existiert ein feiner Unterschied zwischen Auswählen und Entscheiden. Zwischen diversen Tomatensorten, die im Supermarkt angeboten werden, wähle ich aus. Aber es kann sein, dass keine darunter ist, die mir schmeckt. Entscheiden ist dagegen etwas anderes – es geht tiefer, ist auch verbunden mit einem Ausleben menschlicher Freiheit. Mit diesem Ausleben werden wir immer stärker konfrontiert. Der Wutbürger steht deshalb unter Dampf, weil er merkt, dass sich das, was er wirklich will, nicht mehr unter den Wahlmöglichkeiten befindet. Die Frustration, die gegenüber der Politik empfunden wird, hat einen ähnlichen Ursprung. Wie viele Menschen gehen nicht zur Wahl, weil sie der Ansicht sind, dass unter den Farben, die die einzelnen Parteien exponieren, keine dabei ist, die ihre Wünsche und Vorstellungen abbildet. Ich wage einmal zu sagen: Wir müssen wegkommen von einer Einstellung, wie sie einst Henry Ford, der amerikanische Autobauer, im Jahre 1909 verkündet hat: «Der Kunde kann das Auto in jeder Farbe haben, vorausgesetzt, die Farbe ist Schwarz.» In ähnlicher Weise hat sich eine solche Haltung auch in unserer Wirtschaft und Politik breitgemacht: «Du kannst alles haben, aber eigentlich biete ich dir nur ein stets geringer werdendes Spektrum an Möglichkeiten des Auswählens an.» Im Grunde ist das kein Entscheiden mehr.

Töpfer Das greife ich gerne auf. Wenn wir jetzt Genehmigungsbeschleunigungsgesetze fordern, erreichen wir das Gegenteil von dem, was wir eigentlich wollen. Denn das Signal an den Bürger ist dann einmal mehr, in Entscheidungsprozesse gar nicht eingebunden zu sein, dass er sich erst dann zu Wort melden darf, wenn die Suppe schon längst gekocht ist. Klar, dass er so eine Abwehrhaltung einnimmt: «Dann macht doch euer Zeug allein, und wenn die Dinge dann passiert sind, zeigen wir euch schon, wo Barthel den Most holt.» Irgendwann lässt er sich das nicht mehr gefallen. Er protestiert, geht auf die Straße, wird ärgerlich. Für mich ist ganz wichtig zu sehen, was man sich damit einhandelt. Was hat es denn zu bedeuten, dass die europäischen Staats- und Regierungschefs auf einem Sondergipfel im März 2000 in Lissabon beschlossen haben, aus der EU einen wissensgestützten Wirtschaftsraum zu machen, aus den einzelnen Mitgliedsländern Wissensgesellschaften? Was hatte das seitdem für Konsequenzen für die Wissensdemokratie? Zu konstatieren ist etwa, dass weiterhin die Kernenergie forciert wurde, obwohl die Mehrheit der Menschen zumindest in Deutschland dagegen war. Kann eine solche Mehrheitsmeinung überhaupt noch in unserer Gesellschaft abgebildet werden? Oder stimmt das alles nicht, und politisch Handelnde sind nur noch Vollzieher von Meinungsumfragen? Politiker müssen immer wieder den Mut aufbringen, selbst Entscheidungen zu treffen, sogar dann, wenn die Mehrheit anderer Meinung ist. Es ist zum Beispiel davon auszugehen, dass die Leute nach einer Häufung von schwersten und schlimmsten Verbrechen für die Todesstrafe plädieren würden. Eine verantwortliche Politik hingegen hätte zu kommunizieren, dass die Todesstrafe ethisch nicht zu verantworten ist und dass wir sie aus diesem Grund auch nicht einführen wollen.

Yogeshwar Nicht ohne Grund haben wir keine plebiszitäre Demokratie, sondern eine repräsentative auf der Basis der Tatsache, dass es komplexe Prozesse gibt, die in ihrer Vielfalt analysiert und reflektiert werden müssen, bevor man eine Entscheidung fällt. Meine Sorge beim Wutbürger ist, dass er meint, über Volksentscheide Dinge direkt regeln zu können, die aber ihrerseits viel zu vielschichtig sind, als dass sie sich nach eindeutigen Vorgaben regeln lassen. Wie Sie gerade gesagt haben: In bestimmten Situationen würde die Mehrheit bei einem Volksentscheid sogar für die Todesstrafe plädieren. Man kann auch ein weniger dramatisches Beispiel wählen: Für den «normalen» Menschen kommt Strom immer noch aus der Steckdose.

Töpfer Ich habe jedes Mal Probleme, wenn vom «normalen» Menschen gesprochen wird. Ich frage mich dann, wer der nichtnormale Mensch ist. Ist das der elitäre Mensch? Die Wissenselite?

Yogeshwar Nein, so war das nicht gemeint. Doch wir sollten uns bewusstmachen, dass wir ständig mit Entscheidungen konfrontiert werden, die in ihrer Komplexität uns Bürger überfordern. Jeder von uns fühlt sich als Laie. Die Bezeichnung «normaler Mensch» habe ich keineswegs abfällig gemeint.

Töpfer Das nehme ich auch nicht an. Grundlage müssen klare Entscheidungsstrukturen sein, die Verantwortlichkeiten eindeutig festlegen und diese mit den jeweils handelnden Personen verbinden. Damit wird Verantwortung eindeutig zugeordnet.

Yogeshwar Wirklich? Bei der Dimension mancher Schadensausmaße muss man sich doch fragen, ob überhaupt ein delegierbares Verantwortungsprinzip gelten kann. Ein Individuum kann doch nicht für den Betrieb eines Kernkraftwerks die Verantwortung übernehmen!

Töpfer Die Verantwortungsstrukturen sind an Individuen, an Menschen gebunden. Wer sonst sollte Verantwortung übernehmen? Der Sozialwissenschaftler Ulrich Beck, der auch der Ethikkommission angehörte, hat warnend darauf hingewiesen, dass eine Verantwortungszuordnung auf «die Gesellschaft» oder «die Zivilisation» zu einer «kollektiven Verantwortungslosigkeit» führt.

Yogeshwar Ja, wir sind an einem Punkt angelangt, an dem die individuelle Verantwortung in einem völligen Ungleichgewicht zu den Konsequenzen im Falle eines Versagens steht.

Töpfer Mit individuell meine ich nicht eine einzelne Person, sondern eine definierte Einheit, ein Unternehmen, auch eine staatliche Verantwortung ist damit gegeben. Ich bin ein großer Anhänger des deutsch-jüdischen Philosophen Hans Jonas, der sein großartiges Buch aus dem Jahr 1979 *Das Prinzip Verantwortung* genannt hat. Darin hat er einen «kategorischen Imperativ» für das technische Zeitalter entwickelt. Jonas forderte für Entscheidungen eine «Heuristik der Furcht» ein, ein Prinzip des Problemlösens angesichts von sowohl zeitlich wie auch emotional bedrängenden, komplexen Situationen. Er vertrat die Überzeugung, dass man im Zweifelsfall der schlechteren Prognose den Vorzug geben solle, um der Versuchung der Abwiegelung, der Selbsttäuschung zu entgehen. Wenn zu viele Wahrnehmungen, Gedanken, Meinungen oder Absichten auf uns einströmen, bedienen wir uns in der Wahrnehmung eines besonderen «Sortiermechanismus». Die Wissenschaft nennt dies «kognitive Dissonanz». Der Mensch nimmt in der Fülle nur jene Informationen wahr, die in sein eigenes, vorgefasstes Weltbild passen. Doch in einer Zeit der massiven Akzeleration, in einer Zeit des enorm beschleunigten Wandels, gelingt das immer weniger. Wir werden dazu gezwungen, darüber nachzudenken, wie wir zu einer Verlangsamung, zu einer Entschleunigung von Entscheidungsprozessen kommen. Mit einem banalen Beispiel: Vom Fast Food bewusst zurück zum Slow Food! Das würde uns auch erlauben, wieder fehlerfreundlicher zu sein. Eine Zukunft ohne Kernenergie zu erfinden bedeutet somit, aus holistischen Zwängen herauszukommen und demokratiefähiger zu werden.

Yogeshwar Das «Prinzip Verantwortung» muss sich meiner Meinung nach an mindestens zwei Kategorien messen lassen: zum einen an der zeitlichen Dimension, zum anderen an der Kategorie der Intensität, der Größe. Die zeitliche Dimension in der Kernenergie ist unbestritten. Der kantische kategorische Imperativ über die Pflicht – «Handle nur nach derjenigen Maxime, durch die du zugleich wollen kannst, dass sie ein allgemeines Gesetz werde» – widerspricht der Tatsache, dass wir heute eine Entscheidung fällen, die noch Tausende von Folgegenerationen belastet. Das betrifft das Problem der Lagerung des Atommülls. Aber schon die jetzigen Strukturen im Bereich Kernenergie sind so, dass man sich fragen muss – und da wäre man bei dem Aspekt der Größe –, ob ein Unternehmen wie Tepco Verantwortung für eine evakuierte Zone übernehmen kann, die einen Radius von zwanzig oder mehr Kilometer hat.

Töpfer Das lässt sich noch konkretisieren: Die Kernenergie gehört zu jenen Investitionen, die nicht versicherungsfähig sind. Man kann für Kernenergie keinen umfassenden Versicherungsschutz abschließen. Was im Falle von Tepco bedeutet, dass dieses japanische Unternehmen für evakuierte Zonen und die riesigen Kosten nur bis zur eigenen Leistungsgrenze in die finanzielle Verantwortung genommen werden kann. Darüber hinausgehende Kosten sind letztlich vom Staat, von den Steuerzahlern zu leisten, sie werden sozialisiert. In dem Bericht zum Kernenergieausstieg, den wir in der Ethikkommission verfasst haben, gibt es nur ein einziges Zitat. Dieses ist von dem schon erwähnten Ökonomen Joseph Stiglitz. Er sagt sinngemäß: Wenn andere die Kosten der Fehler tragen, während die Gewinne privatisiert sind, begünstigt das die Selbsttäuschung. Es besagt weiter, dass dort, wo die Verluste sozialisiert und die Gewinne privatisiert werden, es tendenziell zu einer Überschätzung der Gewinne und zu einer Unterschätzung der Risiken kommt.

Systeme wie die Atomenergie, die nicht in das menschliche Maß der Versicherungsfähigkeit hineinpassen, sind auch nicht mehr verantwortbar. Ökonomisch führt es dazu, dass nicht nur im Fall einer Katastrophe eine Preisverzerrung zwischen der Kernenergie und anderen Energien entsteht. Es gibt erhebliche Kosten, die ein Unternehmen nicht mehr tragen kann und die deshalb externalisiert werden. Macht man sich das klar, erscheint der Atomstrom auch ökonomisch in einem ganz anderen Licht: Er wird wesentlich teurer.

All das, was wir jetzt an Krisen und Katastrophen erleben, sind im Grunde Offenbarungseide der Kurzfristigkeit. Wir haben uns nämlich daran gewöhnt, Kosten, die eigentlich jetzt bezahlt werden müssten, eben nicht in den aktuellen Preisen zu bezahlen, sondern sie auf neue Rechnungen vorzutragen – oder sie der Natur zu überantworten. Wenn man mir entgegenhält: «Umweltpolitik verursacht Kosten», kontere ich hart: «Umweltpolitik verursacht überhaupt keine Kosten. Sie entscheidet darüber, wer wann welche Kosten trägt.» Das ist Verteilungspolitik!

Yogeshwar Wir sollten noch einen kurzen Blick auf die Geschichte der Kernenergie werfen, denn dadurch stoßen wir noch auf ein anderes Argument, das stark für den Ausstieg spricht. Wir müssen uns nämlich der Tatsache stellen, dass der erste von Menschen gebaute Kernreaktor einen rein militärischen Zweck hatte. In Chicago Pile 1, einer Versuchsanlage an der University of Chicago, lief erstmals 1942 eine kontrollierte Kettenreaktion ab. Die Leitung hatte der italienische Physiker Enrico Fermi. Ziel war es, Kernwaffen bauen zu können. Durch den Reaktor gewann man Plutonium für die Atombombe. Wenn wir uns also die Entwicklung der Kernenergie anschauen, dann muss man global feststellen, dass sie sehr stark an einen militärischen Nutzen gekoppelt war. Im nationalsozialistischen Deutschland gab es ähnliche Versuche, aber aufgrund zahlreicher Faktoren, auf die ich hier nicht näher eingehen kann, gelang es den Nazis nicht, die Bombe zu bauen.

Nach dem Zweiten Weltkrieg kam es dann in Deutschland zu einem radikalen Umdenken. Die Kernenergie wurde hier ausschließlich für zivile Zwecke genutzt. Anfangs hatte es noch Bestrebungen gegeben, die Bundeswehr mit Atomwaffen aufzurüsten, doch Protest wurde laut, etwa von den «Göttinger Achtzehn». Im April 1957 hatten sich achtzehn prominente deutsche Atomforscher gegen die militärische Aufrüstung gewehrt, und sie hatten damit zum Glück Erfolg. Doch die Situation der Atomenergie in Deutschland lässt sich nicht auf andere Nationen übertragen. In vielen Ländern existiert immer noch diese Verbindung zwischen friedlicher und militärischer Nutzung. Schaut man sich heute beispielsweise den Iran an, einen großen Betreiber von Kernenergie, dann werden bei der Erwähnung dieser Tatsache viele Menschen nervös. Und Frankreich forciert die Kernenergie, weil das Land in einer entscheidenden Phase des Kalten Krieges die nukleare Bewaffnung der französischen Streitkräfte beschlossen hatte, was unter Präsident Charles de Gaulle als *force de frappe* bezeichnet wurde, als «Force de dissuasion nucléaire de la France». Die Atombombe als Abschreckung. Wir Deutschen haben also eine Technologie in einer friedlichen Form übernommen, die einem «unfriedlichen» Bereich entsprang. Ich betone noch einmal: Das primäre Ziel bei der Herstellung von Kernenergie war nicht die zivile Energieproduktion, sondern das Erbrüten von spaltfähigem Material zum Bau von Atombomben.

Töpfer Deswegen hat der amerikanische Präsident Dwight D. Eisenhower auch im Dezember 1953 vor der UN-Vollversammlung eine Rede unter der Überschrift «Atoms for Peace» gehalten. Diese Rede war ein Plädoyer für die zivile Nutzung der Kernenergie, für die Stromerzeugung, die Medizin, ein Versprechen für die wirtschaftliche Entwicklung der Welt. Nachdem die US-Atombomben auf Hiroshima und Nagasaki gefallen waren, wollte er ein neues Zeichen setzen. Es war ein Zeichen der Umorientierung, ein Zeichen, dass man dieses tödliche Instrument zur Beseitigung von Energieengpässen einsetzen und damit Armut und Not überwinden könne.

Yogeshwar Genau. Aber die historische Problematik geht noch weiter. Die Atombombe hat eine neue Qualität hervorgebracht, die Kettenreaktion, eine Entfesselung von Energien, die alles sprengte, was es zuvor je auf diesem Sektor gegeben hatte. Damit verbunden war natürlich auch die Aufgabe, diese entfesselte Energie zu kontrollieren und – in den Kategorien von damals – ein für alle Mal das Energieproblem zu lösen. Es gab diese Vision. Man war überzeugt davon, dass Energie nie wieder ein Thema werden würde. Da hegte man diese umfassende Hoffnung.

Töpfer Gibt man aber einmal das Signal, dass das Energieproblem nun abschließend geregelt sei, braucht man sich auch nicht darüber zu wundern, dass jeder überzeugt davon ist, Alternativen nicht mehr entwickeln, nicht mehr erforschen zu müssen. Das Denken in diese Richtung wird dann sehr schnell eingestellt. Dies ist auch so geschehen. Ich halte das für eine der besonders nachteiligen Auswirkungen der Kernenergienutzung. Indem man sagt, dass man das Energieproblem gelöst hat, gibt man zu verstehen, dass sich die Grundfragen der menschlichen Existenz auf diesem Planeten lösen lassen. Denn hat man unbegrenzt Energie, hat man auch Lösungen für alle weiteren materiellen Herausforderungen menschlichen Lebens. Die Akzeptanz des Signals hatte jedoch zur Folge, dass man die Anreicherungstechnik entwickelte und akzeptierte, in sie einstieg. Um diesen Brennstoffkreislauf zu schließen, landete man bei Plutonium.

Und genau hier liegt für mich ein weiterer gewichtiger Punkt, warum ich Kernenergie als eine möglichst bald zu überwindende Technologie betrachte: Es sind die Proliferationsrisiken ziviler nuklearer Brennstoffkreisläufe, die Gefahren der Weitergabe von nuklearwaffenfähigem Material. Man kann sie zwar durch Gesetze zu regeln versuchen, aber das ist sinnlos, denn in einer Welt, die durch den Verfall staatlicher Machtmonopole ebenso wie durch menschenverachtenden Terrorismus gekennzeichnet ist, lassen sie sich in Wirklichkeit nicht durch Gesetze regeln. Ein Kontrollverlust innerhalb eines zivilen Atomprogramms lässt sich nicht auf diese Weise aufhalten. Nuklearmaterial, Technologie oder Know-how kann gestohlen und ins Ausland transferiert werden, um ein Atomwaffenprogramm in einem anderen Land zu unterstützen. Wie will man das mit Gesetzen oder durch die Kontrolle der IAEO, der Internationalen Atomenergie-Organisation, wirksam verhindern? Wie will man verhindern, dass Fachpersonal von anderen Ländern abgezogen wird?

Man kann diesen Kontrollverlust eigentlich nur durch die Technik selbst regeln, und zwar, indem man den Weg der Anreicherung bis hin zur Produktion von Plutonium unterbindet. Wie Sie schon zu Recht sagten, die militärische Begründung der Kernenergie führt unweigerlich zu den Proliferationsrisiken. Bei anderen Reaktortechnologien, etwa den Überlegungen für einen Thorium- oder den Hochtemperaturreaktor, wie er bei Ihnen in Jülich entwickelt wurde, wäre dieses Argument ungleich weniger relevant.

Yogeshwar Ende der achtziger Jahre – Sie werden sich daran erinnern – kam der Begriff der «Cold fusion» auf, geprägt von den amerikanischen Wissenschaftlern Martin Fleischmann und Stanley Pons. Es schien so, als hätten die beiden die Kernfusion im Reagenzglas erfunden. Diese Methode glich einem «deus ex machina» und versprach alle Energieprobleme der Welt auf einen Schlag zu lösen. Nach einer Weile stellte sich heraus, dass die «kalte Fusion» nur Wunschdenken bleiben sollte, die beiden Forscher hatten nicht richtig experimentiert. Danach traten aber noch alle möglichen Fleischmanns und Pons auf, die sagten: «Schaut her, wir haben hier eine völlig neue Technologie.» Auch in diesen Fällen zeigte sich die offensichtliche Sehnsucht nach allumfassenden Problemlösungen. Nach einfachen Lösungen. Und deswegen haben es Alternativszenarien auch so schwer, denn sie sind heterogen, vielschichtig, vernetzt, dezentral. Sonnen-, Wind- und Wasserenergie sind keine einfachen, sondern komplexe Lösungen. Bei diesen Technologien existieren Interdependenzen, sie können nur betrieben werden, wenn wir sie als Teil eines Gesamtsystems begreifen, als ein großes organisches Gebilde. Und an diesem Punkt sind wir noch längst nicht angelangt.

3 JA BITTE! NEIN DANKE!

Auf der Suche nach Orientierung

Yogeshwar Nach diesem Gespräch werden Sie, wie ich weiß, nach Japan fliegen und wohl auch den Japanern erklären, warum Deutschland diesen Schritt der Energiewende macht, den andere Länder nicht mitgehen. Den Japanern muss es doch seltsam vorkommen, dass die Deutschen diese Entscheidung getroffen haben, obwohl sie von Fukushima ausschließlich über die Medien erfahren haben. Sicher, die Katastrophe wurde bei der Berichterstattung regelrecht zelebriert, die schlimmsten Katastrophenbilder wurden täglich mehrmals wiederholt, die Videoaufnahmen über den Tsunami zum Teil mit einer dramatischen Musik unterlegt – eine Geschmacklosigkeit. Aber das alles erklärt nicht hinreichend, warum die deutsche Bevölkerung so reagierte.

Hinzu kamen noch die Wortschöpfungen, die auf einmal in den Fernsehbeiträgen zu hören waren. Da handelte es sich bei Fukushima nicht mehr um einen GAU, sondern um einen «Super-GAU» oder einen «Mega-GAU» – mithin eine mediale Dauerübertreibung. Noch extremer wurde es, als man den Zuschauern im Fernsehen plötzlich bunte animierte Grafiken zeigte mit radioaktiven Wolken, die Kurs auf Europa nahmen. Da wurde Panik geschürt. Zudem gab es Korrespondenten, die völlig obskure Aussagen machten. So verwendeten sie Wortschöpfungen wie «Wegwerfarbeiter», oder es hieß, bei Tepco würde man Minderjährige und Arbeitslose im Kernkraftwerk beschäftigen.

Töpfer Diese Entwicklung ist sicherlich eine Konsequenz des Vertrauensverlustes bei Tepco! Eine solche Atmosphäre beflügelt Gerüchte, lässt Unglaubliches glaubwürdig erscheinen, führt zu Verschwörungstheorien und vielem mehr. Heiner Geißler hat als Grundlage seiner Tätigkeit für «Stuttgart 21» einen «Faktencheck» gefordert und durchgesetzt. Transparenz schaffen, wieder Vertrauen zu den Handelnden erarbeiten: Das ist die Voraussetzung dafür, statt Panik oder Abwiegelung Sachlichkeit für notwendiges Handeln zu ermöglichen.

Yogeshwar Faktencheck hin oder her: Die Berichterstattung zu Fukushima zeigte mir, dass die Kommunikation von solchen Katastrophen im Zeitalter kommerzieller Medien ungemein schwer geworden ist. Es war für mich fast unmöglich, nicht in den Chor der Hysteriker mit einzustimmen, nicht das permanente Bashing mitzumachen. Das fand ich bedenklich, denn durch die Medien geriet die Politik hierzulande unter Druck – und zwar allein durch sie. Möglicherweise hätte es sogar so etwas wie die Energiewende gar nicht gegeben, wäre die Berichterstattung etwas kleiner, etwas verhaltener ausgefallen. In den USA zum Beispiel konnte ich beobachten, dass dort der Tsunami im Mittelpunkt des medialen Interesses stand, vergleichsweise viel weniger wurde über die Nuklearkatastrophe in Fukushima informiert.

Im Internet kann man statistisch genau verfolgen, welche Wörter in den Suchmaschinen besonders häufig abgefragt werden. Ich habe eine Untersuchung dazu gemacht, und es stellte sich heraus, dass unmittelbar nach der Flutwelle für die Deutschen der Tsunami von Belang war, hinsichtlich der Klickraten dann aber wenige Tage später von Fukushima, also dem Reaktorunglück, bei Weitem übertroffen wurde. Ähnlich verhielt es sich in Japan. In Frankreich hingegen klickten weit mehr Menschen die Beiträge über den Tsunami an, Fukushima war abgeschlagen; in den USA klaffte es noch mehr auseinander. Bei genauerer Überlegung könnte man fast behaupten, dass die Deutschen medial gesehen fast betroffener waren als die Japaner selbst. Das ist schon ein bisschen absurd.

Töpfer Warum absurd? Die Dramatik der Kernschmelzen in Fukushima ist real, ist nicht produziert oder virtuell. In Deutschland sind die Alternativen zur Kernenergie weit entwickelt. Die Einbindung der Bürgerinnen und Bürger in politische Entscheidungsprozesse ist eine über die Kernenergie hinausreichende zivilgesellschaftliche Forderung. So kann es nicht verwundern, dass Menschen in Deutschland betroffener waren aus der Erkenntnis heraus, dass man vergleichsweise schnell aus dieser Technik herauskommen könnte.

Yogeshwar Stimmt, es ist nicht absurd, wenn man auch bedenkt, dass bei vielen Menschen hier Tschernobyl tief in der Erinnerung verankert ist. In der Tat haben die Menschen in den neuen Bundesländern auf Fukushima nicht so massiv reagiert wie die in den alten, den westlichen Bundesländern. Obwohl die östlichen Bundesländer der russischen Katastrophe geografisch näher waren, haben die Menschen in diesen Gebieten keine so große emotionale Verbindung mit dem Thema Kernenergie, wohl weil sie medial nicht so unterrichtet wurden wie im Westen.

Töpfer Nur als kleiner Hinweis: In den neuen Bundesländern gibt es auch nicht ein einziges Atomenergie produzierendes Kraftwerk. Zu Zeiten der DDR gab es zwei Kernkraftwerke russischer Bauart. Das eine war das Kernkraftwerk Lubmin bei Greifswald, das kurz nach der Wende abgeschaltet wurde, und das andere stand in Rheinsberg und wurde ebenfalls 1990 stillgelegt beziehungsweise nicht weitergebaut. Wenn man sieht, wie viele Kernkraftwerke bei uns in Gegenden mit hoher Bevölkerungsdichte stehen, dann kann man schon verstehen, dass sich die Menschen hier betroffener fühlen als in Regionen, wo die Reaktoren in einiger Entfernung zu dichter besiedelten Gebieten liegen.

Yogeshwar Aber wie erklären Sie sich dann das eher zurückgenommene Interesse der Franzosen an Fukushima? Im Vergleich zu Deutschland ist Frankreich nicht ganz so dicht besiedelt. Aber es hätten bei den vielen AKWs, die auch sie in Betrieb haben, ähnliche Ängste auftreten können.

Töpfer Hinlänglich und seit langer Zeit bekannt ist, dass die Franzosen eine andere Einstellung zur Kernenergie haben als die Deutschen. 1986, nach Tschernobyl, vernichteten wir alles Gemüse, entschädigten die Bauern, tauschten den Sand auf den Kinderspielplätzen aus, taten dieses und jenes. Doch an der deutsch-französischen Grenze hörte die Besorgnis abrupt auf. Jenseits der Grenze wurde keine einzige Feldfrucht untergepflügt. Man konnte sogar verfolgen, wie einige Deutsche nach Frankreich fuhren, um dort Obst und Gemüse zu kaufen. Außerdem: Die aktuellen Umfragen in Frankreich bestätigen, dass auch dort die Skepsis gegenüber der Kernenergie erheblich zugenommen hat. Bedeutende Oppositionspolitiker fordern bereits öffentlich ein Überdenken des Energiekonzeptes.

Aber noch zu dem Wort «Super-GAU»: Es ist für mich nicht überraschend, dass dieser Begriff verwendet wurde. Wann, wenn nicht in dem Fall von Fukushima, wo wir drei Kernschmelzen nebeneinander hatten, kann man von einem Mega-GAU sprechen? In dem Kernkraftwerk Tschernobyl gab es eine Kernschmelze, in Japan potenzierte sich das auf drei. Und zudem bestand die Gefahr der Ausweitung dieser Katastrophe, dass auch Brennstäbe in anderen Reaktorkernen schmelzen konnten.

Yogeshwar Aber die Vokabel «Super-GAU» wurde schon benutzt, bevor man die Dramatik der Situation überhaupt erfasst hatte.

Töpfer Keineswegs will ich etwas schönreden und behaupten, dass die Berichterstattung in Deutschland über Fukushima die mit Abstand sinnvollste war. Doch man muss da differenzieren. Die auflagenstärkste deutsche Tageszeitung, die mit den vier Buchstaben, hat nach dem Unglück in Japan, und somit kurz vor der Entscheidung zur Energiewende der Bundeskanzlerin, bei Helmut Kohl anfragen lassen, ob er nicht einen Beitrag zum Thema Atomenergie in Deutschland verfassen könne. Das tat er dann auch, er schaltete sich in die Atomdebatte ein, wobei er vor einem vorzeitigen Ausstieg aus der Kernenergie dringend warnte. Auf fast einer ganzen Zeitungsseite, groß aufgemacht, sehr weit in der Medienöffentlichkeit kommentiert. Er vertrat also genau die gegenteilige Meinung von Angela Merkel. Es gab bei dieser Diskussion keinen Unisonochor. Man kann also nicht sagen, dass alle einstimmig forderten: «Wir müssen uns schnellstens von der Kernenergie abwenden.»

Yogeshwar Das war auch nicht das, was ich im Blick hatte.

Töpfer Aber wir müssen uns daran gewöhnen, dass Medien immer stärker meinungsbildend sind, dass komplexe Sachverhalte auf Schlagworte oder Bildsignale reduziert werden. Wir müssen wissen, dass über das Internet die Kakophonie von Analysen und Therapien in Katastrophensituationen gewaltig anschwillt. Wieder folgt daraus für die Politik geradezu ein Zwang zu kurzfristigen Reaktionen, die häufig an den Symptomen und selten an den Ursachen ansetzen. Ein Beispiel: Verfolgte man die Gewaltexzesse auf den Straßen von London im Sommer 2011, da fragte man sich, ob man weiterhin auf die Glaubwürdigkeit von Bildern setzen kann. Insgesamt ist dies ein sehr ernstes gesellschaftliches Thema, das wir hier sicherlich nicht gänzlich ausdiskutieren und mit dem Königsweg einer Lösung behandeln können. Festzuhalten ist: Mit Begriffen und Bildern werden Meinungen transportiert, nicht nur Informationen. Dennoch behaupte ich: Die größte Medienkampagne kann nichts ausrichten, auch nicht provozieren, wenn das, was erreicht werden soll, nicht schon in den Köpfen der Menschen zumindest latent angelegt ist.

Yogeshwar Ohne Zweifel ist das so. Doch bei diesem Thema, insbesondere wo es um die damit verbundenen Risiken geht, befinden wir uns inzwischen in einer völlig verzwickten Situation. Es geht nicht mehr darum, ein tendenziöses «Ja» oder «Nein» zum Ausdruck zu bringen. Die Medien sind derart in ihren eigenen Gesetzmäßigkeiten gefangen, dass es überhaupt nicht mehr um Inhalte geht, sondern nur noch um das Thema per se, um die Zuschauerquoten. Aus eigener Erfahrung kann ich berichten, welche absurden Formen das annahm. Auf einigen Privatsendern sah man ständig unten im Bild eine Tickermeldung. Ich wurde das Gefühl nicht los, dass manche sich aus dramaturgischen Gründen noch eine Steigerung erhofften.

Als das Unglück in Japan passierte, machte ich für die ARD einige Sondersendungen, den sogenannten *Brennpunkt*. Ich erklärte den Zuschauern, was in den japanischen Reaktoren geschah. Ich war dann fast im Dauereinsatz, weil man feststellte, dass die Einschaltquoten der *Brennpunkte* sehr hoch waren. Die Extrasendungen wurden auf einmal ungeheuer attraktiv und fast täglich ausgestrahlt. Aber in diesem Moment vollzog sich ein Wechsel: Man gab dem Bürger keine Orientierungshilfen mehr, sondern die Fernsehmacher orientierten sich am Zuschauer. Man konzipierte *Brennpunkte*, weil diese Programmergänzungen so gut beim Zuschauer ankamen. Die öffentlich-rechtlichen Sender haben insgesamt zwar einen guten Job gemacht, doch – im Gegensatz zu Tschernobyl – gab es eben auch den medialen Wettbewerb mit den vielen Privatsendern. Für mich vollzieht sich da eine bedenkliche Entwicklung. In dieser Phase spürte ich auf intensive Weise die mediale Eigendynamik. Reporter wollten auf einmal mit mir Interviews führen, ohne dass es ihnen wirklich um die Sache ging. Manche Beiträge waren miserabel recherchiert und voller Fehler, oder aber es herrschte diese vorgespielte Betroffenheit vor.

Manchmal war ich versucht zu fragen: Stopp mal, wollen wir eigentlich eine seriöse Diskussion, die auch differenziert ist? Oder wollen wir mediale Resonanzphänomene, die immer die Eigenschaft haben, dass sie nach drei, vier Wochen von der Bildfläche verschwunden sind, weil etwas anderes aktuell ist?

Töpfer Komplexe Zusammenhänge lassen sich in der auf Kurzfristigkeit ausgerichteten Medienlandschaft nur sehr schwer transportieren. In der Politik kennen wir den Satz, der Ihnen sicher auch nicht fremd ist: «Und bist du noch so fleißig, so kriegst du nur 1:30.» Als Politiker wird man vor einem Fernsehinterview immer wieder aufgefordert, selbst einen schwierigen, sehr komplexen Sachverhalt in anderthalb Minuten darzustellen – für die *Tagesschau* oder für *Heute* sogar eine lange Zeit! Die Inhalte, die man dem Bürger vermitteln möchte, muss man auf wenige Grundgedanken reduzieren – eine Kunst und eine Versuchung. Zugleich ist es notwendig, dass ich die Menschen auch emotional erreiche, sie bei ihren Gefühlen und Gedanken abhole. Ich bin kein Vertreter der Ansicht, dass Rationalität allein die beste Form der Kommunikation darstellt.

Auf Emotionen einzugehen beinhaltet immer die Gefahr des Showeffekts, sicherlich. Aber wenn man die Emotionen vollkommen aus einer Berichterstattung herausnimmt, befürchte ich, dass die Menschen sagen werden: «Wenn die uns das auf einer so abstrakten Ebene erklären wollen, dann gibt es da bestimmt was zu verheimlichen. Die wollen gar nicht, dass wir das verstehen.» Also versucht man es mit einer größeren Verständlichkeit, was auch heißt, mit einer gefühlsintensiveren Form der Informationsvermittlung. Eine sinnvolle Entwicklung sehe ich darin, dass in den Nachrichtensendungen des Fernsehens zunehmend darauf hingewiesen wird, dass man Näheres auf der jeweiligen Website nachlesen kann.

Da wir gerade bei Emotionen sind: Im Augenblick habe ich das Gefühl, mich in einer bemerkenswerten Lage zu befinden. Es könnte so aussehen, als würde ich gegenüber Ihnen, der in und mit den Medien arbeitet, das Vorgehen der Medien verteidigen. Mir ist es einzig wichtig, dort anzuknüpfen, wo ich die Menschen erreichen kann. Nur wenn das gelingt, können Menschen sich auch ändern, können sie Vertrauen in die handelnden Personen finden, können sie mitgehen, wenn es sich um politische Entscheidungen handelt.

Yogeshwar Ist es aber nicht so, dass sich die Politiker – und damit auch die Politik – immer mehr nach den Medien richten?

Töpfer Ja, das ist so. Einen dramatischen Beleg dafür hat der unglaubliche Murdoch-Skandal in Großbritannien geliefert.

Yogeshwar Ich sehe das nicht anders. Die Politiker sind gefangen in Talkshows, durch den Zuspruch der Bürger, die sich diese Sendungen anschauen. Und wenn die Redebeiträge der Politiker sich auf 1:30 beschränken, da frage ich mich, wie es gelingen soll, eine so sperrige Angelegenheit wie die Energiewende in so kurzer Zeit zu transportieren. Auch deshalb, weil diese sogenannten politischen Gesprächsrunden zudem eher den Kriterien einer Show entsprechen müssen. Unweigerlich kommt da ein Punkt, wo das bessere Argument einfach begraben wird, weil es eben nicht auf eine einfache Lösung zielt. Und schon steht man vor dem Problem, dass die scheinbar einfachen Lösungen gewinnen. Wortgewandtheit ist zwar wichtig, doch am Ende geht es um Inhalte. Die Alternativen sind zu komplex, um sie in wenigen Sätzen darzulegen. Eine Energiewende in 1:30 erklären? Nein, das geht nicht.

Töpfer Vollkommen einverstanden. Aber was ist die Konsequenz, die Alternative? Zumal die Abhängigkeit der Politik und der Politiker von den Medien noch deutlich weiter reicht. Viele Fernsehzuschauer zum Beispiel urteilen vornehmlich nach dem Erscheinungsbild und dem Stil der Diskutanten, weniger nach den sachlichen Inhalten der Diskussionsbeiträge. So ist die Gefahr groß, dass kaum jemand wirklich zur Sache spricht, die Kontroverse herausarbeitet.

Yogeshwar Ich erinnere mich, wie ich in einer Talkshow zu Fukushima meinen Unmut über die Art der Gesprächsführung zum Ausdruck brachte. Ich frage mich: Gibt es in dieser Hinsicht vielleicht einen Wechsel in der Haltung der Politiker? Dazu fällt mir ein, wie ich Anfang der achtziger Jahre im Bonner Hofgarten gegen den NATO-Doppelbeschluss demonstrierte, gegen die Politik von Helmut Schmidt, die in unseren Augen keine des Friedens war. Dennoch hatte er das Rückgrat, einen anderen Schritt zu gehen, auch wenn ich ihm darin nicht beipflichten konnte. Schmidt zeigte damals Profil und handelte gegen den Mainstream. Seinen Standpunkt teilte ich nicht, mir gefiel aber seine klare Haltung. Oder Gerhard Schröder, der hinter der Agenda 2010 stand und deswegen nicht mehr gewählt wurde. Wenn es dieses Rückgrat nicht mehr geben sollte, wenn man sich nicht mehr gegen den medialen Mainstream stellt, um sich auf eigene Verantwortung für etwas Wichtiges einzusetzen, wo landen wir dann?

Töpfer Für dieses Verhalten von Politikern gibt es zum Glück weitere gute Beispiele. Entscheidend ist jedoch, diese klare, sachlich sehr begründete Haltung auch mehrheitsfähig zu machen. Auf Themen politisch zu reagieren – die Möglichkeiten pendeln immer zwischen den Extremen des Basta und des Aussitzens. Jeder Politiker weiß, dass wieder und wieder eine Welle auf ihn zurollen wird; entweder er beschließt, sich gegen sie zu stellen, oder er reitet sie ab und lässt sich geschmeidig von ihr treiben. Es ist nachvollziehbar zu argumentieren: «Da die Welle irgendwann sowieso ausläuft, ist es wenig sinnvoll, sich gegen sie zu stemmen – zumal ich das bei der aktuellen Stimmung nicht schaffe und schlicht überrollt werde.» Natürlich muss man dann und wann auch auf ein «Basta» setzen, etwa in der bewussten Überzeugung, dass eine Reform notwendig und richtig ist und dass jede vorsichtigere Formulierung nur dazu benutzt würde, Abstriche zu machen. Es ist eine bestimmte Form, sich Respekt zu verschaffen, auf *all or* *nothing* zu setzen. Risikoreich, aber in manchen Situationen unumgänglich. Vor allem muss man wissen: Geht man den Weg des «Basta», dann sollte man sich vorher vergewissern, dass sich die getroffene Entscheidung hinterher auch in Mehrheiten weiterführen lässt. Ist das nicht gegeben, wird dieses «Basta» durch neue Mehrheiten beiseitegeschoben. Mit der Folge, dass die Reformen wieder zurückgenommen werden, obwohl sie vielleicht gar nicht so unvernünftig waren. Die Form der Durchsetzung allein wird zum treibenden Motiv der Änderung.

Momentan lässt sich das sehr gut anhand des Schicksals von Hartz IV verfolgen. Die Weisheit der Politik besteht darin, etwas, was notwendig, aber aktuell nicht mehrheitsfähig ist, dennoch zu tun. Dafür muss man gute Argumente bereithalten, Diskussionen und Dialoge führen, sodass das Durchgesetzte bei der nächsten Wahl mehrheitsfähig wird. Geschieht das nicht, wird dafür ein hoher Preis bezahlt. Und wer bezahlt ihn? Offenbar eine Partei in Deutschland für ihre «Basta»-Politik. Offenbar hat das auch die innenpolitische Landschaft verändert. Über die Kosten eines «Basta» muss sich jeder Politiker im Klaren sein, genauso über die Kosten eines Aussitzens.

Yogeshwar Dennoch: Ein «Basta» wäre mir allemal lieber.

Töpfer Also – die normale Reaktion auf Fukushima wäre doch bei uns gewesen, und man hatte sie auch so erwartet: «Das sitzen wir aus: Da beauftragen wir die Reaktorkommission, die hat unter Verwendung der Erkenntnisse aus Japan einen Stresstest deutscher Kernkraftwerke durchzuführen. Im Anschluss daran stellen wir fest, dass wir in Deutschland keinen solchen Tsunami erwarten müssen, auch nicht ein Erdbeben der Stärke 9 auf der Richterskala. Außerdem sind unsere Kraftwerke besser als die japanischen, und wenn es nicht die Reaktoren sind, dann sind es unsere Mitarbeiter, unsere Katastrophenpläne, unsere unabhängige Aufsicht.» Am Ende hätte man, wie immer in solchen Fällen, einige

Schlampereien festgestellt, hätte technische Verbesserungen vorgeschrieben und durchgesetzt, hätte eine nicht ganz korrekte unternehmerische Führung getadelt und zur Verantwortung gezogen, hätte vielleicht sogar den einen oder anderen Reaktor eher vom Netz genommen, aber das wäre es dann auch gewesen. Die Bilanz wäre so ausgefallen ...

Yogeshwar «Nie wird hierzulande eine solche Katastrophe wie in Japan möglich sein.»

Töpfer Genau. Und weil eine solche Katastrophe nicht eintreffen wird, können wir mit den AKWs weitermachen. Und das wäre als Ergebnis bei der schwarz-gelben Regierung auch naheliegend gewesen, denn gerade ein halbes Jahr zuvor hatte sie die Laufzeiten für die Reaktoren verlängert. Die politische Realität hätte es geradezu gefordert, in der Praxis mit dem Atomstrom wie politisch mehrheitlich entschieden weiterzumachen. Genau so war nach Tschernobyl gehandelt worden. Meine Frage lautet doch, warum ist das diesmal nicht in dieser Weise gemacht worden? Die These, dass wir bei Tschernobyl nicht eine ähnlich starke mediale Begleitung gehabt hätten, wage ich in Frage zu stellen. Aufgrund der Tatsache, dass die Informationslage damals noch schlechter war und es dadurch noch mehr Möglichkeiten zu spekulativer Interpretation gab, waren die medialen Reaktionen seinerzeit für den politischen Bereich noch schwerer zu handhaben. Technisch vertretbare Argumentationen konnten damals nicht klar gefasst werden. Erst wenn diese gegeben sind ...

Yogeshwar Hier wird es interessant: Wie sind Sie in die Ethikkommission hineingekommen? Hat Frau Merkel Sie angerufen und gesagt: «Lieber Klaus, hilf uns?»

Töpfer Da kommen wir jetzt auf das Handwerkliche zu sprechen, auf die praktische Umsetzung. Das ist auch für die emotionale Bewertung außerordentlich wichtig. Heiner Geißler und ich wollen eine Untersuchung durchführen, die sich damit befasst, welche Erfahrungen aus der Ethikkommission, aus «Stuttgart 21» und anderen Mediationsprozessen gewonnen und für die Zukunft nutzbar gemacht werden können. Es ist zu klären, was solche Verfahren in unserer Gesellschaft ausrichten können, wann sie gelingen, ob sie nur zufällig gelingen und was die Bedingungen dafür sind, dass sie eine problemlösende Wirkung entfalten.

Yogeshwar Aber Sie haben meine Frage nicht beantwortet.

Töpfer Ich bin angerufen worden. In diesem Telefonat wurde mir mitgeteilt, dass zur Behandlung der Folgen der Fukushima-Katastrophe für Deutschland eine Ethikkommission eingerichtet werden sollte. Das war die erste Information. Und danach erhielt ich noch einen weiteren Anruf, in dem man mir sagte, man würde darüber nachdenken, dass ich diese Kommission gemeinsam mit einem Wissenschaftler leiten solle.

Yogeshwar Und wer hat Sie angerufen?

Töpfer Nicht die Bundeskanzlerin.

Yogeshwar Nicht Angela Merkel?

Töpfer Nein.

Yogeshwar Gut. Als Nächstes würde mich nun interessieren, wie ein solches Gespräch abläuft. Hat man zu Ihnen gesagt: «Wir haben ein Problem, versuchen Sie es zu glätten»? Oder gab man Ihnen vor: «Wir wollen einen ergebnisoffenen Bericht»?

Töpfer Wissen Sie, zunächst habe ich mich gefragt ...

Yogeshwar Dass man schon längst eine solche Kommission hätte einrichten sollen, nicht erst jetzt, nach dieser Katastrophe.

Töpfer Nein, ich fragte mich, ob ich überhaupt eine solche Kommission leiten könnte. Ich fragte mich, warum es eine Ethikkommission sein sollte. Es war ja davon auszugehen, dass ich von dem Moment an, wo ich Ja dazu sagte, gegenüber der Öffentlichkeit erklären musste, bis hin zur *Tagesschau*, warum gerade ich einem solchen «Rat der Weisen» vorsitze und was dabei die Ethik zu suchen habe. Und genau das geschah dann auch.

Yogeshwar Gab es einen Arbeitsauftrag?

Töpfer Einen konkreten Arbeitsauftrag gab es nicht.

Yogeshwar Es wurden Stresstests durchgeführt, also strenge Anforderungskataloge für Reaktoren verabschiedet. Das war doch ein Arbeitsauftrag, oder?

Töpfer Was Sie da anführen, war der Auftrag an die Reaktorsicherheitskommission, eine seit vielen Jahren bestehende, personell vorgegebene Institution. Dies ist, wie ich bereits sagte, nichts Ungewöhnliches, sondern *business as usual*. Nach Tschernobyl wurde ebenso verfahren, da wurde ebenfalls die Reaktorsicherheitskommission beauftragt. Es handelt sich um ein festgelegtes Verfahren, um ein Instrument der technischen und politischen Entscheidungsvorbereitung. So wurden auch nach Fukushima die einzelnen Kernkraftwerke erneut auf ihren Sicherheitsstand hin untersucht und abgeklärt, inwieweit sie in Kenntnis der Ereignisse in Japan aus technischen Gründen abgeschaltet oder durch zusätzliche Investitionen ertüchtigt werden müssen.

Yogeshwar Das ist eine Standortüberprüfung, wie sie auch in anderen Branchen vorkommt.

Töpfer Das ist wahr. Die Ethikkommission dagegen war nicht auf die technischen Fragen ausgerichtet, sondern auf die gesellschaftlichen Aspekte und Konsequenzen. Das war das Neue an dieser Kommission: Wir sollten Entscheidungen aus einer gesellschaftlichen Werthaltung heraus analysieren, sollten die ethischen Konsequenzen der Kernenergienutzung durchdenken. Die Erwartungshaltung in der Öffentlichkeit war ebenso hoch wie diffus. Den Erwartungen konnte die Kommission auch dadurch gerecht werden, dass ihre Mitglieder die Breite der Gesellschaft widerspiegelten und insbesondere die Verbindung zur ethischen Dimension glaubwürdig verkörperten. Diese breite gesellschaftliche Basis war von hoher Bedeutung.

Yogeshwar Wer hat die Kommissionsmitglieder ausgewählt?

Töpfer Einige standen schon von vornherein fest, so auch der zweite Vorsitzende der Kommission, Matthias Kleiner, Professor für Umformtechnik in Dortmund und Präsident der Deutschen Forschungsgemeinschaft (DFG). Ansonsten konnten Vorschläge gemacht werden. Dadurch sind es dann am Ende insgesamt siebzehn Teilnehmer geworden, die unterschiedlichsten Persönlichkeiten. Die Runde war etwas groß, dafür, dass wir für den Bericht gerade einmal zwei Monate Zeit hatten. Aber es ist hervorragend gelaufen. Alle Mitglieder dieser Kommission haben sich außerordentlich engagiert und sachlich in den Diskussionsprozess eingebunden.

Yogeshwar Gut, Sie sind ein Routinier. Aber hätten Sie diesen Rat, wenn Sie vollkommene Freiheit bei der Auswahl der einzelnen Teilnehmer gehabt hätten, anders besetzt? Hätten Sie die Gruppe kleiner gehalten? Wären andere Positionen nötig gewesen?

Töpfer Der Volksmund sagt: «Wenn man vom Rathaus kommt, ist man immer klüger, als wenn man zum Rathaus geht.» Hätten wir mehr Zeit gehabt, hätte man sicher auch mehr Input haben können. Aber es gab die Erwartung, dass genau zu diesem Augenblick etwas geschehen müsse, denn würde man dieses Thema liegen lassen, wäre es nach einer Weile vielleicht wieder aus der gesellschaftlichen und politischen Prioritätenskala nach unten durchgereicht worden. Es zeigte sich auch sehr bald, dass diese zeitliche Begrenzung eine durchaus heilsame Wirkung hatte. So sind nicht weitere Optimierungen vorgenommen und Sachverständigengutachten vergeben worden. Ach, und sollten Sie mich fragen, ob ich etwas Schriftliches bekommen habe, auf dem stand: «Hiermit berufe ich Sie zum Co-Vorsitzenden der Ethikkommission», dann muss ich darauf antworten, dass ich nichts dergleichen erhalten habe.

Yogeshwar Aber man kann das auch mündlich kommunizieren.

Töpfer Meinen Kindern werde ich aber nichts hinterlassen können, das Schwarz auf Weiß meine Tätigkeit in diesem Rat dokumen-

tiert! Nein, das stimmt nicht ganz. Es existiert ja der Bericht, den alle Kommissionsmitglieder zu verantworten haben. Nachdem ich zugesagt hatte, machte ich mir Gedanken darüber, wie man einen solchen Rat aufbauen, worauf es ankommen müsste. Aber dass am Ende ein solcher Bericht daraus entstehen würde, in dieser Breite und technischen Detailliertheit, das hätte ich in meinen kühnsten Träumen nicht erwartet. Entscheidend dafür war sicherlich, dass die Kommission mit Günther Bachmann, dem Generalsekretär des Rats für Nachhaltige Entwicklung, einen exzellenten Fachmann als Mitarbeiter gewinnen konnte.
Die technische Detailliertheit hat aber zugleich auch Probleme ausgelöst. Als man sah, was wir schafften, vertraute man uns und meinte: «Da ihr ja schon so viel Erfahrung habt, dann könnt ihr doch gleich noch dieses oder jenes mit untersuchen.» Man erwartete von uns gerade in der Öffentlichkeit nicht nur eine Aussage zur Beendigung der Nutzung der Kernenergie, sondern man ging ebenso selbstverständlich davon aus, dass wir die Konsequenzen und die Möglichkeiten detailliert analysierten.

Yogeshwar Können Sie dafür ein Beispiel bringen?

Töpfer So erhoffte man von uns konkret eine Aussage dazu, welche Perspektiven die verschiedenen erneuerbaren Energien haben. Nun war ja die Zeit nicht vorhanden, um Gutachten zu vergeben, und so entschieden wir uns, aus der Situation heraus mit besonders ausgewiesenen Experten aus der Wirtschaft, der Wissenschaft und vor allem den Nichtregierungsorganisationen zu reden. Persönlichkeiten, von denen wir annehmen konnten, dass sie uns ein objektives Bild liefern. Bei allem, was wir taten, galt das Motto: «Gestalte, wo immer möglich, das Vorgehen transparent!» Heiner Geißler, den ich getroffen hatte, bevor ich meine Tätigkeit in der Ethikkommission aufnahm, gab mir den Hinweis, alles öffentlich zu machen, restlos. Als er mir das sagte, erwiderte ich: «Das ist ja schön und gut, aber wir sind insgesamt siebzehn Personen, wir

müssen unsere Position selbst finden, wie soll das in totaler Transparenz gehen?» Schließlich haben wir nicht alles öffentlich gemacht, aber verglichen mit anderen Kommissionen schon eine ganze Menge. Immerhin gab es eine Anhörung live im TV über elf Stunden – eine wirkliche Herausforderung für die Teilnehmer und ein Angebot für die Öffentlichkeit. Dennoch lernte ich daraus, dass das, was Geißler mir geraten hatte, richtig war. Im Gegenteil, wir hätten noch mehr an die Öffentlichkeit gehen sollen.
Man muss sich das verdeutlichen: Wir arbeiteten mit einem sogenannten *living document*, wir machten einen ersten Entwurf, der dann in der Gruppe diskutiert und kritisiert wurde. Dadurch kamen immer neue Aspekte hinzu, bei denen man zum Schluss nicht mehr nachverfolgen konnte, von wem sie eigentlich stammten. Aus all den Anregungen entstand dann eine neue Fassung, die wieder an alle Kommissionsmitglieder verschickt wurde. Diese neue Fassung sollte vertraulich bleiben bei den Mitgliedern, um nicht Vorfestlegungen zu signalisieren und weitere Veränderungen ohne Gesichtsverlust zu ermöglichen. Was ist passiert? Kaum waren diese neuen Fassungen verschickt, waren sie bereits zu den Medien «durchgestochen». Das war eine deutliche Belastung des Vertrauens und der offenen Zusammenarbeit in der Kommission. Hätten wir Heiner Geißlers Rat zur vollen Transparenz beherzigt, hätten wir diese Zwischenpapiere direkt auch an dpa schicken können! Wir leben in einer sehr geschwätzigen Gesellschaft!
Als Fazit würde ich formulieren: Wir haben in der Ethikkommission substanziell, sinnvoll und erfolgreich gearbeitet. Genauso wichtig ist aber, gezeigt zu haben, dass die Demokratie, in der wir leben, ergänzender Institutionen und Instrumente bedarf, um wieder offener zu werden und Menschen mit ihren Kenntnissen stärker zu integrieren. Ein kritischer Einwand gegenüber der Ethikkommission lautete übrigens, was das denn sei, einfach eine Gruppe von siebzehn Leuten zusammenzustellen, die über eine

zentrale Frage nachdenken dürfe. Dazu habe man doch das Parlament gewählt.

Yogeshwar Die Parlamentarier wehrten sich gegen die Kommissionsmitglieder wie die Arbeiter in Betrieben gegen Unternehmensberater. So scheint es mir fast.

Töpfer Die Parlamentarier fühlten sich übergangen, und ich konnte ihre Argumente, Besorgnisse und Forderungen gut nachvollziehen, schließlich war ich ja selbst lange Mitglied des Deutschen Bundestags gewesen. Warum wird ein so wichtiges Thema nach außen verlagert – ein Thema, das die Gesellschaft aufwühlt und das in einer parlamentarischen Demokratie vom Parlament zu entscheiden ist?

Diesen Aspekt muss man durchaus ernst nehmen, denn es darf nicht der Eindruck verstärkt werden, im Parlament werde sowieso nichts mehr beschlossen, dort würde nur noch ab- und durchgewinkt. Wenn ich so etwas höre – und das passiert immer häufiger –, werde ich sehr ärgerlich. Im Bundestag sitzen hoch qualifizierte und engagierte Menschen, die sich ihrer Verantwortung in der parlamentarischen Demokratie sehr bewusst sind. Wenn Vokabeln wie «durchwinken» die Runde machen, werden noch weniger Menschen in die Politik gehen wollen. Aus dem gemeinsamen Staatsverständnis der Ethikkommission heraus haben wir uns mit aller Vehemenz und Nachdrücklichkeit dagegen verwahrt, wir seien so etwas wie ein Entscheidungsgremium. Auch wollten wir nicht, dass irgendein Beschluss durch uns präjudiziert werden sollte.

Dabei darf man aber nicht vergessen, dass schon vor der Ethikkommission Gutachtergruppen gebildet worden sind, dass geradezu gespottet wurde: «Wenn du nicht weiterweißt, gründe einen Arbeitskreis.» Betrachtet man die letzten Regierungen in Deutschland unter diesem Gesichtspunkt, so ist zu erkennen, dass es eine ansteigende Tendenz gibt, selbst hochpolitische Fragestellungen aus dem Regierungsalltag herauszuziehen und einer Sachverständigenkommission zuzuweisen. Aber eine Ethikkommission für eine sichere Energieversorgung schien offensichtlich eine andere Bedeutung zu haben. Da hieß es schon mal: «Jetzt kommt der Töpfer mit seinen Bischöfen.» Denn neben Kardinal Marx war auch Ulrich Fischer, der Landesbischof der Evangelischen Landeskirche in Baden, Mitglied der Kommission. Allein schon durch die Teilnehmer – zur Kommission gehörten unter anderem Klaus von Dohnanyi und Volker Hauff, der frühere Bundesbildungs- und Forschungsminister, Walter Hirche, Präsident der Deutschen UNESCO-Kommission, sowie sehr respektierte Wissenschaftler – war aber eine andere Legitimationsbasis gegeben.

Yogeshwar Haben Sie denn einen Umdenkprozess in der Ethikkommission bemerkt? Gab es die eine oder andere Person, die vorher ein Loblied auf die Atomenergie gesungen hatte, aber durch die Argumente der anderen einen Meinungswechsel vollzog?

Töpfer Ich will jetzt nicht wertend auf einzelne Kommissionsmitglieder eingehen.

Yogeshwar Meine Frage war nicht wertend gemeint.

Töpfer Eines ist sicher unstrittig: Der Bericht, den wir vorlegten, befriedigte bestimmt keines der Kommissionsmitglieder gänzlich. Sonst hätte man beim allerbesten Willen nicht erwarten können, gemeinsam einen Bericht inhaltlich zu gestalten.

Yogeshwar Es gab also Abstriche.

Töpfer Ja, und zwar für jeden von uns. Wir sind dabei nicht in Dogmatik erstickt, sonst hätte es diesen Bericht nie gegeben. Ihn zu erarbeiten hat vielen echte Kopfschmerzen bereitet. Es gab bei uns einen wirklichen gruppendynamischen Prozess. Wenn sich einer zu Beginn der Kommission darauf festgelegt hätte, seine Meinung bis zum bitteren Ende durchzusetzen, hätten wir diesen gemeinsamen Weg niemals beschreiten können.

Man muss sich dafür nur die ethische Dimension vergegenwärtigen. Unter den siebzehn Kommissionsmitgliedern gab es Vertreter der kategorischen Ethik, die sich auf so herausragende Persönlichkeiten wie den Philosophen Robert Spaemann oder Kardinal Höffner berufen konnten. Andere Kommissionsmitglieder bezogen sich auf eine abwägende Ethik und begründeten diese mit sehr vielen guten Argumenten. Wenn alle auf ihren Standpunkten beharrt hätten, wäre nie eine gemeinsame ethische Basis gefunden worden. Doch dadurch, dass wir intensiv diskutierten, konnten wir uns auf gemeinsame Aussagen einigen, die zu einer ethischen Bewertung der Kernenergie geführt haben. Sie bestand darin, dass man, wo immer möglich, risikoärmere Technologien favorisieren müsse und dass es ethisch nicht vertretbar sei, wenn man diese, die schon verfügbar sind, nicht umsetzt und stattdessen die risikobehafteten beibehält. Dies ist sicher nur eine sehr kurze Zusammenfassung. Es ist empfehlenswert, dies im Bericht selbst nachzulesen.

Yogeshwar Ich spiele jetzt Ketzer.

Töpfer Nur zu, Euer Ehren.

Yogeshwar An der Ethikkommission gab es die Kritik, für den Einzelnen habe es zu wenig Zeit gegeben, um den eigenen Standpunkt in aller Ausführlichkeit zu artikulieren. Als ich jüngst zusammen mit Umweltminister Norbert Röttgen auf einem Podium saß, fragte ich ihn, ob dieser Rat der Weisen eine Art taktischer Weg gewesen sei, um die Energiewende, die Richtungsänderung in der Politik, zu legitimieren. Ich kam darauf, weil doch auch vor Fukushima die technischen Parameter alle bekannt waren. Kein deutsches Kraftwerk wurde durch das Unglück in Japan unsicherer.

Einen Moment lang habe ich mich also gefragt, ob die Ethikkommission nichts anderes war als ein politischer Versuch, dem Bürger in der Argumentation um Atomenergie eine neue Komponente mitzugeben. Auf diese Weise konnte man ihm verständlich machen: «Okay, noch vor wenigen Monaten waren wir für eine Verlängerung der AKW-Laufzeiten, jetzt aber, durch die neuen Ergebnisse, sind wir für einen Ausstieg.» In ähnlicher Weise hatte man – mir vollkommen unverständlich – ja auch betont, dass die Welt nach Fukushima eine andere geworden sei. Was hatte ich denn 1986 erlebt? Tschernobyl war uns doch viel näher als Japan. Ich sagte ja schon: Der Fallout ist noch heute in Bayern nachzumessen.

Also: War die Ethikkommission ehrlich gemeint, oder war sie im Grunde ein Mittel, um in der Politik diese Wende zu erzielen, ohne dass man als Politiker kritisiert wurde, obwohl man kurz zuvor noch für eine andere Richtung plädiert hatte?

Töpfer Allzu ketzerisch ist das ja nicht, was Sie gerade gesagt haben. Dafür kommen Sie nicht auf den Scheiterhaufen.

Yogeshwar Bei Bedarf kann ich mich noch steigern.

Töpfer Sie scheinen sich richtig auf die Folgen der Ketzerei zu freuen ... Aber lassen wir das beiseite, werden wir ernst. Es wäre geradezu naiv, nicht anzunehmen, dass bei allem, was in einer medienorientierten repräsentativen Demokratie gemacht wird, nicht auch das Taktische eine Rolle spielt. Wer das als Politiker nicht bedenkt, ist ein schlechter Politiker. Ich jedenfalls kann mir nicht vorstellen, dass die Bundeskanzlerin dies nicht in ihre Überlegungen einbezogen hätte. Sie und ihre Berater werden sich gefragt haben: «Wie ist das Echo darauf, wenn wir eine Energiewende angehen wollen? Wie können wir Unverständnis und Kritik abfedern? Mit was wollen wir es abfedern?»

Als Erstes hielt man uns ja entgegen, es sei alles nur Taktik, dass man die Ethikkommission zwei Wochen vor der Landtagswahl in Baden-Württemberg eingerichtet hat. Ich weiß noch genau, wie ich einen Auftritt am 26. März in den *Tagesthemen* hatte und ich dort hart mit dem Vorwurf konfrontiert wurde, die Regierungskommission sei nur ein Feigenblatt für die Wahl. Ich erwiderte daraufhin, dass ich mir einige Ratsmitglieder wie etwa Reinhard Marx, den Kardinal aus München, und gar mich selbst nicht als Feigenblätter vorstellen könne.

Yogeshwar Verzeihen Sie, Euer Ehren, aber hier bleibe ich skeptisch!

Töpfer Aber ich konnte nicht verstehen, dass man uns diese Strategie vorwarf, weil wir zu diesem Zeitpunkt überhaupt noch keine Verlautbarungen darüber abgegeben hatten, wohin die Reise gehen würde. Das sollte erst einige Wochen nach der Wahl geschehen, und zur Überraschung vieler wurde die Bedeutung der Kommission nach dem Wahlausgang nicht geringer, sondern nahm eher zu. Den Hinweis, hier hätte es sich um ein wahltaktisches Manöver gehandelt, den konnte man nun auf Halde legen.

Und zum Nächsten: Sie haben darüber gesprochen, was sich verändert oder auch nicht verändert hat. In unserem Bericht ist nichts davon zu lesen, dass sich bei den Kernkraftwerken in Deutschland das Risiko geändert habe. Wir haben festgehalten, dass sich etwas anderes verändert hatte, nämlich die Risikowahrnehmung. Genau wie Sie es gesagt haben, gab es bei uns am Tisch Kommissionsmitglieder, die nach Tschernobyl massiv gegen Kernenergie demonstriert hatten und die nun auch vehement zu verstehen gaben, dass sie mit den Risiken dieser Technologie nicht erst durch Fukushima Bekanntschaft gemacht hätten. Dennoch waren sie in der Minderheit, bei der Mehrzahl der Mitglieder hatte es diese Wahrnehmungsänderung gegeben.

Ein dritter und letzter Punkt: Wir brauchen so etwas wie eine gesellschaftliche Entgiftung – und ich hoffe, dass die Ethikkommission dazu einen Beitrag geleistet hat, wenn nicht, dann haben wir als ihre Mitglieder uns ein großes Versäumnis vorzuwerfen. Das Thema Kernenergie hat die Gesellschaft in Deutschland wirklich in einem hohen Maße emotional gespalten. Bei einer derartig weitreichenden Energiewende besteht die Gefahr, dass diejenigen, die für diese Wende plädiert haben, über die Befürworter von AKWs triumphieren: «Wir sind die Sieger, ihr seid die Verlierer, ihr seid die Unverantwortlichen.» Auf diese Weise hätte man einen ähnlichen Status wie zuvor, nur mit umgekehrten Polen – auch in der Kommission. Deswegen war es unser Bemühen und unser großes Anliegen, alle zusammenzubringen und ein Gemeinschaftswerk hinzubekommen.

Yogeshwar Ist das in Deutschland möglich?

Töpfer Ja. Ein Indikator dafür war die Abstimmung im Parlament über die Energiewende. Es war geradezu sensationell, dass es über fünfhundert Ja-Stimmen zu dieser Entscheidung gab. Alle Parteien waren mit dabei, mit Ausnahme der Linken.

Yogeshwar Nicht um Ihre Arbeit schmälern zu wollen, aber das war nicht der Erfolg der Kommission.

Töpfer Das ist ebenfalls nicht sonderlich ketzerisch, was Sie da sagen.

Yogeshwar Dann sage ich es genauer: Es gab eine bestimmte Grundhaltung in der Gesellschaft, über die jeder Politiker Bescheid wusste. Hätte er sich dieser entgegengestellt und weiterhin für die Kernenergie plädiert, er wäre am nächsten Morgen an den Pranger gestellt worden. Und kann man in einer Kommission überhaupt von jedem, der an ihr mitwirkt, erwarten, dass er deutlich macht, ob er für oder gegen AKWs ist? Musste also jeder der siebzehn Teilnehmer erst einmal ein «Glaubensbekenntnis» ablegen, bevor er weiterdiskutieren durfte? Mit anderen Worten: Können wir über Themen wie die Atomenergie ergebnisoffen debattieren, oder gehören solche Themen nicht fast schon dem Glaubensbereich an?

Töpfer Nicht einmal im Ansatz haben wir eine geheimdienstliche Tätigkeit unternommen, um herauszufinden, was jeder Einzelne von den Kommissionsmitgliedern wann zur Kernenergie gesagt hat, ob er dafür oder dagegen ist. Selbstverständlich wusste man von einer Reihe von Kommissionsmitgliedern, welche Positionen sie vertreten, sie waren ja als «sichtbare, öffentlich bekannte» Persönlichkeiten in die Kommission berufen worden.

Meine Haltung zur Kernenergie war zum Beispiel weitgehend bekannt. Ich hatte bereits seit langem eine Zukunft ohne Kernenergie für notwendig erachtet. Bereits in der Vergangenheit hatten mich Gesprächspartner je nach Stimmungslage entweder gefragt: «Bist du noch in deiner Partei?» Oder: «Bist du eher Schwarz-Grün oder Grün-Schwarz?» War meine Position also einigermaßen klar, so konnte man das beim besten Willen nicht mit gleicher Sicherheit über meinen geschätzten Co-Vorsitzenden Matthias Kleiner sagen. War der nun dafür oder dagegen? Hat sich bei ihm ebenfalls im Laufe seiner wissenschaftlichen Arbeit etwas verändert? Wie auch immer, wir haben ihm ebenso wenig wie allen anderen diese Frage gestellt. Und ich denke, dass wir es nicht taten, war gut so.

Ob man wirklich ergebnisoffen sein kann, das hat etwas mit den Rahmenbedingungen zu tun. Hat das Thema, über das gesprochen werden soll, keine öffentliche Bedeutung, kann man sehr wohl ergebnisoffen diskutieren, selbst wenn man nicht weiß, wie jeder zu dem Thema steht. Aber solche Debattierrunden gibt es kaum. Warum sollte man sie führen, wenn sie keine Relevanz haben? Und ist das Thema relevant, besteht natürlich die hohe Wahrscheinlichkeit, dass mehr oder weniger konkrete Vorstellungen von dem Ergebnis bereits entwickelt sind.

Ich hoffe sehr – und leider ist dieser Punkt bei der bewertenden Kommentierung des Kommissionsberichts ein wenig untergegangen –, dass wir auch ergebnisoffen darüber reden, wie der Ausstiegsprozess erfolgt. Das exakte Datum war mir immer weniger wichtig als die Tatsache, Argumente für ein Gemeinschaftswerk zu bekommen, für einen Aufbruch, der wirklich mit Engagement bis in die Zukunft hineinwirkt und dann hält, wenn neue Mehrheiten die Regierung bilden. Mir war es etwa wichtig, dass Menschen anfangen zu überlegen, wie sie weniger Strom verbrauchen können. Dazu war es erforderlich, zu bedenken, wie man diesen Veränderungsprozess so strukturieren kann, dass das gesamte Unternehmen «Energiewende» rational und in der Umsetzung transparent verläuft.

Yogeshwar Es wäre jetzt interessant zu wissen, was aus dieser Idee im politischen Prozess wird.

Töpfer Uns allen war klar, dass der gesamte Prozess professionelles Management erfordert. Und so haben wir dringend geraten, jährlich ein Monitoring durchzuführen, wie es in der Wirtschaft bei Großprojekten üblich ist, und dieses Monitoring mit einem öffentlichen Forum «Energiewende» zu verbinden, das die Zivilgesellschaft einbindet. Jedes Jahr muss berichtet werden, was für die Energiewende in Gang gesetzt wurde, was für Änderungen noch gemacht werden müssen etc. Mit Blick auf diese Erwartung sage ich ganz ehrlich, bin ich unzufrieden mit der Art und Weise, wie diese Empfehlung im politischen Bereich aufgegriffen beziehungsweise eben nicht aufgegriffen wurde.

In der Öffentlichkeit wurde weitgehend nur der Ausstiegstermin diskutiert, manchmal bis hin zu dem spezifischen Monat, in dem das letzte Kernkraftwerk abgeschaltet werden soll. Die Kommission hat geraten, den Ausstieg innerhalb eines Jahrzehnts zu realisieren. Dieser Verzicht auf eine Jahreszahl hat zum Teil großes Stirnrunzeln hervorgerufen. Auf der Bundespressekonferenz am 30. Mai 2011 in Berlin, auf der Matthias Kleiner und ich unsere Kommissionsergebnisse vortrugen, sagte ich, dass ich ein altmodischer Mensch sei, aber ein Jahrzehnt seien bei mir zehn Jahre, und da wir gegenwärtig 2011 hätten, komme man, bei Kenntnis der Grundrechenarten, auf 2021. Aber vielleicht sind die Jahrzehnte heute auch nicht mehr das, was sie einmal waren.

Noch ein letzter Satz dazu: Auf dem Parteitag der Grünen, der im Juni 2011 in Berlin stattfand, hatte ich die Freude, sprechen zu dürfen. Ich sagte da, dass der Lackmustest für das, was sie vorhaben, nicht das Abschalten eines Kernkraftwerks ist, sondern das Gelingen der Energiewende.

4 NACH DEM AUSSTIEG

Kann die Energiewende gelingen?

Yogeshwar Kommen wir nun konkret auf die Energiewende zu sprechen. Das ist eine vielschichtige Materie. Und es ist wohl so, dass der Ausstieg aus Bekanntem, also der Kernenergie, momentan einfacher erscheint als der Einstieg in das noch Unbekannte, in eine neue Energiewirtschaft.

Töpfer Das ist richtig. Die Energiewende ist deutlich komplexer, als unser Ethikbericht vermuten lässt. Aber es wäre schön, wenn wir dahin gelangen, nicht nur zu überlegen, was eine Kilowattstunde Solarstrom kostet. Wünschenswert wäre es, eine andere Rechnung aufzumachen, etwa beim nächsten Autokauf darauf zu achten, dass das Fahrzeug nicht zehn Liter Benzin braucht, sondern nur sechs Liter. Im Zweifel hat man selbst bei steigenden Benzinpreisen eine sinkende Mobilitätsrechnung. Und wenn man bei einem zehnprozentigen Anstieg der Energiepreise zwanzig Prozent der bislang verbrauchten Energie einspart, kann man immer noch von einem Gewinn sprechen.

Yogeshwar Aber wie sieht es in der Wirtschaft aus?

Töpfer Die Energiekosten in deutschen Unternehmen, insbesondere in den kleineren und mittleren Betrieben, machen im Rahmen der Gesamtkosten im Schnitt höchstens drei bis vier Prozent aus. In dieser Größenordnung bewegen sie sich sicher nicht bei Firmen, die Aluminium, Kupfer oder Zement produzieren, auch nicht in der Chemie. Da liegt der Anteil unstrittig höher.

Man muss sehen, dass eine zehnprozentige Erhöhung des Strompreises ...

Yogeshwar ... bei dem erwähnten Drei-Prozent-Anteil nicht sehr viel ist.

Töpfer Genau 0,3 Prozent der Gesamtkosten. Diese Mehrausgaben wären sicherlich durch Effizienzgewinne zu kompensieren. Ernst Ulrich von Weizsäcker, Neffe von Richard von Weizsäcker, Naturwissenschaftler und SPD-Politiker hat darüber sehr intensiv gearbeitet, eine sehr verdienstvolle Sache. Er gab zu verstehen, dass wir nur auf eine im Grunde banale Tatsache hinweisen müssen: Wenn die Energiepreise nicht stärker steigen als die Zuwächse in der Energieproduktivität, dann bleiben die Kosten die gleichen. Aber es ist wahr, wir haben uns davor gehütet, in unseren Bericht konkrete Prozentzahlen hineinzuschreiben. Um das in einer seriösen Weise zu tun, hätten wir die entsprechenden Berechnungen von anderen Studien übernehmen oder weitere Untersuchungen in Auftrag geben müssen. Genau das wollten wir nicht. Das ist und bleibt die Aufgabe der Umsetzung durch die Regierung.

Yogeshwar Auf jeden Fall werden wir einen Abfederungsprozess haben, zumal wir Effizienz auf der einen Seite und Energiekosten auf der anderen gegeneinander verrechnen können. Spannender wäre es jedoch, würde man bei der Energiewende nicht nur an die Stromproduktion denken, sondern sie breiter betrachten. In der schon erwähnten Diskussion mit Norbert Röttgen, Ihrem Ururenkel, versuchte ich zu sagen, dass die Menschen mehr darüber aufgeklärt werden müssten, wie viele Konflikte weltweit allein auf das Konto von Energieressourcen gehen. Es hatte etwas sehr Merkwürdiges, beinahe Zynisches, als parallel zu den Ereignissen in Fukushima die Nachrichten von der Krise in Libyen beherrscht wurden. Und denkt man zweimal darüber nach, wird einem klar, dass die Krise in Libyen durchaus durch das Erdöl angefeuert wird, sprich durch Energie. Die Situation im gesamten Nahen Osten wäre eine andere, wenn es dort kein Erdöl gäbe. Was mich fragen lässt: Sollten wir bei der Energiewende nicht stärker die Gesamtkosten ins Kalkül nehmen, zum Beispiel die jetzigen Kosten, die wir in die militärische Sicherung von Energie investieren? Weltweit sind die nicht gerade unerheblich.

Töpfer Aber das ist doch Wasser auf meine Mühlen. Bisher wurden diese Kosten, die auch den Bereich der Energieversorgung betreffen, externalisiert. Es ist ja nicht so, dass wir – trotz Atomstroms – nicht die Erfahrung erhöhter Strompreise gemacht haben. Die Energiekosten sind weiter gestiegen, und zwar erheblich. Um wieder zu einigermaßen kalkulierbaren Größen zu kommen, ist es unumgänglich, die notwendige Energie nicht länger nahezu ausschließlich direkt oder indirekt zu importieren, sondern die eigenen, regionalen Bezugsquellen zu verbessern, sie breiter zu streuen und mithin die Energieproduktion insgesamt zu diversifizieren und zu dezentralisieren. Würde man das in die Berechnungsgrundlagen der Energiewende noch mit hineinnehmen, dann ergäbe sich – davon gehe ich aus – ein deutlicher Zugewinn. Ich will keineswegs als Schönredner dastehen, aber wenn man zudem alle Kosten hinzuzählen würde, die mit der Kernenergie indirekt verbunden sind, bräuchten wir kein Ausstiegsgesetz. Kein Mensch würde mehr AKWs betreiben wollen.

Und ein weiterer Hinweis ist wichtig: Mit der Dezentralisierung und der damit wesentlich besseren Einbindung vieler Bürgerinnen und Bürger in die Energieversorgung und den Energieverbrauch sind hohe soziale Stabilitätserträge verbunden!

Yogeshwar Es wäre mir wichtig, den militärischen Aspekt noch ein wenig zu vertiefen: Macht man sich deutlich, dass in vielen Regionen, in denen es um Ressourcen, um Energiesicherung geht, Konflikte mit Waffen ausgetragen werden, dann frage ich mich, warum wir als Gesellschaft nicht schon längst damit begonnen haben, diese Kosten klar zu benennen. Ich habe dafür nur eine plausible

Erklärung: Es besteht kein besonders hohes Interesse, die Rüstungsausgaben zu beschränken, denn es gibt genügend Menschen, die daran gut verdienen. Und solange das der Fall ist, muss man sich überlegen, wer sich dafür starkmachen könnte, dass das Geld, das zur Verteidigung ausgegeben wird, besser angelegt ist, würde man es in den Bau von Solar- und Windanlagen stecken.

Töpfer Vor fast zwanzig Jahren sind wir zum Earth Summit nach Rio de Janeiro gegangen. Wir waren von großer Euphorie erfüllt, denn es war die erste größere internationale Konferenz, die Umweltfragen in einem globalen Rahmen mit Bezug auf die Entwicklungspolitik, die Überwindung von Not, Hunger und Armut diskutierte. Wir haben dort auf dem Gipfel, im Juni 1992, eine «Friedensdividende» gefordert, die die Industrieländer dem armen Süden für eine nachhaltige Entwicklung verfügbar machen könnten. Nach der Beendigung des Kalten Krieges zwischen Ost und West sollte dadurch ein neuer Kalter Krieg zwischen Nord und Süd, zwischen Arm und Reich vermieden werden. Unser aller Anliegen war ein verantwortbarer, sozial und ökologisch nicht subventionierter Wohlstand für alle Menschen. Schon 1967 hatte Papst Paul VI. in seiner Enzyklika *Populorum Progressio* über den Fortschritt der Völker und Frieden gesprochen. Seine entscheidende Feststellung: «Entwicklung ist der neue Begriff von Frieden.»

Yogeshwar Ja, das war einer der Kernpunkte des Gipfels von Rio.

Töpfer Heute ist dem nur hinzuzufügen: «Nachhaltige Entwicklung ist der neue Begriff von Frieden.» Also: Am Anfang war diese Euphorie, und sie hat dann auch dazu geführt, in einem nicht unerheblichen Maße in die Entwicklung von erneuerbaren Energien zu investieren. Denn nur so können wir in Energiefragen unabhängiger werden. Der Wind bläst nun einmal über der Nordsee, und somit ist in Deutschland hinsichtlich dieser Energieform ein größerer Zugang gewährleistet als in einem arabischen Ölland. Wenn wir hingegen bei nur neunhundert Sonnenstunden im Jahr dennoch hierzulande die Solarenergie entwickeln, dann sind damit zugegebenermaßen zur Technikentwicklung, zur Erreichung von Größendegressionen in der Produktion und zur Motivierung der Menschen zunächst hohe Subventionen verbunden – bis zum heutigen Tag.

Aber die «Lernkurve» zeigt sehr deutlich nach unten, die Kosten werden geringer und wachsen in die «Netzparität», in die Gleichstellung gegenüber Strom aus nichtregenerativen Energiequellen, hinein. Außerdem bringt uns diese Technologie ein Mehr an Unabhängigkeit. Bereits gegenwärtig, also im Jahr 2011, haben die erneuerbaren Energien einen Anteil von über 20 Prozent an der Energieerzeugung. Dass wir aber so weit gekommen sind, auf diesem Gebiet weltweit führend zu werden, hatte zu Beginn keineswegs mit der Überlegung zu tun, vom arabischen Öl unabhängig zu werden, sondern es war eine Reaktion auf Tschernobyl.

Nach Tschernobyl hatten Überlegungen, wie wir sie jetzt, nach Fukushima, anstellen, wenig Relevanz, weil die Alternativen noch gar nicht in ausreichendem Maße vorhanden waren. Die mussten erst geschaffen werden, auch durch entsprechende politische Rahmensetzung. Das ist in meiner Zeit als Umweltminister bereits begonnen, dann von Rot-Grün entscheidend weiterentwickelt worden. Das Deutsche Energieeinspeisegesetz, das Erneuerbare Energiegesetz: alles herausragende Exportartikel deutscher Politik.

Yogeshwar Schon vor dem Unglück in Tschernobyl wurde bei uns in Deutschland über Solarenergie geforscht. In ihren Anfängen war diese Forschung zum Beispiel im Institut für Kernphysik am Forschungszentrum Jülich angesiedelt. Das war natürlich irgendwie zynisch. Vor dem Institut hatte man einige Solarkollektoren installiert, und eine Gruppe von sehr engagierten Kollegen arbeitete daran, Standards zu entwickeln, um zu zeigen, dass es sich bei der Solarenergie um eine echte Alternative handelte, wenn man sie nur systematisch angeht. Dort spürte man diese unglaubliche Euphorie. Auch deshalb bleibt es für mich erstaunlich, dass es in der Vergangenheit nicht gelungen ist, die anderen Länder mit ins Boot zu holen.

Töpfer Das hat sich langsam, aber deutlich zunehmend und weltweit geändert. Fukushima hat diese Entwicklung sicher verstärkt.

Yogeshwar Aber warum geht das so wenig rasch voran? Eine umfassendere Energiewende würde doch eine Befriedung der Welt beinhalten. Schaue ich mir hingegen die Landkarte unserer Erde an, so bläst mir aus vielen Regionen ein kalter Wind entgegen.

Töpfer Man muss sich im Klaren darüber sein, dass unser Ausstieg aus der Kernenergie ein Unikat ist. Die Chinesen haben zu verstehen gegeben, dass die Kernenergie für sie eine Zukunftstechnik ist, die sie auch weiterentwickeln wollen. Mögen die Zahlen über die im Bau befindlichen Reaktoren überzogen sein – unstrittig ist, dass Reaktoren errichtet werden. In Indien sieht man in der Kernenergie auch keine Technik, die man möglichst schnell zu Ende bringen will. In Großbritannien sagt man: «Wir bleiben dabei, wir wollen in Zukunft sogar noch mehr Kernenergie haben.» In Schweden ist die Situation dieselbe. Die Italiener sind die Einzigen, die nach dem GAU in Fukushima in einer Volksabstimmung – und zwar mit 94,6 Prozent – ein Nein zur Kernenergie zum Ausdruck gebracht haben. Hier wurde nicht über die Abschaltung von Meilern abgestimmt, hier ging es um einen möglichen Wiedereinstieg. Seit Jahrzehnten lebt man nämlich in diesem Land ohne eigene Atomkraftwerke. Länder wie Österreich fühlen sich angesichts dieses Nein bestätigt, fragen sich im Augenblick nur, woher sie die 40 Prozent der Stromimporte, die sie bisher aus Deutschland und Frankreich bekommen haben, demnächst erhalten werden. Insofern ist unser Ausstieg wirklich ein Unikat. Und doch ist auch Deutschland keineswegs eine Insel der Seligen.

Yogeshwar Oh ja, ich denke nur an die deutschen Rüstungsexporte, aktuell die Lieferung von mehr als zweihundert «Leopard»-Kampfpanzern nach Saudi-Arabien.

Töpfer Wir unterscheiden uns nicht grundsätzlich von anderen westlichen Ländern. Es gibt auch hierzulande große, sehr große wirtschaftliche Interessen, die Kernenergie weiterzuentwickeln oder zumindest die vorhandenen Meiler weiterzubetreiben. Damit wird viel Geld verdient und bei den gegebenen Abwälzungsmöglichkeiten von Kosten billiger Strom erzeugt. Aber die grüne technologische Revolution ist bereits in vollem Gange, bei uns und global. Ein Beispiel: Ein Unternehmen wie Siemens, das über lange Zeit Kernkraftwerke gebaut hatte, ist zu dem Ergebnis gekommen, nicht länger Atomstrom produzieren zu wollen. Uns war bewusst, dass Siemens oder eine andere Firma einen solchen Paradigmenwechsel sicherlich aus klarem ökonomischem Kalkül heraus vornehmen würde. Dagegen ist es ein attraktiver Gedanke und eine große wirtschaftliche Chance, die eigene Marktstellung als grüner Konzern innerhalb der Weltwirtschaft zu stärken – und so die erforderliche Zukunftsfähigkeit zu sichern.
Wichtig ist mir die Erkenntnis, dass der Zugewinn, der mit den erneuerbaren Energien und höherer Energieeffizienz verbunden ist, über das rein Materielle hinausgeht. Aus diesem Grund haben wir auch versucht, die in der Ethikkommission entwickelten Gedanken möglichst breit in die Gesellschaft hineinzutragen. Und ich muss sagen, hinsichtlich der Frage, ob ein solcher Rat mit den von ihm vorgetragenen Argumenten entscheidungsrelevant werden und Glaubwürdigkeit ausstrahlen kann, war meine Skepsis anfänglich sehr viel größer als hinterher.

Yogeshwar Ich will ja nicht wieder ketzerisch sein, aber mein Eindruck ist, dass es diese breite Plattform noch nicht gibt, dass das Thema Energiewende bei weiten Teilen der Bevölkerung noch längst nicht angekommen ist. Auch die angesprochenen Gesamtkostenrechnungen sind bislang nicht transparent dargelegt worden.

Töpfer Zunehmend sollten wir uns nämlich die Frage stellen, wie der Lebenslauf eines Produkts mit all den vor- und nachgelagerten Produktions- und Dienstleistungsbeiträgen aussieht. Wenn Sie vielleicht denken, dass sich in dieser Hinsicht wenig geändert hat, so bin ich da anderer Meinung. Mehr und mehr interessiert es die Menschen, woher ein Produkt kommt, unter welchen Umständen es erzeugt wurde. Man will wissen, wo etwa ein Sportartikelhersteller seine Turnschuhe fertigen lässt und ob vielleicht Kinder daran mitarbeiten mussten.

Yogeshwar Sicher, die Menschen wollen nicht, dass das, was sie kaufen, durch Kinderhände entstanden ist. Aber ich habe die Sorge, dass in dem Moment, in dem eine Firma mit einem besonders günstigen Angebot lockt, alle guten Vorsätze über Bord geworfen werden. Der Verstand setzt aus, nur noch der Preis bestimmt. Der Konsument, dieses hormongesteuerte Wesen, wird irgendwann die rationalen und ethischen Überlegungen ignorieren, wenn er seine persönlichen Vorteile sieht, selbst wenn diese zeitlich noch so beschränkt sind. Gibt es ein Beispiel in der Geschichte, wo Menschen zugunsten einer breiteren Mehrheit Verzicht übten? Ich kenne keines. Und wenn ich ehrlich bin, dann muss ich sagen, dass ich manchmal auch ein blinder Egoist bin.

Töpfer Das sind wir alle. Für den Einzelnen gibt es immer das, was in der Wissenschaft «Moral Hazard» genannt wird, ein Fehlverhalten, wenn kollektiver und individueller Nutzen einander widersprechen, oder der Versuch, in den Nutzen eines Gutes zu gelangen, ohne dafür zu zahlen, das sind die sogenannten Trittbrettfahrer. Aber mir fällt gerade ein Beispiel ein, ich glaube, es stammt sogar aus Indien ...

Yogeshwar Da bin ich gespannt.

Töpfer In einem Dorf stellte jemand fest, dass die armen Menschen keine Milch bekommen. Dies habe doch besonders schlimme Auswirkungen gerade für die Kinder. Die wohlhabenderen Bewohner hörten sich das an und kamen zu dem Ergebnis, einen größeren Tank auf dem Dorfplatz aufzustellen, in den jeder von ihnen einen Liter Milch hineingießen sollte. Gesagt, getan, doch als die armen Dorfbewohner zu dem Tank gingen, um Milch für sich und ihre Kinder abzufüllen, floss nur Wasser. Jeder der reicheren Dorfleute hatte sich nämlich gesagt: «Wenn alle Milch in den Tank gießen, dann fällt es schon nicht auf, wenn ich Wasser hineintue.»

Yogeshwar Ja, ja, diese Geschichte kenne ich.

Töpfer «Wenn alle gut handeln, dann kommt es auf mich und mein egoistisches Verhalten nicht mehr an.»

Yogeshwar Das ist das Sankt-Florians-Prinzip, das darin besteht, Probleme nicht selbst zu lösen, sondern auf andere abzuwälzen.

Töpfer Das ist nicht einmal das Sankt-Florians-Prinzip, das ist schlicht und einfach Ausblendung der Realität, das ist Moral Hazard. Doch das funktioniert natürlich auch andersherum. An vielen Stellen handeln wir auf eine bestimmte Weise, weil wir wissen, hier geht es um ein Gemeingut, das muss erhalten werden, da gibt es Pflichten, deren wir uns bewusst sind und nach denen wir handeln. Wer zum Beispiel am Meer lebt, kann sich einer Deichgenossenschaft nicht entziehen, weil er von einem neu zu bauenden Deich selbst Vorteile hat. Er kann nicht sagen: «Ich brauche doch keinen Deich, wofür denn?» Und selbst wenn er dagegen votieren würde, der Deich würde auch ohne ihn errichtet werden, weil er für die Meeresanrainer lebensnotwendig ist.

Es gibt Dutzende von Beispielen, dass der Einzelne mitziehen muss, weil es einen inneren Zwang dafür gibt, dem sich keiner entziehen kann. Nun könnte man sich Gedanken darüber machen, ob es nicht auch einen solchen Anschluss- oder Benutzungszwang für erneuerbare Energien geben könnte. Bislang ist es nicht möglich, für ein neu errichtetes Wohngebiet die Forderung aufzustellen: «Da dürfen nur erneuerbare Energien genutzt werden!» So etwas müsste auf dem Weg des Ordnungsrechts vorgeschrieben werden. Umsetzen ließe sich ein solches Vorgehen, denn über einen Anschluss- und Benutzungszwang bei Sielen und Wasserzuführungen regt sich kein Mensch auf.

Yogeshwar Aber Ihre Gegner würden wahrscheinlich auch hier sagen, das sei gar nicht nötig, der Markt würde schon alles von selbst regeln.

Töpfer Der Markt regelt alles hervorragend, wenn er denn vorhanden ist und die Knappheiten anzeigt. Beispiel: Wir haben uns vorgenommen, SO_2- wie auch NO_x-Emissionen zu verhindern. Im Rahmen der Großfeuerungsanlagenverordnung sorgte man für die rechtliche Vorgabe, dass jedes Kohlekraftwerk nicht mehr als 400 Milligramm SO_2 pro Kilowattstunde in die Erdatmosphäre ausstoßen darf, also jene Schwefeldioxidschadstoffe, die bei der Verbrennung von schwefelhaltigen fossilen Brennstoffen wie Kohle oder Erdöl entstehen. Das wurde durchgesetzt und schuf einen Markt für Rauchgasentschwefelungsanlagen. Als sich die Betreiber wehrten und sagten: «Aber das wird zu teuer», hatten sie sicherlich recht. Denn bis dahin gab es keine Grenze für die Emission von SO_2 und somit keine entsprechenden Technologien. Die gesetzliche Regelung machte klar: «Wie ihr das schafft, ist eure Sache, gelingt es nicht, müsst ihr das Kraftwerk eben abschalten.» Dadurch wurde Kreativität eingefordert, die dazu führte, dass Deutschland Spitzenreiter in der Herstellung von Rauchgasentschwefelungsanlagen geworden ist.

Bei den NO_x-Emissionen, den gasförmigen Oxiden des Stickstoffs, sind wir damals anders vorgegangen. Um eine bessere Umweltverträglichkeit zu ermöglichen, verlangte man von der Automobilindustrie den Einbau eines Dreiwegekatalysators. Es wurde somit eine bestimmte Technik vorgeschrieben. Natürlich gab es wieder massiven Protest aus der Industrie mit Bezug auf die damit verbundenen Kosten. Heute ist das längst vergessen. Die Vorgabe einer bestimmten Technik würde ich aber heute nicht wieder empfehlen. Die Politik hat Grenzwerte zu setzen, die Wirtschaft hat technische Lösungen zu entwickeln. Der Markt wird dann über die beste Lösung entscheiden. Keineswegs sollte man als Politiker in die Situation geraten, der Industrie erklären und belegen zu müssen, ob eine bestimmte vorgegebene Technologie auch wirklich die Zielsetzung erreicht. Entscheidend ist, dass technischer Fortschritt herausgefordert wird.

Yogeshwar Da bin ich bei Ihnen.

Töpfer Trotz aller Euphorie dürfen wir nicht vergessen, dass die neuen Energien noch extrem wissenschaftsbedürftig sind. Wir meinen ja immer, dass wir sie schon ausgeforscht haben. So ist es aber nicht. Zum zweihundertjährigen Bestehen der Humboldt-Universität in Berlin hielt ich einen Vortrag, eine Tour d'Horizon über die Entwicklung auf unserem Globus von 1810 über 1910 und 2010 bis 2110. Es ging dabei darum, in einer Rede von zwanzig Minuten Entwicklungslinien aufzuzeigen. Ich habe das anhand zahlreicher Kriterien getan, so etwa anhand der Veränderung von Siedlungsstrukturen, von der ländlichen Kleinstadt bis zur Mega-City, in der Wissenschaft von den Universalgelehrten bis zur transdisziplinären Zusammenarbeit. Und eben auch bei der Energie.

Im Jahr 1810 gab es lediglich erneuerbare Energie, also Wind, Wasser und Biomasse, genutzt mit sehr niedrigem Wirkungsgrad. Einhundert Jahre später hatte man die erneuerbaren Energien weitgehend verlassen; man war im fossilen Zeitalter von Kohle, Öl und Gas angekommen. Betrachtet man 2010, so stehen wir an der Schwelle zu einem Zeitalter des Hybridsystems. Wir befinden uns wieder auf dem Weg in Richtung erneuerbarer Energie. Im Jahr

2110 werden wir wieder, wie 1810, bei kohlenstoffneutralen erneuerbaren Energien angelangt sein.

Yogeshwar Aber doch nicht mit dem Wirkungsgrad von damals?

Töpfer Nein, mit einem anderen, wesentlich besseren Wirkungsgrad. Es gibt dabei nur eine Gefahr. Deutschland hat sehr viele erneuerbare Energien, aber es verbraucht auch sehr viel Energie. Dadurch kann es zu Engpässen kommen – und diese können leicht entstehen, wenn wir uns in der Energiefrage von Großstrukturen der Energietechnik und der Energiewirtschaft abhängig machen. Wir sind also dazu aufgefordert – Sie haben es angesprochen –, aus diesen Großstrukturen auszubrechen und ökonomisch, ökologisch und sozial attraktive Alternativen zu entwickeln.

Yogeshwar In der Vergangenheit hat die technische Innovation die Energieproduktion verändert, wobei dafür ein gutes Maß die Leistungsdichte ist. Der schottische Maschinenbauer James Watt erfand den Kondensator, mit dem man den Wirkungsgrad der Maschine erheblich steigern konnte, und bei dieser Weiterentwicklung der Dampfmaschine erhöhte sich in der Folge die Leistungsdichte. Sie wurde noch größer, als moderne Kohlekraftwerke in Betrieb genommen wurden. Man kann sich das so vorstellen: In einem relativ eng begrenzten Raum lässt sich immer mehr Energie erzeugen. Das Kernkraftwerk ist sicherlich die Spitze dieser Entwicklung.

Der Parameter «Leistungsdichte» beschreibt auch die Entwicklung der Computertechnik, bei der Massenspeicher immer kleiner und leistungsfähiger werden. Doch um zur Energiewende zurückzukommen: Hier müssen wir dieses althergebrachte Leistungsdenken verlassen, denn bei den erneuerbaren Energien ist die Leistung konstant. Die Sonne liefert an einem klaren Tag eine mittlere Leistung von 1,36 Kilowatt pro Quadratmeter. Mehr nicht. Der Wind weht, je nachdem wie hoch die Windräder stehen, mit einer begrenzten Geschwindigkeit. Bei diesen Energieformen gibt es keine Steigerung der Leistungsdichte, da schraubt man also an einem anderen Parameter, einem, der von der Flächenausnutzung abhängt.

Bei den erneuerbaren Energien kann man nicht etwas Vergleichbares hinstellen wie ein Kernkraftwerk, das auf kleinstem Raum ein Gigawatt elektrische Leistung produziert. Alpha ventus in der Deutschen Bucht ist die größte im Meer errichtete Windkraftanlage in Deutschland; sie liegt etwa vierzig Kilometer nordwestlich von Borkum und erzeugt gerade mal 60 Megawatt elektrische Leistung, also nur einen Bruchteil eines Kohle- oder Kernkraftwerks. Hier herrscht trotz moderner Technik keine hohe Leistungsdichte, und dazu kommt eben noch, dass man zur Erzeugung der Energie große Flächen benötigt. In den Kategorien der erneuerbaren Energien kann nicht mehr von einem klassischen Wachstum ausgegangen werden, es gibt keine massive Steigerung der Leistungsdichte.

Nach Jahrzehnten müssen wir also umdenken, denn in Zukunft ist die Steigerung der Leistungsdichte nicht mehr vorrangige Kategorie. Übrigens, in Fukushima wurde klar, dass gerade die Leistungsdichte das Problem war. Etwas, das in einer solchen Konzentration Energie beinhaltet, bedarf eben auch extremer Kontrolle.

Töpfer In der Zeit, in der wir uns in der Ethikkommission mit Fukushima auseinandersetzten, besuchte ich einen großen Solarhersteller. Über dem Eingang zu seinem Büro hing ein zerbrochenes Solarpanel, und darunter stand «GAU». Als der Mann meine Verwunderung bemerkte, sagte er: «Das ist der GAU der Solarindustrie.» Der höchste anzunehmende Unfall ist bei der Solarenergie, dass ein Solarpanel nicht mehr funktioniert. Deutlicher und bildhafter kann man eigentlich nicht zum Ausdruck bringen, dass Fehlerwahrscheinlichkeit und die damit verbundenen Auswirkungen bei der Solarenergie wesentlich geringer sind als bei der Kernenergie oder der unkontrollierten Nutzung fossiler Energien. Danach erklärte mir der Solarhersteller noch, dass seine Mitarbeiter ihm dieses kleine «Kunstwerk» zu einem Firmenjubiläum geschenkt hätten. Ich fand das sehr pfiffig.

Yogeshwar Eine gute Idee. Doch worauf ich hinauswill: Wir bemühen uns, Systeme aufzubauen, die keine Fehler aufweisen; Pannen, Unfälle werden in Wahrscheinlichkeiten ausgedrückt – auch in entsprechenden versicherungstechnischen Kosten. Ich hatte ein interessantes Erlebnis in Indien, ich erzähle Ihnen kurz die Geschichte, weil sie zeigt, wie man anders denken kann. Mit einem Freund ging ich in Chennai, an der Ostküste Südindiens, durch eine Werkzeugmaschinenfabrik. Dabei kamen wir an einer Stanze vorbei, die ein Geräusch machte. Ich blieb stehen und sagte: «Da stimmt etwas nicht, die Stanze sollte keine Geräusche von sich geben.» Der Freund erwiderte: «Das stimmt, aber die Stanze ist für das, was sie machen soll, zu klein, und sie geht auch regelmäßig kaputt.» Danach öffnete er eine Schublade, holte ein Zahnrad hervor und sagte: «Schau mal! Es ist immer dieses Zahnrad, das diesen Ärger macht. Aber es dauert keine drei Minuten, es zu ersetzen, dann läuft die Stanze wieder. Das ist deutlich günstiger, als eine adäquate Stanze zu kaufen; sie würde nämlich ein Vielfaches mehr kosten.»

Was will ich damit sagen? Wenn ich jetzt einmal nicht auf den technischen Standard schaue – in dieser Werkzeugmaschinenfabrik herrschte ein Denken, das nicht darauf aufbaute, ständig Fehler zu vermeiden, hier wurde kreativ mit Fehlern umgegangen. Und in meinen Augen scheint es viel klüger zu sein, nicht auf die Fehler fixiert zu sein, sondern zu lernen, wie man anders handeln kann.

Töpfer In Indien mag man noch in der Lage sein, dieses oder jenes ohne beste Technologien auch wettbewerbsfähig zu produzieren – ich kann das nicht ganz übersehen –, weil man dort aufgrund der vielen Arbeitskräfte weniger kapitalintensiv arbeitet. In Deutschland hätte man damit Riesenprobleme, die internationale Wettbewerbsfähigkeit zu erhalten. Die damalige DDR hat das bitter erlebt! Letztlich hat mich der «GAU in der Solarenergie», von dem ich gerade berichtet habe, zu der Überzeugung gebracht, in welcher Richtung wir Technologien weiterentwickeln müssen. Das Problem ist: Bei uns, aber auch in anderen Ländern, ist Solarenergie bisher vornehmlich Photovoltaik. Viel zu wenig hat man darüber nachgedacht, neben der Photovoltaik die Solarthermie zu nutzen, also Concentrated Solar Power (CSP). Mit dieser Technologie kann Sonnenenergie in einer gänzlich anderen Größenordnung geerntet werden.

Yogeshwar Ja, das ist ein spannendes Unterfangen.

Töpfer Bei solarthermischen Kraftwerken bündelt man, vereinfacht gesagt, das Licht der Sonne mit Hilfe von Spiegeln und erhitzt damit eine Flüssigkeit innerhalb eines sogenannten Receivers. Die damit erzeugte thermische Energie lässt sich dann in elektrische Energie umwandeln. Die Solarenergie wird dadurch grundlastfähig, etwa durch die Speicherung in verflüssigtem Salz. Es werden hohe Temperaturen und mithin ein höheres Potenzial erreicht. Das Argument, das immer gegen erneuerbare Energien verwendet wird – «Nachts scheint die Sonne nicht» –, könnte man auf diese Weise entkräften; denn aufgrund der Speichermöglichkeit lässt sich CSP auch nachts und bei fehlendem Sonnenschein nutzen. Es ist technologisch keine Utopie, selbst bei erneuerbarer Energie eine Konzentration der Leistungsdichte zu bewerkstelligen und eine kontinuierliche Nutzung zu ermöglichen. Bislang sehen wir diese Technologie vornehmlich nur in Spanien oder in den USA.

Yogeshwar Ich würde sagen, das liegt in der Natur des Wetters.

Töpfer Sicher liegt es mit daran. Aber wir haben so viele Dinge außerhalb Deutschlands entwickelt und gebaut, dass wir uns nicht scheuen sollten, auch in diesem Fall an eine Auslagerung zu denken. Nach der Krise in Griechenland sagte jeder, dieses Land wird,

sollte es aus der EU aussteigen, erst recht keine Kreditgeber finden, zumal man ja nicht wüsste, was dieses Land denn produzieren könne, damit die Wirtschaftskraft erstarkt. Anscheinend ist man noch nicht auf die Idee gekommen, dass Griechenland Solarenergie produzieren könnte, vornehmlich über CSP.
Wir diskutieren über Desertec, über Solarstrom aus der Wüste Nordafrikas. Dieses Projekt ist fortgeschritten und höchst attraktiv. Warum ergänzen wir derartige Überlegungen nicht durch Eurotec, Solarstrom aus europäischen Ländern? Damit meine ich nicht nur Griechenland, sondern alle südeuropäischen Länder. Das gilt in besonderer Weise auch für die Türkei. Es ist mit großen technischen, unternehmerischen und rechtlichen Herausforderungen verbunden, ebenso wie der Transport dieser Strommengen über große Entfernungen.

Yogeshwar Aber selbst hier in Deutschland wäre einiges so einfach zu realisieren. Bei Bauvorhaben wird die Ausrichtung des Gebäudes zur Sonne noch immer nicht genug berücksichtigt, schon da könnte man in Sachen Energie vieles erreichen. Letztlich denken wir noch zu eng, da haben Sie recht. Ob die Photovoltaikzelle auf meinem Dach steht oder auf dem eines Griechen, macht einen immensen Unterschied aus. Mit ihren dreihundert Sonnentagen im Jahr können die Griechen einen ganz anderen Beitrag zu dieser Technologie leisten als wir. Und über einen europäischen Energiefonds ließen sich entsprechende Regelungen finden.

Töpfer Wir sollten also alles daransetzen, die Energiewende mit CSP, mit Desertec und Eurotec zu verbinden. Wolfgang Schäuble hat diesen Hinweis schon sehr früh aufgegriffen. Wenn es nicht gelingt, im Mittelmeerraum eine Perspektive für wirtschaftliche Stabilität zu entwickeln, wird es dort zu massiven gesellschaftlichen Verwerfungen kommen – und die Schuldenkrise wird nicht ursächlich beseitigt. Länder wie Libyen, Ägypten oder Tunesien sind da einzubeziehen.

Yogeshwar Wobei auch die Photovoltaik meines Erachtens noch am Anfang steht. Bislang handelte es sich bei der Solarenergie hauptsächlich um eine Siliziumtechnologie – Silizium ist ja der gängigste Bestandteil derzeitig technisch realisierter Solarzellen. Aber man könnte in diesem Zusammenhang ebenso über mögliche organische Substrate reden. In England gibt es Forschungen, die sich bei diesem Thema mit besonderen organischen Farbstoffen beschäftigen. Sie haben vielleicht keinen so hohen Wirkungsgrad, doch sie besitzen den Vorteil, dass man mit ihnen Wände streichen kann. Da werden wir in naher Zukunft noch viel Neues erfahren.

Töpfer Bei der Photovoltaik werden als Nächstes auch die dreischichtigen Solarzellen die Märkte erreichen. Diese haben einen höheren Wirkungsgrad, obwohl in der Herstellung weniger Ressourcen benötigt werden. Bei der Dreischicht-Photovoltaik absorbiert jede Schicht andere Wellenlängen des Lichts, weshalb es im Vergleich zu einer Anlage aus einer früheren Generation – bei gleich großer Fläche – zu mehr Stromertrag kommt. Diese Entwicklungen sind schon erstaunlich, zumal man der Photovoltaik am Anfang, als es darum ging, sie zu unterstützen, mit Skepsis begegnete. Immer hieß es: «Wie können wir bloß so viel Geld in diese Technik investieren bei nur neunhundert Sonnenstunden pro Jahr in Deutschland?» Die Situation heute: Nach Angaben des Bundesverbands Solarwirtschaft lässt sich Solarenergie bereits in vier Jahren auf deutschen Dächern zu Kosten erzeugen, die dem Niveau herkömmlicher Stromtarife entsprechen. Das bedeutet, wir hätten dann Solarenergie zum Steckdosenpreis, hätten Netzparität. Ich halte solche Aussagen für sehr herausfordernd.

Yogeshwar Die EPIA, die European Photovoltaic Industry Association, hat ebenfalls ein Papier zur «Grid Parity», zur Wettbewerbsfähigkeit von Solarstrom gegenüber traditionellem Strom, entwickelt. Mit einem ähnlichen Szenario. Darin heißt es, dass dies in europäischen Ländern bis 2015 zu schaffen sei, und wenn nicht zu diesem Zeitpunkt, dann spätestens 2020. Dabei sind sie interessanterweise nur von den Dünnschicht-Silizium-Technologien ausgegangen – und dennoch hält man diese Ziele für realistisch.

Töpfer Was auch heißt, dass die Kosten für die erneuerbaren Energien sinken und die der fossilen Energien steigen werden, ebenfalls die Kosten der Kernenergie. Denn dass die Preise für Kernenergie bei uns so sind, wie sie sind, hat damit zu tun, dass es sich um abgeschriebene Kernkraftwerke handelt, deren flexible Kosten gering sind, und dass die darüber hinausreichenden Kosten, wie bereits gesagt, externalisiert und mithin sozialisiert werden. In Kalifornien wurde vor kurzem eine Studie veröffentlicht, bei der man die Kosten eines neuen Kernkraftwerks berechnete. Was dabei herauskam, entsprach etwa den Kosten von Solarenergie, die nach dem gegenwärtigen Stand der Technik veranschlagt sind.

Doch in welche Richtung die Entwicklung geht, das muss man wieder und wieder betonen, wird letztlich von gesellschaftlichen Entscheidungen bestimmt. Eine Energiewende ist eine Wertentscheidung der Gesellschaft. Daraus resultiert eine faktische Umsetzung.

Yogeshwar Dabei sind aber zwei Punkte zu berücksichtigen. Einerseits versucht man trotz Energiewende weiterhin alte Systeme beizubehalten. Nach wie vor werden große Kohlekraftwerke gebaut, wobei man die Menschen damit beruhigt, dass bei den neuen Modellen weitaus mehr CO_2 abgesaugt wird als bei den Vorgängervarianten. Möglicherweise schaffen wir uns damit aber nur neue Probleme, ähnlich wie bei der Gentechnik, die durch eine «grüne Gentechnik» legitimiert werden sollte, mit der man *die* Lösung gefunden haben wollte, um den Hunger auf dieser Welt zu bekämpfen.

Zum zweiten Punkt: Bei der Energieerzeugung dürfen wir nicht nur vom Wirkungsgrad reden, sondern auch von dem, was mit der Energie passiert. Interessanterweise wurde in den Energiedebatten der letzten Zeit nie das Problem der Energieeffizienz – obwohl oft gestellt – hart angegangen. Kaum wurde vor Fukushima kommuniziert, dass der Anteil der Kernenergie am erzeugten Strom hierzulande nur 20 Prozent ausmacht. Man hätte der Bevölkerung klarmachen können: «Ihr wollt auf Kernenergie verzichten? Kein Problem, sorgt dafür, dass jeder von euch 20 Prozent weniger Energie verbraucht.» Das liegt im Bereich des Machbaren.

Dennoch wollen wir uns im Moment nicht vorstellen, auf 20 Prozent Energie zu verzichten. Man möchte in gleicher Weise wie zuvor konsumieren. Fatalerweise schrumpft die Lebensdauer unserer Produkte dabei unentwegt. Die Nutzungsdauer verkürzt sich, und nach wenigen Wochen, Monaten oder Jahren landet alles auf dem Müll. Wenn bei uns im Dorf der Sperrmüll abgeholt wird, kann man sehen, wie halbe Wohnungseinrichtungen an der Straße stehen. Wir sind Meister des Wegwerfens. Wir müssen uns nur einmal vor Augen führen, wie viel Energie in all den Produkten und in ihren Verpackungen steckt, die wir in einem Zeitrahmen von sechs Monaten, von einem, von drei Jahren konsumieren.

Töpfer Was Sie gerade gesagt haben, folgt der Logik: Ein Unternehmen, das allein Strom erzeugt und verkauft, wird seinen Umsatz und seinen Gewinn nur erhöhen, wenn es mehr verkauft. Dies muss geändert werden. Ein Energieversorgungsunternehmen muss mehr Geld verdienen können, wenn es weniger absetzt. Das ist zum Beispiel gegeben, wenn man von seinen Kunden als Partner für Energieeinsparung genutzt wird und einen entsprechenden Kontrakt schließt. Das Angebot des Unternehmens könnte lauten: «Wenn ich auf meine Kosten dein Haus energetisch so herrichte, dass du weniger Ausgaben für Energie hast, dann kannst du mit dem eingesparten Geld genau das refinanzieren, was ich bei dir investiert habe.» Man bezeichnet dies als Energie-Contracting. Mit diesem Geschäftsmodell ließe sich viel erreichen, würde es von vielen Stadtwerken aufgegriffen und auf breiter

Front durchgesetzt. Nicht nur im Bereich Energie werden wir zukünftig der Tendenz begegnen, nicht mehr das Produkt, sondern die Dienstleistung des Produkts zu erwerben.

Yogeshwar Ich kaufe oder miete nicht mehr eine Wohnung, sondern eine warme Wohnung.

Töpfer Genau das ist der Punkt. Man ersteht auch nicht mehr ein Auto, sondern die Mobilität, die einem ein Fahrzeug verleiht. Solche Überlegungen sind nicht Visionen ferner Zukunft, an einigen Stellen sind sie bereits Wirklichkeit geworden. Weltweit gibt es viele Modellprojekte. Einen solchen ökonomischen Hebel könnte man ebenso beim Abfall einsetzen. Ich gehe davon aus, dass Unternehmen – viel schneller, als wir alle glauben – ihre Produkte nur noch verleasen, weil sie diese der Rohstoffe wegen, die in ihnen stecken, am Ende wieder in ihrem Betrieb haben wollen. Diese Rohstoffe, denken Sie nur an seltene Erden und Metalle, werden einen Wert an sich haben. Denn in einer Welt mit zehn Milliarden Menschen lässt sich eine effiziente Rohstoffnutzung nur auf diese Weise realisieren. Menschen und Unternehmen wollen Kosten vermeiden, wollen Ausgaben verringern und Wettbewerbsfähigkeit erhöhen. Dazu aber bedarf es umfassender Information – auch über die üblichen Stromzähler hinaus, die in den meisten Kellern angebracht sind. Wie oft bin ich schon mit Leuten in die Keller ihrer Häuser gegangen, um ihnen zu erklären ...

Yogeshwar Ich zeige Ihnen nachher mal mein Haus, da werden Sie staunen, wie ungewöhnlich das in Hinsicht Energieversorgung ist. Im Vorfeld habe ich viel nachgedacht, was man alles verbessern kann. Über ein Netzwerk sind Heizung, Solaranlage, Ofen, Fenster und Türen miteinander verbunden. Und ich habe unzählige Sensoren und messe ganz genau die Wärmeenergie. Ich gebe zu, unser Haus ist für mich ein großes Experiment. Wenn man sich im Detail mit Heizkreisläufen, Vorlauftemperaturen und Zeitprogrammen auseinandersetzt, merkt man, wie komplex allein eine gute Steuerung ist. Doch mit diesem Aufwand spare ich sehr viel Energie, und allein die direkte Rückkopplung beeinflusst das Handeln.

Töpfer Das ist ja wunderbar! Aber normalerweise kümmert sich der Bürger nur um seinen Strom, wenn er einmal in Jahr die verbrauchten Kilowattstunden ablesen und auf eine Postkarte in ein vorgezeichnetes Feld eintragen soll.

Yogeshwar So ist es.

Töpfer Was aber technisch existiert, doch kaum einer weiß, geschweige denn gegenwärtig nutzt: Es gibt intelligente Stromzähler («Intelligent Metering»). Bei ihnen ist die Kommunikation zwischen dem Erzeuger und dem Verbraucher von Energie möglich. So kann der Verbraucher via Internet sehen, ob das, was er gerade an Strom «konsumiert», in der obersten Spitze der Nachfrage liegt und damit sehr teuer ist. Er kann dann entscheiden, stromintensive Geräte in Zeiten niedriger Nachfrage preiswerter zu nutzen. Die Engländer nennen diese kommunikative Vernetzung mit sofort abrufbaren Verbraucherhinweisen «Energy Internet» und zählen diese Form zum «Smart Grid», zur «intelligenten Stromnetzlösung», die ein Zusammenspiel aller Akteure des Strommarkts darstellt.

Natürlich ist bei einer solchen Kommunikation der Datenschutz ein Problem. Da über das Internet eine Art Energieprofil erstellt werden kann, wäre es möglich, dass etwa der Ehepartner fragt: «Wieso hast du an den Tagen, an denen ich auf Dienstreise war, eigentlich so viel Energie verbraucht?» Es könnte Misstrauen schüren. Aber wie auch immer: Die Menschen sollten besser informiert sein und dadurch die Möglichkeit haben, bewusst über ihren Energiekonsum zu entscheiden. Normalerweise macht man es eher intuitiv oder aus Gewohnheit, vielfach auch aus Bequemlichkeit heraus.

Eine Zeit lang hieß es, man solle beim Fernseher oder bei anderen elektrischen Geräten den Stand-by-Modus ausschalten. Man hatte nämlich ausgerechnet, wie viel Megawatt Strom man einsparen könne, wenn alle dies tun würden. Ich bin mir sicher: Damals haben einige gesagt: «Ab heute achten wir immer darauf, dass der Stand-by-Modus nicht mehr leuchtet.» Heute ist das aber kein Thema mehr, obwohl es nicht weniger wichtig wäre als damals. Die Bedeutung des Ausschaltens ist von vielen Menschen nicht wirklich verinnerlicht worden.

Yogeshwar Ich denke, wir müssen die Energiewende dem Bewusstsein nach wie das Apolloprojekt anpacken, wir müssen überall verkünden: «Leute, das ist unsere Chance.» In einem Interview habe ich einmal gesagt: «Ich möchte zu der Generation gehören, die von sich behaupten kann: Unsere Väter haben die Ressourcen auf diesem Planeten verschwendet, aber wir haben etwas verändert.» Und da der technische Fortschritt so rapide ist, dass man die Energiewende innerhalb einer Generation hinbekommen könnte, erscheint mir meine Aussage gar nicht so abwegig. Nur vermisse ich den Geist, den Mut, die Lust, diese großartige Aufgabe mit Leidenschaft anzugehen. Ich vermisse die Aufbruchsstimmung in Deutschland, die nicht ein kurzes Strohfeuer ist, sondern dafür sorgt, dass Unternehmen diese unsere Chance entdecken.

Töpfer Dies kann man nicht anordnen. Wir haben ja schon überlegt, wie sich daraus eine sinnstiftende Gesamtaufgabe für eine Gesellschaft machen lässt. Man kann gar nicht genug betonen, wie sehr dies zur sozialen Befriedung einer Gesellschaft beitragen kann. Würde das gelingen, hätte man zusätzlich zu einer umweltfreundlicheren Energie eine Friedensdividende. Sinkt die Nachfrage nach fossiler Energie, reduzieren sich auch Spannungstatbestände. Darüber hinaus handelt es sich um eine ökonomische Chance, ohne Zweifel.

Der US-Präsident Barack Obama hat einmal gesagt: Das Land, das in sauberer Energie an erster Stelle sein wird, wird dasjenige sein, das die Weltwirtschaft beeinflussen und anführen wird. Damit hat

er recht. Obama fügte noch hinzu: «Und dieses Land werden die Vereinigten Staaten von Amerika sein.» Ob er auch damit recht behält, werden wir mitentscheiden können!
Hermann Scheer hat bei uns in Deutschland etwas Ähnliches gesagt. Der SPD-Politiker hat für sein Engagement für Solarenergie den Alternativen Nobelpreis verliehen bekommen. Er plädierte für eine Autarkie von bergbauabhängigen Energien, wofür er nicht selten belächelt wurde. Er war ein Einforderer, ein Veränderer, ein Pionier im politischen Fordern und Fördern. Würden wir ihm folgen, hätte das technologische, ökonomische und friedensstiftende Auswirkungen. Das wäre eine Transformation, an die wir vorher kaum zu denken gewagt haben.

5 KONSUM! KONSUM! KONSUM!
Wo bleibt das Glück in den Bilanzen?

Yogeshwar Sosehr ich Ihnen in allem recht gebe, auch in dem Potenzial, das Sie in den modernen Technologien sehen, *on the long run* wird das nicht ausreichen. Darüber hinaus müssen wir uns fragen, warum wir dem Konsum in unserer Gesellschaft einen so hohen Stellenwert beimessen, eine solche Priorität einräumen. Warum sind wir so extrem materiell orientiert? Ich sage das vor dem Hintergrund, dass ich meine Kindheit in Indien verlebte, und das Indien meiner Kindheit hatte interessanterweise neben dem Materiellen noch eine andere Komponente. Mein Großvater S. R. Ranganathan, ein international bekannter Bibliothekswissenschaftler, verdiente für indische Verhältnisse sehr viel Geld, doch er lebte in einem einfachen Haus im Stadtteil Malleshwaram in Bangalore. Er war einfach gekleidet, und materielle Dinge schienen für ihn unwichtig zu sein. Im Kontrast dazu gab es die neureichen Firmenbesitzer, die mit protzigen Autos und großen Villen ihren Status nach außen demonstrierten.

Es war für mich prägend, zu sehen, dass mein Großvater seine Haltung zur Welt nicht durch Konsum, durch einen Materialismus zur Schau stellen musste. Auch meine Eltern haben diese Haltung geteilt. Reichtum bezog sich nicht auf Besitz, sondern auf geistigen Reichtum. Natürlich war das Indien meiner Kindheit noch stark geprägt von der Haltung Mahatma Gandhis und von der besonderen Spiritualität. Hierzulande hingegen scheint es inzwischen eine Regel zu sein, dass man bei diesem oder jenem Einkommen auch dieses oder jenes Auto zu fahren hat. Bei einem höheren Einkommen muss man auch eine höhere Wohnflächen-Quadratmeterzahl haben und eine entsprechend hohe Stromrechnung. In Indien hingegen respektierte man in der Gesellschaft die nichtmateriellen Aspekte, doch mit der zunehmenden Industrialisierung droht dieses auch dort verloren zu gehen.

Töpfer Heute Morgen stand vor meinem Hotel ein roter Ferrari. Wollte da jemand demonstrieren, er sei ganz bedeutsam, er habe genügend Geld, um sich ein solches Auto leisten zu können? Der Besitzer – oder Mieter – dieses Fahrzeugs definiert sich nicht darüber, dass er es versteht, so mit Menschen umzugehen, dass sie glücklicher werden. Nicht einmal, wenn dies für ihn wirtschaftliche Vorteile bringen würde.

Als ich nach acht Jahren Afrika nach Deutschland zurückkehrte, beschlich mich das Gefühl, es habe eine Änderung des Grundgesetzes gegeben. Man habe einen neuen Artikel hinzugefügt: die Pflicht zum Konsum. Wir scheinen ja regelrecht genötigt zu sein zu konsumieren, denn offenbar können wir nur dadurch wirtschaftliche Wachstumsprozesse ermöglichen. Man fragt nicht mehr nach der Haltbarkeit eines Produkts, nicht danach, ob man ein bestimmtes Produkt auch wirklich braucht oder ob es nur Mode ist, die schnell kommt und geht. Kurze Verfallsdaten werden keineswegs kritisiert.

Darüber hatte ich mich schon als Achtundsechziger-Student mit Stamokap-Aktivisten auseinandergesetzt, die die Ansicht vertraten, der Kapitalismus sei in eine Phase getreten, in der der imperialistische Staat und die Wirtschaft nur einige wenige Monopole zuließen. Deshalb sprach man von einem staatsmonopolistischen Kapitalismus, abgekürzt: Stamokap. Diese Stamokap-Leute haben damals schon die Meinung vertreten, dass in den Produkten der Verfall eingebaut sei. Wenn man nur wollte und dürfte, könnten von der Wirtschaft auch langlebigere Produkte hergestellt werden. Damals hatte ich das vehement bestritten, jetzt könnte ich dieser speziellen Argumentation manchmal folgen – nicht zuletzt vor dem Hintergrund der «Abwrackprämie». Der Antrieb zur Beschleunigung hat seit meiner Studentenzeit Ausmaße angenommen, die geradezu olympische Dimensionen erreichen: immer höher, immer schneller, immer weiter.

Deswegen ist es wichtig, über die Effizienz hinaus die Frage zu stellen, was es denn mit der Suffizienz auf sich hat. Also genau das, was Sie gerade gesagt haben: Wann ist denn genug genug? Maßhalten ist eine der Urtugenden, die wir schon einmal besser beherrscht haben. Das lässt sich etwa bei Augustinus nachlesen, der ein scharfer Dialektiker und einer der großen Denker des Christentums war.

Yogeshwar Menschen verzichten, wie gesagt, nicht gern. Ich denke, auch wir beide tun das nicht gerade mit großer Freude.

Töpfer Aber ist die Gestaltung einer besseren Welt Verzicht? Für mich ist das überhaupt kein Verzicht. Immer mehr Menschen sehen darin eine Grundlage ihres Handelns und ihrer Verantwortung.

Yogeshwar In der Tat, es ist eine Frage der Perspektive. Im Kern geht es um einen Gewinn auf einer anderen Ebene. Ich habe bislang von keinem Menschen gehört, der am Ende seines Lebens davon sprach, dass er sich mehr Zeit wünscht, um noch mehr Geld zu verdienen. Auf dem Totenbett kommen viele zu der Erkenntnis, dass sie mehr Zeit für ihre Freunde und für ihre Kinder hätten haben sollen. Neben den materiellen Dingen gibt es eine Vielzahl von anderen Kategorien. Intellektueller Reichtum und Weisheit sind doch wohl befriedigender als schnelle Autos mit breiten Reifen. Wenn wir auf unseren materiellen Überfluss und unsere Verschwendungssucht verzichten sollen, dann brauchen wir alternative Werte, doch davon hört man herzlich wenig.

In politischen Talkshows wird ständig von Wachstum und Wohlstand gesprochen. Wir vergleichen uns mit anderen Ländern und blicken auf Bruttoinlandsprodukte und auf Exportquoten. Wenn ich zum Jahresende die Reden der Bundeskanzlerin oder des Bundespräsidenten höre, kommt immer wieder das magische Wort «Wirtschaftswachstum» vor. Doch wo ist die Rede von den anderen Werten, von Lebensqualität statt Lebensstandard? Eine solche Verschiebung unserer gesellschaftlichen Werte wäre für den Einzelnen viel befriedigender – wohlverstanden auf der Basis einer materiell gesicherten Grundversorgung. Wachstum würde so eine völlig neue Perspektive erfahren.

Töpfer Der frühere Bundespräsident Horst Köhler hat das in der Rede deutlich angesprochen, die er 2009 in Augsburg bei der Vergabe des Deutschen Umweltpreises gehalten hat. Er sprach von einer «ökologischen industriellen Revolution». Das war eine großartige Rede. Er hat darauf hingewiesen, dass wir Menschen immer häufiger klagen – auch mit Blick auf ökologische Zielsetzungen –, Verzicht üben zu müssen, materiellen Verzicht. Doch wir sollten uns einmal Gedanken darüber machen, worauf wir gegenwärtig wirklich verzichten – auf Zeit mit der Familie, weil wir stundenlang in einem Stau stehen. Wir verzichten auf Ruhe, weil wir vom Lärm belästigt werden.

Viele weitere Beispiele hat Horst Köhler gebracht, hat die Augen geöffnet für eine ganz andere Art des Verzichts. Ich fand deshalb seine Rede sehr mutig, sehr wichtig, sehr zukunftsweisend. Wir alle sollten uns fragen, auf was wir wirklich verzichten. Macht man sich das aufrichtig klar, kommt man zu einem vollkommen anderen Wertemuster. Ich meine, ich verzichte zum Beispiel auf die Nutzung eines dieser neuen vierrädrigen, nach oben nicht offenen Dinger. Wie heißen die bloß?

Yogeshwar SUVs?

Töpfer Nein, nein, viel schlimmer.

Yogeshwar Noch schlimmer?

Töpfer Noch schlimmer. Ich komme gleich drauf ... Quads! Richtig! Ich meinte Quads.

Yogeshwar Herr Töpfer, auf einem Quad sehe ich Sie, ehrlich gesagt, nicht. Also wenn das Verzicht für Sie ist ...

Töpfer Nein, das ist kein Verzicht. Aber solche Dinger zeigen doch, welche Pervertierungen mit unserem Konsum verbunden sind. Man kann doch nicht behaupten, dass die Menschen so etwas wirklich wollen. Das wird nur gekauft, weil man zuvor viel Werbung dafür gemacht hat. Doch um wieder auf die notwendige Balance von Effizienz und Suffizienz zurückzukommen: Wenn wir in unserer Gesellschaft immer mehr Einpersonenhaushalte haben, insbesondere in den urbanen Gebieten, scheint dem auch die Suggestion zugrunde zu liegen, dass dieses Leben besser ist als eines in der Familie, weil man auf weniger verzichten muss. Aber es ist genau andersherum. Familien mit Kindern sind nicht diejenigen, die verzichten.

Yogeshwar Sie verzichten auf materielle Entitäten. Und genau das ist der Grund, warum in Deutschland möglicherweise so wenig Kinder geboren werden. Weil wir eben unseren Fokus zunehmend auf Dinge wie Autos, Kleidung und Computer richten.

Töpfer Und aus diesem Grund brauchen wir die Frage: Wann ist was genug und aus welchen Gründen? Ich selbst bin Vater von drei Kindern, und ich habe nie den Eindruck gehabt, dass Kinder uns einen Verzicht aufgenötigt oder unsere Zeit gestohlen hätten. Das Gegenteil ist der Fall. Sie haben uns bereichert.

Yogeshwar Ja, die glücklichsten Momente in meinem Leben waren Momente, die ich mit meiner Familie teilen durfte. Meine Kinder bereichern mein Leben, auch wenn es mitunter anstrengend ist. Als Eltern lernt man, weniger auf sich selbst zu schauen. Man hat das Wohl der Kinder im Blick. Das kostet sehr viel Zeit und Zuneigung, das passt nicht immer in den geordneten Terminplan. Als die Kinder noch klein waren, kamen meine Frau und ich zum Beispiel kaum dazu, ins Kino zu gehen. Doch das ist keinesfalls ein «Sichopfern» für die Kinder. Für uns beide ist es eine Erfüllung. Aber ich kenne viele junge Paare, die mir sagen: «Wir wollen keine Kinder, wir wollen lieber zweimal im Jahr in den Urlaub fahren.» Ich halte das für einen Trend, der in Deutschland an Relevanz zugenommen hat, so wie die Häufung des Wortes «Wirtschaftswachstum» in den Medien. Wer stattdessen von sich behauptet, seine freie Zeit mit Kindern zu verbringen, ja, das klingt so ein bisschen …

Töpfer Unschuldig. Aber welche Wörter würden Sie anstelle von «Wirtschaftswachstum» vorschlagen?

Yogeshwar In Bhutan haben sie Zufriedenheit und Glücksgefühle als Maß gesetzt. Anfang 1970 führte man dort das «Bruttonationalglück» ein, und langsam fängt man auch im Westen an, sich über solche Lebenskonzepte Gedanken zu machen. Es könnte sehr spannend werden, sich zu überlegen, was Menschen glücklich macht.

Töpfer Mit Jigme Khesar Namgyel Wangchuck, dem König von Bhutan, habe ich zweimal lange diskutieren können.

Yogeshwar Hatten Sie ein Glück!

Töpfer Jigme Khesar Namgyel Wangchuck ist im Grunde nicht mehr König, weil er den Entschluss getroffen und durchgesetzt hat, sein schönes Land Bhutan zu einer Demokratie zu entwickeln. Etwas, was seine Bürger eigentlich gar nicht recht wollten. Die waren mit ihrem König sehr glücklich. Erwähne ich das in öffentlichen Veranstaltungen, ernte ich damit allenfalls ein Lächeln. Keiner will das so richtig ernst nehmen. Doch wenn man mit dem König einmal gesprochen hat, dann bekommt seine Staatsphilosophie, in deren Zentrum das Glück steht, eine ganz andere Bedeutung. Natürlich gelangt man schnell zu der Frage, wie man Glück messen kann. Doch in dem Moment, wo man die-

se Frage stellt, sitzt man schon mitten in der Falle. Wir können wohl nur das wertschätzen, was wir messen können. Was wir nicht messen können, hat eigentlich keine Relevanz.
Das ist auch ein extremes Problem in der Entwicklung unserer Wirtschaft. Wann immer wir nach Lösungen suchten, griffen wir auf mathematische Formeln und Modelle zurück. Oft hatte man den Eindruck, dass die Mathematisierbarkeit die ökonomischen Probleme bestimmte, und nicht umgekehrt. Ökonomische Probleme wurden als berechenbare Größen betrachtet. Mittlerweile versucht man zunehmend, davon wegzukommen, setzt sich etwa mit der Spiel- und der Verhaltenstheorie auseinander.
Und in diese Richtung denkt auch der König von Bhutan. Natürlich meint er, dass es bestimmte Indikatoren geben müsse, die nicht zu verändern seien. So hat man in die Verfassung hineingeschrieben, dass 70 Prozent des Landes unter Waldbedeckung zu bleiben haben, und zwar nicht Forst, sondern richtig Wald, Urwald. Ich konnte erst gar nicht begreifen, was denn so etwas in der Verfassung zu suchen hat, das Land liegt schließlich im Himalaya, und es gibt auch nicht so viele Einwohner, die alles abholzen könnten. Aber mir wurde erklärt, Indien sei ein Nachbarland, und von dort könnte Druck auf die Holzschätze und ebenso auf die Wasserkraftleistung ausgeübt werden. Ein weiterer Aspekt bei der Ausformulierung der Verfassung war: Wie viele Touristen lassen wir in unser Land hinein? Die Zahl wurde eng begrenzt, Massentourismus findet bis heute nicht statt, und der Urlaub dort ist nicht billig. Ich fand das phantastisch, denn nun erschloss sich mir langsam, was Glück und Zufriedenheit der Bürger von Bhutan bedeuten könnte.

Yogeshwar Darüber habe ich im Februar 1986 zwar leider nicht mit dem König von Bhutan selbst, aber mit einem Gesandten von ihm geredet, und zwar in Delhi. In unserem Gespräch ging es um den Tourismus im Himalaya – ich war damals gerade ein Jahr in diesem Gebirge gewesen, wie ich schon erzählte. Freunde von mir hatten mich mit dem Gesandten zusammengebracht. Die Begegnung war sehr spannend, denn damals überlegte man sich in Bhutan, ob das Land sich dem Tourismus öffnen solle. Für mich bestand das Risiko einer unbedachten Öffnung darin, dass es der Region dann so ähnlich ergehen könnte wie Nepal. Tausende Touristen absolvieren jedes Jahr den Annapurna-Treck vorbei an imposanten Achttausendern. Man konnte schon damals erkennen, wie sehr die Hochgebirgsregion durch den Tourismus überfordert war. Alte Strukturen lösten sich auf. Alleine der Bedarf an Brennholz führte zu einer immensen Abholzung. Bhutan hatte noch die Wahl, und klugerweise haben sie sich nicht dafür entschieden, die Grenzen für den Massentourismus zu öffnen. Das Land war nicht in einem Stadium, in dem das Diktat der Ökonomie herrschte.

Töpfer Dennoch sollte man Bhutan nicht als Paradies bezeichnen. Von der Natur her ist es ein Paradies, keine Frage. Aber es gibt in dem Land große Probleme, auch soziale Probleme. Vor allem bei Amartya Sen, dem indisch-amerikanischen Nobelpreisträger für Ökonomie, kann man nachlesen, dass Glück mit Wahlmöglichkeiten verbunden ist. Nicht zufällig wurden er und Joseph Stiglitz von dem französischen Präsidenten Nicolas Sarkozy gebeten, zusammen mit anderen Nobelpreisträgern eine Arbeitgruppe zu bilden, die sogenannte Stiglitz-Kommission, die sich mit der Frage auseinandergesetzt hat, ob das Bruttosozialprodukt, das Wirtschaftswachstum, noch die richtige Stellgröße für das Messen von Wohlstand ist. Diese Diskussionen sind nicht neu, wir haben sie in Deutschland schon vor dreißig Jahren geführt. Die IG Metall berief damals Konferenzen über die Qualität des Wachstums ein. Der amerikanische Präsident John F. Kennedy sagte drei Monate vor seinem Tod: «Das Bruttosozialprodukt misst alles, außer dem, was das Leben lebenswert macht.» In heutigen Veranstaltungen zu diesem Thema gebe ich den Zuhörern preis: «In meiner Familie hat man dem Bruttosozialprodukt einen Tiefschlag verpasst, denn meine Frau hat beschlossen, sie würde ihre Eltern, wenn sie nicht mehr allein leben könnten, bei uns aufnehmen und sie bis zu ihrem Tod pflegen.» Für das Bruttosozialprodukt ist das nachteilig, denn erst in einem Altenheim wird für die Pflege ein Marktpreis bezahlt. Erst der erhöht das Bruttosozialprodukt.

Die Beispiele sind endlos. Verursacht ein Autofahrer einen Unfall, klatscht auch hier das Bruttosozialprodukt voller Freude in die Hände, denn es muss ja entweder ein neues Auto her, oder zumindest muss das alte repariert werden. Dass wir uns vor diesem Hintergrund über das Bruttosozialprodukt als sinnvolle Maßgröße für Wohlstand intensiv Gedanken machen sollten, ist notwendig, ja zwingend.

Doch es bleibt die Überlegung für die Zukunft: Wie will man Glück messen? Wissenschaftliche Ansätze dafür gibt es vor allem im angelsächsischen Raum, wie es etwa die Journalistin Petra Pinzler in ihrem Buch *Immer mehr ist nicht genug!* herausgearbeitet hat. Existieren über das Quantifizierbare hinaus Dimensionen, die ebenfalls für unseren Wohlstand höchste Bedeutung haben, die wir aber dem Messbaren unterordnen oder demgegenüber vernachlässigen? In einer offenen Diskussion wird man hinsichtlich dieser Dimensionen wahrscheinlich noch nicht allzu viele Gemeinsamkeiten feststellen können. Der Bundestag hat zu diesen Fragestellungen jetzt verdienstvollerweise sogar eine Enquete-Kommission eingerichtet.

Yogeshwar Haben Sie eine Vorstellung, was die Ansatzpunkte sein könnten?

Töpfer Wir haben Millennium Development Goals mit den für uns so typischen Aussagen, die das Nord-Süd-Gefälle im Auge haben: «Wir sind in unserem hoch entwickelten Norden in der richtigen Art entwickelt – und ihr im Süden sollt euch in gleicher Weise entwickeln.» Was wir aber nicht haben, das sind Millennium Development Goals für die entwickelte Welt selbst. Es wäre spannend, solche einmal zu entwerfen. Dazu müsste man den Spieß umdrehen und unseren Wohlstand hinsichtlich seiner ökologischen und sozialen Zukunftsfähigkeit auf den Prüfstand stellen. Das fällt uns sehr schwer. Aber das wird man lernen müssen in einer Welt, in der die Einfluss- und Machtstrukturen gerade massiv verändert werden, und das sehr schnell.

Yogeshwar Wir haben eben von Glück gesprochen, und dabei sollte man im Hinterkopf behalten, dass auf diesem Planeten ein Großteil der Menschen immer noch ums Überleben kämpft. Wenn wir über Entwicklungsziele in unserer Gesellschaft reden, dann auf der Basis, dass unser Weg uns relativen Wohlstand, eine niedrige Kindersterblichkeitsrate, eine exzellente medizinische Versorgung gebracht hat. Wenn ein Mensch hier sagt: «Ah, in Deutschland ist alles ganz furchtbar», könnte man ihm entgegenhalten: «Gut, das ist deine Meinung. Aber willst du lieber in Namibia oder Bhutan leben?» Man muss bei den Entwicklungszielen aufpassen, dass man keine zu romantische Sicht auf andere Länder hat.

Und erschreckend ist tatsächlich, wie Sie sagten, dass diese Debatte schon sehr alt ist. Ich denke da nur an die Thesen des «Club of Rome», der 1972 mit seinem Bericht *Grenzen des Wachstums* verschiedene aufrüttelnde Szenarien über die Weiterentwicklung unserer Welt erstellt hat. Oder an die 1977 vom US-Präsidenten Jimmy Carter herausgegebene Umweltstudie *Global 2000*, ein dicker Wälzer. Dann die von Ihnen erwähnten Konferenzen und Kommissionen – all das lässt schon fragen, warum sich de facto so wenig ändert. Möglicherweise müssen wir einen vollkommen anderen Weg einschlagen, als einmal mehr Millennium Goals zu definieren, die, wir wissen es alle, sich auf dem Papier schön ausnehmen, auf einer abendlichen Cocktailparty oder im Dinner Speech hervorragend klingen, aber in der Realität so gut wie nicht umgesetzt werden. Da bin ich Skeptiker.

Und jetzt frage ich Sie: Sie sind ein Mann, der dreißig, vierzig Jahre oder wahrscheinlich noch länger im politischen Establishment angestrebt hat, etwas zu verändern. Wenn Sie abends bilanzieren, sind Sie glücklich über das Erreichte, oder sagen Sie: «Ich habe viel versucht, aber kaum etwas ist in der Realität angekommen»?

Töpfer Einen Augenblick bitte, ich blättere in meinem Büchlein, in dem ich mir Zitate aufgeschrieben habe, die ich nicht vergessen will. Ich suche nach einem von Kardinal Lehmann, das ich nicht mehr aus dem Kopf wiedergeben kann. Er hat einmal gesagt: «Wer nach dem Glück fragt, kommt an kein Ende.» Aber das Zitat geht noch weiter. Aha, hier ist es: «Unser Leben ist doch nur noch ein einziger Roman von der Schwierigkeit, glücklich zu sein.» Das ist ein ganz kluger Satz. Und er beantwortet zum Teil Ihre Frage. Ich bin tatsächlich in einem Alter, wo ich gefragt werde: «Hast du denn etwas bewirkt oder nicht? Bist du mit dem Erreichten zufrieden?» In dem Moment, wo man glaubt, zufrieden zu sein, wo man der Überzeugung ist, sich selbst glücklich schätzen zu können – in dem Moment laufen wir Gefahr, einen sehr großen Fehler zu machen. Wir vergessen dann, dass auch unser Leben in einem Prozess abläuft. Hat man etwas erreicht, muss man das Kommende gleich mitbedenken, muss die Toleranz aufbringen, das selbst Gedachte und für richtig Befundene mit den Fakten der jeweiligen Realität zu konfrontieren.

Mahatma Gandhi hat einmal auf die Frage «Was denken Sie über die westliche Zivilisation?» die Antwort gegeben: «Ich denke, sie wäre eine sehr gute Idee.»

Yogeshwar «Ist es überhaupt schon eine Zivilisation?», hat er zurückgefragt.

Töpfer Andere könnten behaupten, unsere westlichen Gesellschaften seien gar keine Zivilisationen, sondern Zuviel-isationen. Wenn ich mich abends frage: «Hast du etwas erreicht? Bist du glücklich am Ende eines Tages?», bin ich im Zweifel glücklich, weil ich wieder bei meiner Familie bin, nicht weil ich den Tag so und nicht anders gestaltet habe.

Yogeshwar Ja, es gibt das große Glück, und es gibt das kleine Glück. Vermutlich ist meine Frage nach dem Erreichten auch falsch gestellt, denn in gewisser Weise führt ein verändertes Denken auch zu einer anderen Bewertung. Sie haben es ja bereits angesprochen: Es geht eben nicht um rein messbare Faktoren. Wir lassen uns gerne von den Gesetzen der Messbarkeit und der Quantifizierung einfangen. Eine zärtliche Umarmung, ein Kuss oder ein Abend mit Freunden lässt sich nicht mit einem Preisschild beziffern. Bilanzen sind ein Teil der Logik von Geschäftemachern. Die Messbarkeit stößt in vielen entscheidenden Phasen unseres Lebens an eine Grenze.

Erlauben Sie mir einen Sprung: Mit manchen Biografien verbindet man Bilder, und bei Ihnen taucht da immer eine Szene auf: Töpfer schwimmt durch den Rhein!

Töpfer Das wird wohl mein Image bis zum Ende meiner Tage bleiben, wenn mich irgendwann mal der kühle Rasen drückt, wird mit Sicherheit einer da sein, der ein Kännchen mit Rheinwasser in der Hand hält und die Blumen auf dem Friedhof gießt – damit ich diesen Sprung in den Rhein nie vergesse. Das Interessante an dieser Geschichte war: Hörten die Menschen davon, so hieß es im selben Atemzug, ein Minister wollte beweisen, dass der Rhein sauber ist. Nicht im Kühnsten hatte ich diesen Gedanken mit meiner Tat verbunden, als ich im Mai 1988 mit roter Badekappe, Ganzkörperbadeanzug und Schwimmflossen von einem Schiff aus in den Rhein sprang.

Yogeshwar Aber warum sind Sie dann durch den Rhein geschwommen? Sagen Sie's mir!

Töpfer Sehen Sie, Sie haben das auch angenommen. Der Hintergrund ist jedoch der: Ich hatte eine Wette verloren. Eigentlich wollte ich sie gar nicht mehr einlösen, weil sie mir ein bisschen peinlich war. Im Jahr 1987 kandidierte ich für den rheinland-pfälzischen Landtag im Wahlkreis Rhein-Hunsrück. Mein damaliger SPD-Gegenkandidat sagte bei jeder Gelegenheit: «Den Töpfer braucht man gar nicht zu wählen, der geht eh nach Bonn.» Gedacht hatte ich in dieser Zeit an vieles, aber nicht daran, nach Bonn als Bundesumweltminister zu gehen. Weil mich diese dauernde Aussage ärgerte und nervte, kam es zu dieser Wette: «Sollte ich nach Bonn abwandern, schwimme ich durch den Rhein, wenn nicht, erhalte ich einen Fuder Moselwein.» Ein Fuder Wein sind 1200 Flaschen, eine recht schöne Angelegenheit.

Yogeshwar Bei der Menge muss sich Ihr Gegenkandidat aber sehr siegessicher gewähnt haben.

Töpfer Das berührte mich nicht, ich hatte die 1200 Flaschen schon gedanklich in meinem Keller verstaut. Und ich habe auch tatsächlich den Wahlkreis gewonnen. Doch bevor der rheinland-pfälzische Landtag Mitte Mai 1987 zu seiner konstituierenden Sitzung zusammentrat, wurde ebenfalls in Hessen gewählt. Und bei dieser Landtagswahl hat zur Überraschung vieler die CDU gewonnen. Mit Folgen für mich: Der erste Bundesumweltminister, Walter Wallmann, blieb nur elf Monate im Amt, denn er löste Holger Börner als Ministerpräsident in Hessen ab. Und Töpfer wurde in der Tat am 7. Mai als Bundesumweltminister in Bonn vereidigt. Die schon gewonnen geglaubte Wette hatte ich nun plötzlich verloren. Gern hätte ich dies totgeschwiegen, aber nicht so mein Wettgegner. Immer wieder informierte er Journalisten: «Vergesst nicht, der Töpfer muss noch durch den Rhein schwimmen.» Es schien, als ob ich mich nicht drücken konnte. Doch alle, die mir wohlgesinnt waren, sagten: «Mach das in Gottes Namen nicht!» Aber ich wollte nicht kneifen. Und seit diesem Tag hält sich hartnäckig die Meinung, der Töpfer wollte mit der Aktion belegen, dass der Rhein sauber sei.

Yogeshwar Sie haben sich aber nie dagegen gewehrt.

Töpfer Doch! Sie können es in einem Buch zum zwanzigjährigen Bestehen des Bundesumweltministeriums nachlesen, es heißt: *Die Umweltmacher*. Dafür habe ich einen Beitrag geschrieben, in dem genau das steht, was ich Ihnen gerade erzählt habe. Es hat aber nichts geändert. Die alte Story war zu schön, um nicht weiter verbreitet zu werden – bis zum heutigen Tage. Diese Geschichte hat mich damals politisch und mental recht stark belastet. Zwischenzeitlich hat sich das gänzlich geändert. Ich merkte das besonders, als ich bereits in Nairobi war und bei mir angefragt wurde, ob ich als Schirmherr der europäischen Flussschwimmtage zur Verfügung stehen könnte. Wo immer ich jetzt auftauche, wird mir stets die Frage gestellt, ob ich nicht durch den in dieser Region jeweils vorhandenen Fluss schwimmen wolle. Diese Frage trifft mich auch in der schönen Hansestadt Höxter an der Weser, wohin ich nach der Vertreibung aus Schlesien gekommen bin und wo ich auch heute mit großer Freude lebe.

Und: Dass die Wasserqualität sich in den letzten Jahren enorm verbessert hat, ist ganz unstrittig. Natürlich wurde massiv in Kläranlagen und in Abwasservermeidung investiert. Heute braucht keiner mehr durch den Rhein zu schwimmen, um das zu beweisen. Man sollte es auch nicht mehr tun, es gibt heute andere Gefährdungen, etwa die unberechenbaren Strömungen und den Schiffsverkehr. Wer einfach nur schwimmen will, der sollte dafür die Altrheinarme aufsuchen, da ist es wunderbar.

Aber zurück zu Ihrer eigentlichen Frage, ob ich etwas als Bundesumweltminister bewirkt habe. Schauen Sie sich den Kurvenverlauf unserer SO_2-Emissionen, der Schwefeldioxidausstöße, an: Diese sind massiv zurückgegangen, weil Milliarden Euro ausgegeben wurden, um die Folgen der SO_2-Belastung für Umwelt und menschliche Gesundheit zu verringern. So wurden die Rauchgase von Kohlekraftwerken entschwefelt. Es wurde damals wirklich massenhaft Kohle beziehungsweise Mineralöl verbrannt. Das dadurch freigesetzte SO_2 führte zu einem Versauerungsvorgang und wurde letztlich für das Waldsterben verantwortlich gemacht. Von wissenschaftlicher Seite sagt man mir zwar heute – da sind wir wieder bei der Unsicherheit wissenschaftlicher Erkenntnisse –, dass diese Emissionen nicht viel mit dem Waldsterben zu tun gehabt haben. Dennoch ist es richtig gewesen, sich für den Wald einzusetzen. Man könnte einwenden, ich hätte mich durch an mich herangetragene Erwartungen zu diesen Entschlüssen verleiten lassen, aber auch die Forstwissenschaftler zu dieser Zeit sagten, SO_2 und Stickoxide wären die großen Problemverursacher für den Wald.

Yogeshwar Und was haben Sie als Bundesumweltminister beschlossen?

Töpfer Wir haben den Dreiwegekatalysator eingeführt. Das ist ein Riesenakt gewesen ...

Yogeshwar Hat das nicht noch Innenminister Friedrich Zimmermann auf den Weg gebracht, damals, als es noch kein Umweltministerium gab?

Töpfer Im Innenministerium von Friedrich Zimmermann sind diese Planungen entwickelt worden. Das dann neu gegründete Bundesumweltministerium hat sie im Wesentlichen durchgesetzt.

Yogeshwar Ich dachte immer ...

Töpfer Der Töpfer war dabei. Egal. Jedenfalls hat dieser Katalysator dazu geführt, dass die Emissionen von NO_x, von Stickoxiden, deutlich gesenkt werden konnten. Eine andere Entscheidung war, das gesundheitsgefährdende Blei aus dem Benzin zu verbannen. Schauen Sie die Eisformationen in der Arktis bezüglich der Bleikonzentration an, daran lässt sich genau der Zeitpunkt ablesen, bis zu dem man noch Blei zugelassen hatte. Ich könnte noch einige andere Dinge nennen, die Einführung der Kreislaufwirtschaft zum Beispiel.

Yogeshwar Aber all dies führte nur dazu, dass das System effizienter und sauberer wurde, ein generelles Umdenken war das nicht, oder?

Töpfer Richtig, als generell andere Ansätze kann man das nicht bezeichnen. Die Maßnahmen waren das, was Ernst Ulrich von Weizsäcker in seinen schon erwähnten Überlegungen als «Faktor fünf» beschrieb, seine Formel für nachhaltiges Wachstum. Er zeigte die großen Chancen auf, die darin liegen, würde man die Ressourcenproduktivität entscheidend erhöhen. Damit meinte er, man könne fünfmal so viel Wohlstand beispielsweise aus einer Kilowattstunde Strom herausholen – oder aus einer Tonne Kupfererz oder einem Kubikmeter Wasser.

Umweltschutz und wirtschaftlicher Wohlstand sollten sich seiner Meinung nach nicht ausschließen. Einen entscheidenden Beitrag dazu haben wir mit der Realisierung der Kreislaufwirtschaft gemacht: nichts mehr wegwerfen, sich von linearen Strukturen verabschieden, Kreisläufe schließen. Das war in der Tat mit einem Umdenken verbunden. Auch wenn ich ansonsten Vorbehalte gegen große Transformationen habe – im Falle der Kreislaufwirtschaft handelte es sich schon um einen Paradigmenwechsel. Gerade in unserer jetzigen Situation, die hierzulande durch eine abnehmende Bevölkerungszahl und ein bereits hohes Wohlstandsniveau gekennzeichnet ist, wird es noch wichtiger, diesen Paradigmenwechsel zu vollziehen, der nicht nur ein Denken in Kreisläufen beinhaltet, sondern auch eine neue Definition von Zeit, weg von der Beschleunigung und hin zur Verlangsamung von Prozessen.

Yogeshwar Doch wenn ich mir Jahr für Jahr die Frankfurter Automobilausstellung anschaue und feststelle, dass große deutsche Autokonzerne Fahrzeuge präsentieren, die 400, 500 PS und mehr haben, muss das für Sie nicht etwas sehr Schmerzliches sein? Sagen Sie sich da nicht: «Mein Gott, haben die es immer noch nicht verstanden?»

Töpfer Wissen Sie, so wie ich mich darum bemüht habe, positive Beispiele zu bringen, kann man immer auch genauso viele negative anführen. Aber ich bin mir sicher: Wir sind beim Umsteuern bei Weitem noch nicht am Ende. Deswegen war es mir auch wichtig, deutlich zu machen, dass man sich nicht zufrieden erklären darf, nur weil man einmal etwas erreicht hat. Man braucht sich ja nur weltweit die Emissionen anzusehen: Beim Ausstoß von CO_2 gab es 2010 einen Anstieg um 5,8 Prozent – ein Rekordergebnis, bedingt durch den erhöhten Energiekonsum. Selbst in Deutschland war im selben Jahr ein Zuwachs von Treibhausgasen von 4,8 Prozent zu verzeichnen! Dabei belegt die Wissenschaft klar und deutlich, dass man das Kohlendioxid senken müsse und dass wir nur noch zehn oder zwölf Jahre Zeit dafür haben – und dann wird man mit der Realität konfrontiert, die unter anderem in diesen PS-Schlitten besteht.

Nie werde ich Folgendes vergessen: Zusammen mit Maciej Nowicki, dem polnischen Minister für Umweltschutz und ersten ausländischen Träger des Deutschen Umweltpreises, saß ich von 1994 bis 1995 in der «UN-Commission for Sustainable Development» (CSD), Nowicki als Vize, ich als Vorsitzender. Diese Kommission hatten wir auf dem Erdgipfel in Rio 1992 beschlossen. Auf der Agenda der CSD-Sitzung in New York stand, wie wir ein verändertes Konsumverhalten durchsetzen können. Eines Morgens kam Nowicki höchst verärgert zu unserer Sitzung. Er sagte uns, er würde mit diesem Thema nicht mehr weitermachen. Hinter den Mauern des UN-Gebäudes würden wir stundenlang darüber reden, dass sich unser Konsumverhalten ändern müsse und wie wunderbare Lösungen dafür gefunden werden könnten. Abends ginge er dann in sein Hotel zurück, mache den Fernseher an, und es komme ihm nur eine Botschaft entgegen: «Konsum! Konsum! Konsum!» Insofern könnte man auch resignieren und alle Anstrengungen, etwas verändern zu wollen, vergessen.

Yogeshwar Resignation ist nur eine Möglichkeit – und sicher nicht die beste. Aber natürlich ist zu bedenken, ob der gewählte Weg, in bestimmten UN-Gremien über Dinge wie Umweltschutz zu diskutieren, am Ende des Tages zielführend ist. Die Inhalte, über die gesprochen werden, können völlig richtig sein, aber wenn die Transmission nicht stattfindet, wie Ihr Kollege das offensichtlich abends beim Fernsehen erfuhr, dann ist zu überlegen, ob wir nicht einen anderen Pfad beschreiten müssen. Ähnlich wie bei den Technologieprojekten, wo wir inzwischen ebenfalls merken, dass wir ein anderes Denken brauchen, um neue Entscheidungen herbeizuführen.

Töpfer Das Spannende wird nur sein – wie sollte ein solcher Weg aussehen?

Yogeshwar Genau: Wie sieht der Weg aus?

Töpfer Dazu fällt mir ein Satz ein: «Wenn wir jetzt Eier hätten, könnten wir Schinken mit Ei machen, wenn wir Schinken hätten.» In manchen Büchern, die ich lese, und bei manchen Vorträgen, die ich höre, sage ich an der einen oder anderen Stelle gedanklich zu dem Autor: Ja, ja, das klingt ganz gut, ist in sich schlüssig, aber die Randbedingungen, die du formuliert hast und die für deine Lösungen zwingende Voraussetzungen sind, werden in der Realität nicht zu schaffen sein. Zum Beispiel kann ich mich sofort damit einverstanden erklären, einen globalen Preis für CO_2-Emissionen festzulegen, muss aber wieder an meinen Eingangssatz denken: «Wenn wir Eier hätten ...» Es ist kaum davon auszugehen, dass wir einen solchen Preis in absehbarer Zeit durchsetzen können. Weil das so ist, wäre es meiner Meinung nach wenig sinnvoll, sich hinzustellen und zu sagen: «Aber wenn er da wäre, wäre es gut.» Besonders dann nicht, wenn man meint, mit dieser Aussage die eigene Aufgabe, was die Zukunft betrifft, erfüllt zu haben. Wir müssen anders herangehen. Wir müssen überlegen: Wie können wir mit den Gegebenheiten, die wir haben, unsere Welt schrittweise verändern? Welche Prozesse können wir organisieren, Prozesse, die auch möglichst das Eigeninteresse des Menschen mit aufgreifen? Ich habe meine Bedenken gegen die Savonarolas dieser Welt, die wortgewaltig zu Buße und Umkehr aufrufen und diese predigen, die in erregender Weise die Zustände kritisieren und die mir immer zu verstehen geben, dass man es anders machen müsse – die sich aber wenig beziehungsweise gar nicht darum kümmern, wie das in der Kärrnerarbeit des politischen Alltags umgesetzt werden kann.

Yogeshwar Girolamo Savonarola wurde am Ende des 15. Jahrhunderts von der Bevölkerung von Florenz verbrannt, aufgrund seiner Eitelkeiten setzte man den italienischen Dominikaner dem Feuer aus. Er hatte ihnen nämlich die Musik und die schönen Künste genommen.

Töpfer Deswegen verschwinden die Savonarolas immer so schnell.

Yogeshwar Ist es in unserem Fall aber nicht so, dass wir auf der einen Seite Dinge zulassen und diese auch aktiv steuern ...

Töpfer Wer ist wir?

Yogeshwar Wir als Gesellschaft. Ich gebe Ihnen ein konkretes Beispiel ...

Töpfer Entschuldigung, aber wir haben doch Entscheidungsstrukturen über das, was wir zulassen. Wenn wir es nicht zulassen, dann muss es jemand verbieten oder verändern. Doch wer ist das, der das tut?

Yogeshwar Lassen Sie mich an einem Alltagsbeispiel deutlich machen, was ich meine. Das Beispiel hat nichts mit Energie zu tun, sondern mit unserer Ernährung. Wir merken alle, dass Adipositas, also Fettleibigkeit, bei Kindern zunehmend ein Problem wird; dies ist eine sehr bedenkliche Entwicklung. Gleichzeitig akzeptieren wir Baugenehmigungen von Fast-Food-Ketten, das Überangebot von Süßigkeiten in Supermärkten. Wir nehmen ohne Protest hin, dass die Portionsgrößen bei McDonald's & Co. in Bereiche gehen, von denen eigentlich jeder weiß, dass sie einer gesunden Ernährung widersprechen. Sicher, die eine oder andere Stimme erhebt sich, dennoch schauen wir alle zu, wie die Entwicklung in eine falsche Richtung läuft. Das Fernsehprogramm sendet unzählige Spots von bunten Gummibärchen bis hin zu Modedrinks, die voller Zucker stecken. Dahinter steht eine potente Nahrungsmittelindustrie, und oftmals ist auch Lobbyismus im Spiel. Die Konstellation ist völlig unausgewogen, denn die andere Seite, die Eltern, die Lehrer, die Bürger insgesamt, hat keine Lobby.

Töpfer Das kann ich nur unterstreichen. In Deutschland ist zum Beispiel die Zuckerlobby sehr stark, und dass dann das Angebot von Süßwaren nicht gerade klein ist, verwundert einen nicht. Es wäre eine Sensation, wenn es anders wäre. Lobbyismus in dieser Form ist hierzulande aber gesetzlich nicht verboten. Und um das Problem der Fettleibigkeit gerade bei Kindern anzugehen, sollte man vielleicht stärker auf verdeckte Kalorien hinweisen und die Zahl der Kochsendungen im deutschen Fernsehen drastisch reduzieren. Es hat sich nämlich herausgestellt: Je mehr es davon gibt, desto stärker geht die Anzahl der Menschen zurück, die selbst kochen.

Yogeshwar Liegt das nicht daran, dass sich meistens nur die Leute Kochsendungen ansehen, die sowieso nie einen Kochtopf in die Hand nehmen würden?

Töpfer Ganz und gar nicht, denn dann würde es nicht diese negative Konsequenz haben. Offenbar glauben die Menschen, die sich das Schneiden und Pürieren der TV-Köche anschauen, dazu in der Lage zu sein, es ihnen nachzutun. Und weil sie das annehmen, kaufen sie auch die entsprechenden Zutaten ein. Doch dann merken sie, dass es nicht funktioniert. Die erworbenen Sachen landen im Müll, und aus Frust wird auch nicht mehr ein einfacheres Gericht erwogen, man greift gleich zu Fertiggerichten. Es existiert dazu noch eine weitere erschreckende Zahl: In Deutschland gibt es jährlich zwanzig Millionen Tonnen weggeworfener Lebensmittel, davon 15 Prozent noch in den originalen Kaufverpackungen, Tendenz steigend. Als Ursache kann man mit Sicherheit Verstärkungseffekte aufzählen, etwa gezieltes Product Placement im Fernsehen, aber damit allein lassen sich die zwanzig Millionen Tonnen nicht erklären.

Doch was tun? In der Arzneimittelbranche ist es ein langer Prozess, bis ein Medikament am Ende zugelassen wird (oder nicht), da werden schließlich ausführliche Beipackzettel geschrieben, die allerdings wiederum so abgefasst sind, dass man sie kaum verstehen kann. Nebenbei gesagt: Auch Töpfer kapiert sie nicht, da stehe auch ich auf dem Schlauch und frage mich, ob ich mich den vielfältig aufgezeigten potenziellen Nebenfolgen aussetzen möchte. Verunsicherung ist die Konsequenz. Es wäre also kaum hilfreich, ähnlich verklausulierte Hinweise auf die Verpackungen der Lebensmittel drucken zu lassen.

Bleibt ein ordnungsrechtliches Vorgehen. Um wieder auf die Energie zurückzukommen: Dort wäre es sinnvoll, auf diesem Wege für alle Stromverbraucher ein «Smart Meter» einzuführen, einen «intelligenten» Stromzähler, der den tatsächlichen Energieverbrauch und die tatsächliche Nutzungszeit anzeigt. Auf diese Weise wäre der Kunde bestens und nachprüfbar informiert.

Die Japaner haben ein sogenanntes «Front-Runner»-Prinzip verfügt, das Kanzlerin Angela Merkel auch auf EU-Ebene einführen möchte: Danach sollen neue Elektrogeräte spätestens nach einer recht kurz bemessenen Übergangszeit mindestens so energieeffizient sein wie das beste Modell auf dem Markt. Das energetisch beste Gerät wird zum Maßstab genommen, alle anderen müssen vom Markt genommen werden, wenn sie nicht in einem bestimmten Zeitraum mithalten können. Der japanischen Elektroindustrie bescherte diese Regelung einen Innovationsschub. Ebenso könnte man versuchen, die negativen Konsequenzen auch so zu kommunizieren, dass sie in einen gesellschaftlichen Diskurs eingehen.

Yogeshwar Anscheinend habe ich mich auf die Automobilindustrie eingeschossen, doch wenn ich mir vor Augen halte, dass die Konzerne, die Fahrzeuge produzieren, jährlich über eine Milliarde Euro ins Marketing investieren, dann frage ich mich: Wie soll man einen Diskurs über die negativen Konsequenzen beim Energieverbrauch in Gang setzen, wenn gleichzeitig die Illusion geweckt wird, dass nichts schöner sei, als mobil zu sein, als mit dem eigenen – und natürlich neuesten – Gefährt durch die einsame Landschaft zu brausen. Es existiert keine Werbung, die gegen diese Illusionen angeht, auch keine, die den Nichtkonsum von Zuckerdrinks propagiert. Bereits in der medialen Darstellung zeigt sich für mich eine Schieflage, die es schwierig erscheinen lässt, dass die Menschen mit einer Stimme sprechen, wenn die der Ökonomie mit so großer Lautstärke ertönt. Der Gedanke eines gesellschaftlichen Diskurses wäre wünschenswert. Aber wie soll der vonstattengehen, wenn aus dem Fernsehen nur – wie bei Ihrem polnischen Kollegen Maciej Nowicki – ein «Kauf mich!» zu hören ist?

Töpfer Auf die Loslösung von Kaufbedürfnissen habe ich ja schon sehr ernst und sehr nachdrücklich hingewiesen. Wir sollten uns bewusster fragen, was wir kaufen und wie viel wir von diesem oder jenem erstehen. Da ist auch in Bezug auf die Tatsache wichtig, dass es in unserer Gesellschaft noch viele Menschen gibt, die wirklich arm sind. In jeder größeren Stadt gibt es die sogenannten Tafeln. Wir sollten also nicht so tun, als hätten wir diese Kluft zwischen Arm und Reich nicht, diese zunehmende und wachsende Spannung und Spaltung in unserer Gesellschaft ...

Yogeshwar Das kann ich nur bestätigen. Wir, meine Frau und ich, beteiligen uns hier an der «Kinder- und Jugendstiftung Hennef». So viele junge Menschen befinden sich in einer materiellen Lage, für die wir uns schämen müssten.

Töpfer Aber wenn wir noch einen Moment beim Kaufen bleiben: Meist brauchen wir die Dinge, die wir erstehen, nicht wirklich, sie gefallen uns nur besser, weil sie ein hübscheres Design haben als Sachen, die wir für den gleichen Zweck bereits besitzen. Ein einfaches Beispiel aus Töpfers eigenem Haushalt: Wir haben eine Vielzahl von verschiedenen Salz- und Pfefferstreuern wie wohl auch viele andere Haushalte in Deutschland. Alle erfüllen die Funktion, dass man mit ihnen entweder Salz oder Pfeffer übers Essen streuen kann, aber die einen sind durchsichtig, die anderen können in der Dunkelheit leuchten, die nächsten erinnern an den Schiefen Turm von Pisa, weil man sie in dieser Stadt im Urlaub erstanden hat. Und immer wieder werden andere gekauft oder uns geschenkt. Die Textilbranche verzeichnet in Deutschland einen erhöhten Absatz von Bekleidungsteilen – und das, obwohl die Zahl der Menschen zurückgegangen ist. Die Wegwerfmentalität nimmt zu, weil der Anspruch an Design größer geworden ist, ebenso die Kaufkraft vieler Menschen.

Yogeshwar Sie nennen das Design, ich würde es härter formulieren und es das Mantra der Medien nennen. Man könnte auch eine neue Redewendung erfinden. Nicht: «Ich möchte», sondern: «Ich werde gemöchtet». Ich werde zunehmend «gemöchtet», ein neues Hemd, eine neue Hose, ein neues Paar Salz- und Pfefferstreuer zu kaufen.

Töpfer Sie wissen es selbst: Die Meinungsbeeinflussungsbranche ist einer der größten Wirtschaftssektoren in Deutschland. Sie umfasst aber nicht nur die Werbung, auch in den Fernsehserien und -filmen werden Lebensstile propagiert, die dazuzurechnen sind.

Yogeshwar Aber wie will man vor dem Hintergrund dieses ständig medial hinausposaunten «Ich werde gemöchtet» einen Wechsel schaffen, vielleicht sogar einen Bewusstseinswandel? Ihre Stimme ist gegenüber derjenigen, die für Konsum spricht, eine verschwindend geringe Größe. Selbst dieses Buch wird wohl nur von einer Minderheit von Menschen gelesen werden, die Mehrheit wird sich nach ganz anderen Vorstellungen richten.

Töpfer Dann müssen wir uns einfach noch mehr anstrengen. Unser Ausgangspunkt war, dass uns bei einem Ausstieg aus der Atomkraft nur 20 Prozent Elektrizität fehlen würden, 20 Prozent, die eigentlich jeder einsparen könnte. Diese Tatsache müsste man nur laut und vernehmlich immer wieder kommunizieren und mit konkreten Beispielen belegen. Man muss den Menschen helfen, diese Beispiele umzusetzen, finanziell und mental. Dies muss griffig dargestellt werden. Ich habe einmal eine «Energiediät» eingefordert. So wie die eigenen Essgewohnheiten umgestellt werden müssen, um Übergewicht zu verringern, so muss man das auch bei Energie tun. Beim Übergewicht klappt das nur, wenn man sich täglich auf die Waage stellt – bei der Energiediät, wenn der Energieverbrauch kontrolliert wird.

Yogeshwar Ich finde nicht, dass man zu den Menschen gehen und es ihnen auf diese Weise zu verstehen geben sollte. Das wäre in letzter Instanz ein Verbot – und Verbote führen nicht zu einer Veränderung des Bewusstseins. Die Menschen müssten aus einem inneren Bedürfnis heraus agieren.

Töpfer Die Nachfrage muss im Mittelpunkt stehen, nicht die Angebotsseite. Das Mantra des ökonomischen Denkens ist ja, in erster Linie die Angebotsseite zu sehen und darauf hinzuwirken, die Nachfrage für dieses Angebot zu schaffen. Das sogenannte Say'sche Theorem, aufgestellt bereits im Jahr 1803, besagt: Jedes Angebot schafft sich seine Nachfrage. Ich war mal Gesundheitsminister in Rheinland-Pfalz, da gab es den wunderbaren Satz: *«A built bed is a filled bed»*, «Jedes neu geschaffene Krankenhausbett ist auch ein belegtes Bett.» Mit anderen Worten: Man produziert die Nachfrage, und das sogar unter medizinischen Bedingungen. Mittlerweile, so hört man, werden schon Medikamente erfunden gegen noch gar nicht existierende Krankheiten.

Hier ist ein Umdenken bitter nötig. Dazu aber muss man die Menschen so sehen, wie sie sind, um sie richtig ansprechen zu können. So wie sie groß geworden sind, wie man sie erzogen hat, wie sie bewusst oder auch unbewusst in bestimmte Lebenszusammenhänge hineingewachsen sind. Nicht nur abstrakt «die Menschen», sondern auch ich, auch du, also sehr konkret.

Yogeshwar Und sehr existenziell ...

Töpfer Als Flüchtlinge aus Schlesien waren meine Eltern bitterarm, und ich musste betteln gehen, damit wir etwas zu essen hatten. Mit meinem ausgemergelten, gerade aus der Kriegsgefangenschaft entlassenen Onkel bin ich über viele Kilometer zu den Patronatsfesten im Kreis Höxter gelaufen. Wir waren elendig anzusehen, wirklich erbarmungswürdig. So bekamen wir anlässlich dieser Patronatsfeste immer etwas zu essen, konnten etwas mit nach Hause bringen. Von Tür zu Tür sind wir gegangen, haben an alle geklopft. Solche Erfahrungen haben mich geprägt, nicht nur als Kind, sondern überhaupt in meinem Leben.

Meine Kinder wuchsen dagegen ganz anders auf. Wenn ich zu meinen Vater ging und ihn fragte, ob er mir ein Fahrrad kaufen könne, dann zog er wortlos sein Portemonnaie aus der Hosentasche, öffnete es und drehte es um. Da fielen vielleicht ein paar Pfennige heraus, mehr aber nicht. Das war die Antwort auf meine Frage: Er konnte mir kein Fahrrad kaufen, selbst wenn er es gern getan hätte. Wenn meine Kinder zu mir kamen und meinten, ob sie ein Fahrrad haben könnten, war es mir nicht möglich zu sagen: «Ich habe kein Geld.» Ich musste dann bewusst entscheiden, ihnen erklären, dass ich es nicht in Ordnung fände, wenn sie schon jetzt ein neues Fahrrad besitzen würden.

Diese unterschiedlichen Entwicklungsprozesse sollte man bei einem so gewaltigen Vorhaben wie dem Herbeiführen eines Bewusstseinswandels beachten. Wie können wir Menschen, die bestimmte Erfahrungen gemacht haben, dazu bringen, sich neuen

Herausforderungen und grundsätzlich geänderten Situationen zu stellen? Das Ordnungsrecht, also Gebote und Verbote, ist und bleibt für mich eine Möglichkeit, die ich mir nicht ausreden lasse. Der Markt regelt eben nicht alles mit den unsichtbaren Händen, wie es einst der schottische Ökonom Adam Smith angenommen hatte. Der Staat muss eingreifen, wo immer die Knappheiten nicht richtig erfasst werden. Ich bekomme keinen Markt für CO_2, wenn CO_2-Emissionen nicht rechtlich begrenzt werden. Knappheiten gestalten einen Markt. Dann kann ich durch ein ordnungsrechtliches Vorgehen neue technologische Lösungen herausfordern. Die zweite Möglichkeit ist, Bewusstsein zu schaffen. Etwas, das Menschen immer motiviert, ist, Geld zu sparen. An diesem Punkt ist daher anzusetzen: «Wenn du dich beim Energiekonsum anders verhältst, kannst du eine Menge Geld einsparen.» Einsicht ist nicht von vornherein ausgeschlossen, aber die längste Zeit verbringt man damit, dass man nach vollbrachter Analyse glaubt, das Gedachte werde sich schon von selbst einstellen. Tut es aber leider nie, auch in diesem Fall nicht. Auch muss man verstehen, dass Forderungen keine globale Gültigkeit haben. Afrikanern kann man kaum damit kommen, sie möchten doch bitte schön zukünftig ihr Konsumverhalten ändern. Sie würden nur annehmen, ich hätte Fieber.

Yogeshwar In der Tat. Blicke ich auf das Bangalore meiner Kindheit in Indien zurück, das damals eine Stadt mit rund 350 000 Einwohnern war, während heute dort mehr als sechs Millionen Menschen leben, dann stelle ich fest: Die Stadt hat sich nicht nur zu einer Mega-City entwickelt, sondern die Konsumwerte des Westens wurden blind übernommen.

Töpfer Genau darum geht es. Bewusstsein kann man nur ändern, wenn man sich die Verankerung der Menschen klarmacht, sich deren kultureller Identität bewusst wird. Diese wird immer mehr von der Auffassung geprägt, dass es einzig um den Ersten, den

Gewinner geht, weltweit, wir hatten das schon gesagt. Globalisierung führt viel zu oft zu einem Verlust an Vielfalt, an regionaler Identität. So gibt es eine Globalisierung der Architektur. Eigentlich weiß man häufig nicht mehr, wo man eigentlich ist. Als Junge konnte man mich mit verbundenen Augen irgendwo in Deutschland absetzen, und nahm mir jemand die Binde vor den Augen ab, hätte ich, ohne zu zögern, antworten können, dass wir im Schwarzwald sind oder in der Soester Börde. Gleiches galt weltweit. Das wäre heute nicht mehr so einfach möglich. In Deutschland hat sich der Einheitswinkel-Bungalow durchgesetzt, weltweit gleichen sich die Fassaden der Hochhäuser immer mehr an.

Yogeshwar Nicht nur der Einheitswinkel. In jeder Stadt gibt es einen H&M-Modeladen, einen McDonald's, eine Filiale der Deutschen Bank. Das zeigt doch, dass wir von einer Art Betriebssystem beherrscht werden – wobei ich mich immer frage, warum es überhaupt übernommen wird. Ist es so prima, weil es einfach und bequem und deswegen befriedigend ist? Oder akzeptiert man es nur, weil man es selbst einst aufgedrückt bekommen hat und man sich mit seinen eigenen kulturellen Traditionen nicht dagegen wehren konnte? Fast Food ist in Indien ja nicht unbedingt in der Kultur verankert.

Töpfer Um dieser Entwicklung etwas entgegenzusetzen, sollten wir alles dafür tun, unsere regionalen Identitäten wieder zu stärken, und das nicht nur in Deutschland oder in Indien. Es wäre global wichtig, auf eine Renaissance des Regionalen zu drängen. Als ich in das wunderschöne westfälische Städtchen Höxter kam, sprach ich, der Schlesier, natürlich einen ganz anderen Dialekt als die einheimischen Westfalen. Mein Schlesisch war ein Hinweis darauf, dass ich einer von diesen «Ungebildeten» war; man lachte darüber, es verband sich mit einem sozial negativen Urteil. Zwischenzeitlich freuen wir uns darüber, entdecken wir unsere Dialekte neu, sehen das als einen sprachlichen Reichtum an, als eine

Vielfalt, die nicht verloren gehen darf. In Afrika kann man ähnliche Bewegungen ausmachen. In Westafrika hat das Tragen von Stammestrachten wieder größere Konjunktur bekommen. Dahinter kann man die Besorgnis der Menschen spüren, dass sie sich in der Globalisierung nicht recht zu Hause fühlen, dass sie die Verankerung und die Orientierung verlieren.

Yogeshwar Sie beraubt uns Menschen der regionalen Umgebungen, unserer kulturellen Identität.

Töpfer Bei den Vereinten Nationen haben wir eine Konvention zur Biodiversität, zur Vielfalt der Arten, verabschiedet. Danach wurde die Überzeugung immer stärker, bald auch eine Konvention zur kulturellen Diversität zu verhandeln. Wir sahen darin eine zwingende Ergänzung in Kenntnis der wechselseitigen Abhängigkeit zwischen kultureller Diversität und Biodiversität.

Und was sagten die Amerikaner zu diesem Vorschlag? Sie meinten, das Ergebnis würde am Ende auf nichts anderes als ein handelspolitisches Instrument hinauslaufen, keiner dürfe dann mehr zu einem Sekt «Champagner» sagen, weil mit diesem Begriff ja nur ein Schaumwein aus einem bestimmten, regional eingegrenzten französischen Weinanbaugebiet bezeichnet werden dürfe – schutzbedürftige kulturelle Identität eben. Für mich war das eine pervertierte Vorstellung von kultureller Vielfalt.

Viel wichtiger in diesem Zusammenhang ist doch, dass wir dahin kommen, unsere eigene Geschichte zu entdecken und zu sichern. Mit dem Weltnaturerbe und dem Weltkulturerbe haben wir damit schon angefangen. In meiner Heimatstadt engagieren sich Bürger für die Anerkennung des Klosters Corvey als Weltkulturerbe. Die UNESCO hat bereits fünf deutsche Buchenwälder zum Weltnaturerbe erklärt! Es geht mir hierbei nicht um eine verklärende, romantisierende Vorstellung von regionaler Geschichte, sondern um deren Einbindung in globale Dimensionen. Diesen Aspekt halte ich für entscheidend, denn es ist anzunehmen, dass wir allein mit dem Ordnungsrecht oder einer entsprechenden Werbung den erforderlichen Bewusstseinswandel nicht bewirken. Für Menschen ist es attraktiv, wenn sie das Gefühl wiedererlangen können, sich benachbart, sich beheimatet zu fühlen.

Yogeshwar Die Kraft des Regionalen ist für mich gleichbedeutend mit der Kraft des Erfahrbaren. Doch auch hier habe ich meine Zweifel, wie man diesem Bedürfnis nach einer Heimat nachkommen kann, wenn man sich die Entwicklungen etwa auf dem Buchmarkt oder in der Musikindustrie anschaut. Durch Amazon, durch das Internet wird es in einigen Jahren kaum noch regionale Buchhändler, Kleinverlage mit einem regionalen Angebot oder individuelle Musikkulturen geben. Das würde Ihrer Vorstellung völlig zuwiderlaufen.

Töpfer Es wird sicher nicht ganz so kommen. Aber nochmals zurück zur Energiewende, die wir nun in Deutschland beschlossen haben. Eines steht sicher fest: Eine solche Energiewende, ganz gleich, wie sie hinterher organisiert wird, muss bei ihrer Umsetzung den regionalen Lösungen eine viel größere Bedeutung geben. Und ich sage Ihnen, das geht ja alles noch weiter. Beispiel Genossenschaften. Wir waren einmal der Meinung, dass Genossenschaften ein Auslaufmodell seien. Und jetzt sind sie wieder im Kommen. Bürger setzen sich zusammen und sagen: «Wir machen das für uns, wir wollen autarke Institutionen. Wir wollen selbst über unsere Energieversorgung entscheiden, wollen Einfluss ausüben.»

Ein solches Engagement bedeutet auch so etwas wie die Wiederentdeckung der Nähe, der Nachbarschaft, die Einbindung von Kenntnissen, die der Einzelne zu dem genossenschaftlichen Projekt beitragen kann. Im Kreis Höxter will man jetzt ein Pumpspeicherwerk bauen. Hätte man vor fünf Jahren den Vorschlag gemacht, in dieser Region eine solche Investition durchzuführen, mit Sicherheit wäre dies auf vielfältige Bedenken gestoßen. Doch auf einmal tauchen all diese Überlegungen auf und finden Verständnis und Unterstützung.

Yogeshwar Genau hierin besteht ein großartiger Gewinn für uns alle. Die Energiewende ist eben mehr als nur eine andere Quelle für den Strom aus der Steckdose. Gerade in den letzten Jahrzehnten haben wir in unserer Gesellschaft einen Fokus auf das Individuum und nicht auf die Gemeinschaft gesetzt. Wir sprachen vom Personal Computer, von «Ich und mein Speiseeis». In manchen Produkten tauchte es auf: das iPhone, das «Ich-Telefon». Ökonomisch hat man auf diese Weise die Zahl der Käufer vergrößert, denn anstelle des Miteinanderteilens trat das Individuum. Jeder brauchte plötzlich alles: das eigene Auto, den eigenen Fernseher mit dem «maßgeschneiderten» Programm, die eigene Wohnung, alles nach seinem persönlichen Profil. Der Konsum versprach Freiheit und wurde immer mehr zum Lebensinhalt.

Diese «Ich»-Bezogenheit führte unweigerlich zu einer Fragmentierung unserer Gesellschaft, allein die Zahl der Single-Haushalte dokumentiert dies. Aber es ist auch ein Ausdruck für unsere wachsende Einsamkeit. Menschen suchen jedoch Gemeinsamkeit, das liegt in unserer Natur. Unsere Vorfahren waren auf die Gruppe angewiesen. Ist es nicht überraschend, wie erfolgreich das Public Viewing während der Fußballweltmeisterschaft 2006 angenommen wurde? Dahinter spürte man die Sehnsucht nach Gemeinsamkeit, nach einem Austausch, nach dem Erleben in der Gruppe. Das Fußballspiel war nur der Anlass, mit Menschen zusammenzukommen. Auch bei vielen Demonstrationen hat diese Komponente des gemeinsamen Erlebens eine Schlüsselrolle.

Die Energiewende mit ihren Genossenschaften unterstützt diesen Gedanken. Energie wird nicht mehr reduziert auf den Konsum des Einzelnen, sondern ist das Ergebnis einer kollektiven Anstrengung. Der Strom aus der Steckdose verbindet die Menschen!

6 ANDERE WELTEN

Was wir von Indien und Kenia lernen können

Yogeshwar Warum sind Sie in die Politik gegangen, Herr Töpfer?

Töpfer Das war keineswegs mit einem Big Bang verbunden, mit einem Urknall. Ich habe nicht an irgendeinem Tag beschlossen, Politiker zu werden. Es war viel banaler. Im Jahr 1979 war ich Hochschullehrer am Institut für Raumforschung und Landesplanung der Universität Hannover. Raumordnung und Landesplanung haben viele Querverbindungen zu dem, was wir heute Umweltpolitik nennen. So war ich auch Mitglied im Rat für Umweltfragen der Bundesregierung. In den siebziger, achtziger Jahren war das aber noch kein großes Thema, es existierte noch kein Bundesumweltministerium, das wurde erst im Juni 1986 gegründet, wenige Wochen nach der Reaktorkatastrophe von Tschernobyl. Es gab ein Landesumweltministerium in Bayern, dort hatte man mit Abstand das erste Umweltministerium überhaupt ins Leben gerufen. Es war eine kluge Reaktion auf die erste globale Umweltkonferenz der UN 1972 in Stockholm.

Irgendwann erhielt ich dann einen Anruf von einem Georg Gölter aus Rheinland-Pfalz. Ich kannte ihn nicht, aber er sagte zu mir: «Können Sie sich vielleicht vorstellen, bei mir Staatssekretär zu werden? Ich leite das Ministerium für Gesundheit und Soziales, und wir haben beschlossen, dass zu diesen Bereichen auch die Umwelt hinzukommen sollte. Und dafür brauchen wir einen Staatssekretär.»

Ich will die Geschichte jetzt nicht zu lang machen, aber nach diesem Anruf habe ich meiner Frau, die gerade unsere jüngste Tochter geboren hatte und froh darüber war, dass ihr Mann als Professor immer schön zu Hause blieb, gesagt: «Weißt du, ich soll in Rheinland-Pfalz Staatssekretär werden. Das ist sehr interessant, denn es geht da um Umwelt und so.» Meine Frau reagierte, wie ich es erwartet hatte: «Um Gottes willen, bleib doch Professor, das ist viel besser!» Und darauf soll ich – an den genauen Wortlaut erinnere ich mich nicht mehr – geantwortet haben: «Es gibt Tausende von Professoren in Deutschland, aber keine zweihundert Staatssekretäre. Also muss das schon recht attraktiv sein. Ich würde dort gern das Ressort Umwelt mit aufbauen.»

Meiner Frau erklärte ich noch, dass die Uni mich beurlauben würde, so könnte ich ja jederzeit wieder zurückkommen. Aber ich kam nie wieder zurück, ich blieb bei der Umwelt, blieb in der Politik. Schon allein deshalb, weil mein Einblick und vielleicht auch mein Einfluss immer größer wurden. Wer behauptet, dass dieser Aspekt nicht Teil der Bewertung einer Position ist, der ist nicht ehrlich. Ganz sicher wird man mit zunehmendem Einfluss auch ein wenig eitler.

Aber rückblickend würde ich in meinem Fall sagen, dass es damals mehr Neugier war, die mich nach Rheinland-Pfalz gehen ließ, als eine bewusste karrierebezogene Planung. Dennoch: Ich bin zu lange in der Politik geblieben, ich hätte früher gehen müssen. Als ich 1998 aus der Bundesregierung ausschied, um nach Nairobi zu UNEP (United Nations Environment Programme) zu gehen, war es höchste Zeit, dass ich das machte. Durch diesen Schritt habe ich völlig neue Dimensionen kennengelernt, musste übergreifend denken. Aber mir ging es so, wie der ehemalige Chef von Apple es einmal formuliert hat. Wie heißt der noch?

Yogeshwar Steve Jobs.

Töpfer Danke. In einer Rede vor Studenten soll er gesagt haben, dass eine Karriere immer nur im Nachhinein logisch erscheint, nie dann, wenn man mittendrin steckt. Ich glaube, das ist völlig richtig. Und warum sind Sie als Physiker in die Medien gegangen?

Yogeshwar Aus einem sehr bewussten Prozess heraus. Als ich Anfang der achtziger Jahre als junger Physiker begann, gab es einige Dinge, die ich als sehr bedrückend empfand. Das eine war die extreme Hochrüstung, verbunden mit dem NATO-Doppelbeschluss und speziell SDI, der Strategischen Verteidigungsinitiative. Sie wurde 1983 von US-Präsident Ronald Reagan befohlen, und zwar zur Abwehr von Interkontinentalraketen. Dieser «Krieg der Sterne» setzte auf eine neuartige Technologie von Waffen und betraf sehr konkret Teilbereiche der Disziplin, in der ich tätig war: der Teilchenphysik. Das Know-how von Physikern war damals sehr gefragt, denn die Technologie von Teilchenbeschleunigern sollte zur Basis der neuen Waffensysteme werden.

Es gab daher große Rekrutierungskampagnen der NATO und der Rüstungsindustrie. Ich hatte jedoch Physik studiert, um die Zusammenhänge der Natur zu begreifen. Technik sollte in meinem Verständnis das Wohl der Menschen verbessern. Ich hatte nicht studiert, um zerstörerische Waffensysteme zu konzipieren. Diesen militärischen Missbrauch des Wissens lehnte ich kategorisch ab – das tue ich übrigens auch heute noch. Mir lag also sehr daran, die Verantwortung der Wissenschaft zu unterstreichen, und so fing ich an, mich politisch zu engagieren. Nicht parteipolitisch, aber eben politisch. Und das tat ich in Form von großen Ringvorlesungen, die ich mit ein paar Freunden zusammenstellte. Zunächst 1983 an der Technischen Hochschule Aachen, später wurde das Konzept an über dreißig weiteren Universitäten aufgegriffen. «Verantwortung für den Frieden», unter diesem Titel liefen die Ringvorlesungen. Sie waren ein fulminanter Erfolg. Hochkarätige Wissenschaftler griffen die damals aktuellen Themen auf: Wie können wir die Welt anders gestalten? Wie können wir die Spirale der Hochrüstung durchbrechen? Experten aus allen Disziplinen – Physiker, Wirtschaftswissenschaftler, Soziologen, Ingenieure – brachten ihre Ideen ein. Daraus entstanden dann auch zwei Bücher und zahlreiche Artikel.

An der Hochschule hatte ich festgestellt, dass ich Wissen gut vermitteln konnte. Die Fähigkeit der Wissensvermittlung spielte bei gesellschaftlichen Fragen eine entscheidende Rolle. Physik und Medien, das waren zunächst zwei entgegengesetzte Pole, doch in meiner Biografie gab es immer wieder diese Konstellation: Ich erlebte zwei Kulturen, in Indien und in Luxemburg, mein Vater war Ingenieur, meine Mutter Künstlerin. Mein Herz schlug für die Wissenschaft und gleichermaßen für die Kunst, und so wurde ich eine Art Bindeglied zwischen Wissenschaft und Gesellschaft. Mein Platz war genau zwischen diesen beiden Welten. Mein Weg war also das Ergebnis einer sehr bewussten Entscheidung.

Damals sah ich meinen Job nicht vor, sondern hinter der Kamera. Die Konzeption von Sendungen lag mir am Herzen, die Chance, mich damit aktiv an einem gesellschaftlichen Reflexionsprozess zu beteiligen.

Töpfer Warum sind Sie nicht in die Politik gegangen?

Yogeshwar Ich habe in der Tat darüber nachgedacht, doch damals hätte ich keine Chance gehabt, denn meine Nationalität war ja ein Mix: Indien und Luxemburg. Da hätte mich niemand gewählt!

Vor die Kamera trat ich erst, als das Unglück in Tschernobyl geschah. Angesichts dieser Katastrophe wurde die Inkompetenz in den Wissenschaftsredaktionen des deutschen Fernsehens so offensichtlich, dass man mir sagte: «Bitte, mach du das, du kannst das. Geh du vor die Kamera und erkläre das den Menschen.» Ich hatte das Glück, auf gleichgesinnte Kollegen zu treffen, zum Beispiel Jean Pütz, der damals ebenfalls mit großer Leidenschaft das Fernsehen als Medium der Aufklärung begriff.

Noch immer bin ich davon überzeugt, dass die Massenmedien

diese Rolle haben. Sie sollten Menschen informieren und uns allen dazu verhelfen, mündige Bürger zu sein, uns im unabhängigen und kritischen Denken unterstützen. Ich bin dankbar, weil ich durch das Fernsehen ein ganz anderes Gefühl für Gesellschaft bekommen habe, für Menschen, die nicht, wie Physiker, in komplexen wissenschaftlichen Strukturen denken, sondern in solchen, die ihrer eigenen Lebenserfahrung folgen.

Töpfer Meine Zeit als Staatssekretär in Rheinland-Pfalz war für mich in besonderer Weise wertvoll und wichtig. Da war nichts abstrakt, alles war konkret. Der Kontakt und der Meinungsaustausch mit engagierten Naturschützern und Nichtregierungsorganisationen über die Sicherung eines Feuchtgebiets etwa: Das ergab die Argumentationsnotwendigkeit, den Schutz der Natur auch gegen nachvollziehbare Interessen, etwa der Landwirtschaft, verständlich zu machen und durchzusetzen. Es galt, in meiner eigenen Partei zu belegen, dass der Schutz der Umwelt, der Natur, der Schöpfung ein zutiefst konservatives Anliegen ist. Bis zum heutigen Tage bin ich mit vielen Menschen in dieser Region noch sehr persönlich verbunden.

Yogeshwar Die Kluft zwischen Wissenschaft und Lebenswelt wurde mir auch wieder bei Fukushima deutlich. Fulminant deutlich. Das Erdbeben in Japan war an einem Freitag, am Sonntag darauf hatte ich einen *Brennpunkt*. Anschließend war ich noch zu Gast in der Sendung von Anne Will. Dazu hatte ich eine Grafik in Köln bestellt, die aber nicht rechtzeitig im Berliner Studio ankam. Im ersten Moment war ich darüber verzweifelt, weil ich den Menschen vor dem Fernseher unter Einsatz dieser Grafik erklären wollte, was vom Prinzip her im Reaktorkern in Fukushima passiert war und dort jetzt ablief. In meiner Not griff ich zu einem Glas, einem Textmarker und einem Sektkübel, der im Studio herumstand. Anhand dieser drei Gegenstände versuchte ich in der Sendung, das Geschehen zu demonstrieren.

Hinterher fühlte ich mich etwas unwohl und dachte: Nun hast du so etwas Komplexes auf eine so niedrige Ebene heruntergeschraubt. Doch am nächsten Tag erhielt ich viele Anrufe. Chefredakteure waren begeistert, sagten, jetzt hätten sie es endlich verstanden. Für mich war es eine weitere Bestätigung dafür, dass Menschen nicht aus Dummheit heraus etwas nicht nachvollziehen können, sondern weil die Dinge eben so vielschichtig sind. Ich würde mit Ihnen wetten: Sie können hundert Journalisten die Frage stellen, warum die Welle bei einem Tsunami so hoch wird oder wie eine Kernschmelze abläuft – Sie werden vermutlich nicht eine korrekte Antwort bekommen.

Töpfer Es sei denn, Sie sind unter den hundert Journalisten dabei.

Yogeshwar Nein, es geht hier nicht um Hochmut …

Töpfer Das habe ich damit auch nicht sagen wollen.

Yogeshwar … es geht mir darum, dass wir über Dinge reden, die wir im Kern nicht begreifen. Meine große Sorge ist, dass wir oft erst auf den dritten oder vierten Blick verstehen, um was es bei diesen schwierigen Phänomenen geht. In den Medien vermitteln wir ein Bild, als sei die Welt einfach und in wenigen blumigen Kategorien darstellbar. Das ist aber nicht der Fall. Dennoch kann man in den Medien beobachten, wie differenzierte Dinge – etwa die Gesundheitsreform, die Amerika- und Europakrise oder auch die Energiewende – auf einen simplen Nenner gebracht werden. Ich befürchte, dass dies bei einem Großteil der Bevölkerung zu Fehlentscheidungen führt. Manchmal ist die Wahrheit eben nicht so einfach.

Töpfer Um mit dieser Sorge, die ich auch habe, umzugehen, bin ich dazu übergegangen, mich Folgendes zu fragen: Wie hoch ist die Wahrscheinlichkeit, dass die vermittelten Informationen falsch ankommen? Es hat mir geholfen, von Zwischenwahrheiten auszugehen, die gegenwärtig noch nicht widerlegt sind, weil es nie möglich sein wird, die Komplexität der Probleme ohne diese Zergliederung zu vermitteln. Und als Politiker forderte ich mich selbst: «Tu alles, damit du diese Zwischenwahrheiten verständlich kommunizierst, sodass dir die Menschen in deinen Argumentationen folgen können.» Hin und wieder ist es auch nötig, wir haben darüber schon geredet, «Basta» zu sagen, selbst wenn die Meinungsumfragen zu verstehen geben, eine große Mehrheit würde gegen eine solche Entscheidung sein. Sei die Verlockung noch so groß und die Begründung noch so verständlich – etwa im Sinne einer Wiederwahl –, man sollte alles daransetzen, die eigene Ansicht der Bevölkerung nachvollziehbar zu erklären, um sie mehrheitsfähig zu machen.

Yogeshwar Dazu ein Gedanke: Für das Wissenschaftsmagazin *Nature* schrieb ich im Februar 2011 einen Kommentar, in dem es um die Frage ging, ob man in Massenmedien über Tierversuche berichten soll – es ging um das Pro und Kontra. In dem Artikel sprach ich mich dagegen aus. Nicht, weil ich damit das Thema Tierversuche aus der Debatte herausnehmen wollte, sondern aus einem anderen Grund: Sobald ein Zuschauer das Bild eines leidenden Hundes oder einer leidenden Katze im Rahmen eines medizinischen Versuchs sieht, ist er so schockiert, dass er danach nicht mehr in der Lage ist, rational abzuwägen. Ähnlich sehe ich es auch bei Themen wie Fukushima. Da hatten wir es gleichermaßen mit einer hohen Komplexität zu tun, geknüpft an eine immense Emotionalität. Für mich ist das eine Kombination, die es kaum ermöglicht, eine ehrliche Debatte zu führen. Es besteht die Gefahr, dass sie am Ende nur noch emotional geführt wird, weil man bei Themen wie Tierversuchen oder Fukushima die Gefühle nie außen vor lassen kann.

Töpfer Mir fällt gerade in Ihrer Argumentation ein kleiner Bruch auf. Sagten Sie nicht, dass Sie in der Sendung von Anne Will, als Sie keine Grafik zur Hand hatten, etwas Kompliziertes mit einem Glas, einem Textmarker und einem Sektkühler erklärten – und siehe da, ganz viele Zuschauer hatten das Problem auf einmal verstanden?

Yogeshwar Sie waren der Meinung, dass sie es begriffen hatten.

Töpfer Gut, aber in einer Form, die Sie für verantwortbar hielten. Sie haben die Menschen ja nicht bewusst in eine falsche Richtung gelenkt.

Yogeshwar Nein.

Töpfer Demnach haben Sie die Fähigkeit, in verantwortlicher und nicht in demagogischer Weise komplexe Vorgänge so zu reduzieren, dass die Zahl derer, die sich durch Sie eingebunden fühlen, deutlich ansteigt. Das ist eine für die Gesellschaft wichtige Leistung. Aber ich komme auf Ihre Frage zurück, ob man im Fernsehen Tierversuche zeigen sollte. Es ist doch zu überlegen, ob man ein solches Thema damit beginnt, dass man eine leidende Katze oder einen leidenden Hund zeigt. Man könnte doch einen anderen Einstieg finden, etwa indem man einen leidenden Menschen zeigt, der nicht darauf hoffen kann, alsbald Linderung zu erfahren, weil es keine Medikamente für ihn gibt, und zwar deshalb, weil bislang keine hinreichenden klinischen Studien gemacht wurden. Dieser Zugang wäre auch emotional, aber wahrscheinlich mit einem ganz anderen Ausgang, als wenn ich die Tiere in den Mittelpunkt des Berichts stellen würde. Es würde mich überraschen, wenn es nicht so wäre.

Yogeshwar Das mag stimmen. Doch die Gesetzmäßigkeiten des Mediums Fernsehen gehen noch weiter: Jedes Bild erzeugt im Betrachter eine Reaktion. Der Zuschauer sieht weit mehr als dieses isolierte Bild.

Töpfer Wie meinen Sie das?

Yogeshwar Können Sie sich an das Bild aus Fukushima erinnern, das Bild von dem kleinen Jungen, der mit einem Geigerzähler abgetastet wurde? Es ging durch alle Medien. Es transportierte folgende Botschaft: «Mein Gott, was müssen diese armen Menschen in Japan verstrahlt sein, das sieht man ja an dem kleinen Jungen.» Man hätte aber auch eine völlig andere Lektion daraus ziehen können: «Schau mal, die Japaner sind offensichtlich sehr fürsorglich, sie überprüfen die mögliche radioaktive Strahlung auf der Kleidung, um auch ihre Kinder zu schützen.» Aber der Gedanke der Fürsorge kam gar nicht erst auf. Es siegte die andere Interpretation des Bildes, weil der Zuschauer aufgrund seiner klischeehaften Prägung es so wahrnehmen wollte. Selbst wenn man einen Menschen in den Mittelpunkt eines Beitrags über Tierversuche stellen würde, die bekannten Bilder des leidenden Hundes oder der leidenden Katze würden triumphieren. Davon bin ich überzeugt.

Töpfer Es ist gänzlich unumstritten, dass wir eine ausgeprägte Erinnerungskraft an Bilder besitzen, dass uns Bilder auch auf einer nichtbewussten Ebene beeinflussen. Das führt dazu, dass die manipulierten Bilder immer mehr zunehmen, also jene Bilder, die keine Informationen mehr transportieren, sondern nur noch Emotionen. Wir haben zuvor über Konsumwerbung und auch über Werbung für Nichtkonsum gesprochen, in der Hoffnung, dass man durch andere Botschaften doch etwas verändern kann – so wie Menschen einem erzählen, dass sie Vegetarier geworden sind, nachdem sie sich einen Schlachthof angesehen haben. Wenn es nun stimmt, dass die Komplexität bei bestimmten Themen außerordentlich groß ist, dann können wir leicht in Versuchung geraten, sie für überhaupt nicht mehr kommunizierbar zu halten. Letzteres würde ich sehr ungern akzeptieren, weil ich damit die Entscheidung, ob ich informiere oder es unterlasse, dem Verständnis oder dem Mitwirken der Menschen entziehe.

Yogeshwar Dennoch setzen Sie sich hierbei dem Vorwurf aus, in gewisser Weise mit Hilfe von Emotionen zu manipulieren. Sie können sich vielleicht noch mit dem Argument herausreden, dass Sie für die richtige Sache manipulieren. Für mich besteht der Lackmustest mündiger Bürger aber darin, ob sie die Weiterentwicklung von Gesellschaft unabhängig von Manipulationen, von positiven oder negativen Bewertungen, als ein Ergebnis von Reflexionsprozessen erleben. Ich tue mich schwer damit, auch wenn es der Sache dienlich sein sollte, zu sehr auf der gefühlsmäßigen Ebene zu operieren.

Töpfer Mein Plädoyer gilt weniger dem Emotionalen als dem Erhalt des Selbstbewusstseins. Wenn etwas für zu komplex gehalten wird, wenn man es möglicherweise nur positiv oder negativ darstellen kann, wäre meine Sorge, dass wir Themen wie Tierversuche erst gar nicht mehr in der breiten Bevölkerung diskutieren. Ich bin zwar kein Journalist, aber müsste ich mich nicht fragen, wenn ich denn einer wäre, ob man bei schwierigen Inhalten nicht dennoch die vorhandenen Emotionen aufgreifen sollte, um zu einer anderen, einer offeneren Bewertung zu kommen? Ich weiß, das ist ein sehr hoher Anspruch.

Yogeshwar Mir würden als anderer Weg etwa die Elder Statesmen einfallen. Es ist doch sehr bezeichnend, dass in letzter Zeit Vokabeln wie «Glaubwürdigkeit» und «Authentizität» immer mehr an Gewicht gewinnen. Wenn auch bestimmte gesellschaftliche Prozesse nicht mehr im Detail verfolgt werden, so achtet man doch sehr genau darauf, wer welche Positionen vertritt. Wird eine Person als glaubwürdig akzeptiert, kann sie sich sogar erlauben, zu sagen, das ist so und so kompliziert, aber aus den und den Gründen halte ich es für richtig. Statt zu manipulieren, sollte man vielmehr dafür sorgen, dass sich in den Medien, aber auch in der Politik wieder Glaubwürdigkeit einstellt. Helmut Schmidt ist eine solche Person. Er sorgt selbst dafür, dass er sehr kantig wirkt.

Töpfer Aber verglichen mit anderen Ländern haben wir einen eklatanten Mangel an Elder Statesmen.

Yogeshwar Oder an reflektierenden Politikern, wie Sie es einer sind, an Politikern, die ein Wissens- und Erfahrungsfundament haben. Wir haben im Politikbetrieb mehr und mehr auf den Wahlkampfprofi gesetzt, der sich in der Rhetorik bestens auskennt, die richtigen theatralischen Akzente setzen kann, aber dessen Basis erschreckend dünn ist. Ich frage mich, woher das kommt und wie man das ändern kann.

Töpfer Der Mangel an Elder Statesmen hat sicher mit vielen Dingen zu tun, es gibt da Gründe gesundheitlicher Natur ebenso wie solche der Einbindung in neue Tätigkeiten innerhalb der Wirtschaft, die in der Gesellschaft sehr kontrovers bewertet werden. Sicherlich kommt noch hinzu, dass es für viele schwierig ist, sich nach einem langen beruflichen und persönlichen Leben in einer Partei wieder verstärkt gesellschaftlichen Argumentationen zu öffnen. Die Diskussion um die Energiewende hat aber zweifellos dazu geführt, dass sich vermehrt Elder Statesmen zu Wort gemeldet haben: von Helmut Kohl über Erwin Teufel und Kurt Biedenkopf bis hin zu Erhard Eppler. Für Heiner Geißler gilt das schon längere Zeit, und mit seiner herausragenden Leistung bei «Stuttgart 21» hat er es erneut wirksam bewiesen.

Yogeshwar Dass es dennoch so wenige davon gibt, könnte auch mit den Rekrutierungsmechanismen innerhalb des politischen Establishments zusammenhängen. Die Zeiten, in denen ein André Malraux in Frankreich unter Charles de Gaulle Minister für Kultur werden konnte, sind wohl vorbei.

Töpfer Denken Sie an Hans Maier, er war bayerischer Kultusminister und hat viel über Kunst und Wissenschaft publiziert. Er war auch noch ein typisches Beispiel dafür, über die Grenzen der eigenen Partei, in diesem Fall der CSU, hinauszudenken. Man hatte ihn als Bundespräsidenten intensiv diskutiert. Das ist nun schon einige Jahrzehnte her.

Yogeshwar Heute, im Zeitalter der Votings und Ratings, können sich Politiker nur halten, wenn diese Votings und Ratings hoch genug ausfallen. Aber nicht nur in der Politik, auch in den Medien ist ein fulminanter Zerfallsprozess zu beobachten. Die Verantwortlichen in den Programmhäusern – und das sage ich jetzt ganz ungeschützt – werden nicht mehr von einer großen journalistischen Leidenschaft getrieben. Sie sind zu Verwaltern geworden. Sie verwalten große mediale Fabriken, so wie andere Manager Schuhfabriken verwalten. Es ist allgemein ein Wegbrechen von Kultur in unserem Land zu registrieren. Kultur spielt nur dann eine Rolle, wenn sie kommerziell verwertbar ist, ansonsten wird sie nicht mehr als ein wichtiges Gut wahrgenommen. Die Oikonomia hat gesiegt über die Philosophia. Für mich definieren sich Elder Statesmen dadurch, dass diese Personen nicht Macht und Geld anstreben und in diesen Kategorien gefangen sind, sondern die aktuellen Ereignisse in einen historischen, kulturellen und philosophischen Kontext einordnen. Sie bereichern uns, da sie immer darauf hinweisen, dass es im Leben noch eine andere, eine höhere Ebene gibt.

Töpfer In der Tat kann sich der Mensch nicht nur über das Materielle definieren – wir hatten das schon angesprochen. Das Wohl- oder Glücksempfinden eines Elder Statesman könnte geradezu darin bestehen, mit der eigenen Meinung von einem Großteil der Bevölkerung respektiert zu werden.

Doch nicht nur Personen, auch die Institutionen müssen wieder Glaubwürdigkeit zurückgewinnen, die ihnen in einem hohen Maße verloren gegangen ist. Es gibt nur sehr wenige Einrichtungen, die einen Streit schlichten und verbindliche Aussagen treffen können. Dazu zählt sicherlich das Bundesverfassungsgericht, und das sage ich mit allem Respekt vor dieser Institution. Man kann darunter auch den Bundespräsidenten fassen, denn damit ist nicht nur eine spezielle Person gemeint, sondern auch das Amt. Aber das war es dann schon.

Yogeshwar Aber warum haben Institutionen in einem so erheblichen Umfang an Glaubwürdigkeit verloren?

Töpfer Das hat etwas mit einer Politisierung der Bürokratie und einer Bürokratisierung der Politik zu tun. Was wie ein Wortspiel erscheint, meint eine Überlappung eigentlich unabhängiger Institutionen unserer Demokratie, eine verschwimmende Überschneidung zwischen Legislative und Exekutive. Sie haben ganz recht: Wir brauchen dringend wieder Glaubwürdigkeit in vielen Bereichen, und die können wir nur über eine unbefragte Glaubwürdigkeit von Personen und Institutionen erlangen, die auch eine streitschlichtende Funktion erfüllen. Das ist wohlverstanden keine Absage an den Parlamentarismus, ganz im Gegenteil.

Yogeshwar Es hat aber schon damit zu tun, dass die parlamentarischen Debatten nicht mehr intelligent und substanziell geführt werden, sondern unter den Kriterien der Opportunität, der Macht, der jeweiligen parteipolitischen Perspektive. Diese Erosion, dieser Zerfall der Dialogkultur, den haben die Bürger gespürt. Und so ist es auch kein Wunder, dass in den letzten Jahrzehnten mehr und mehr Kommissionen eingerichtet werden mussten. Hinzu kommt, dass nicht wenige Politiker das Handtuch geworfen haben, ich denke da an Horst Köhler, Ole von Beust, Roland Koch ...

Töpfer Ihre negative Bewertung parlamentarischer Debatten teile ich in dieser Pauschalität nicht. Auch Ihr Vorwurf, dass Politiker das Handtuch werfen, kommt mir etwas schizophren vor. Erst weist man Politiker darauf hin, dass sie viel zu lange an ihren Sesseln kleben, und jetzt hält man ihnen vor, dass sie schon nach zwölf Amtsjahren oder wie vielen auch immer sich aus dem Staube machen. Für mich zeichnet es einen weisen Menschen aus, dass er die Dinge verlässt, bevor die Dinge ihn verlassen. Keine von diesen Personen hat doch ihr Amt hingeschmissen.

Yogeshwar Köhler hat schon hingeschmissen.

Töpfer Na ja, aber diejenigen, die politische Funktionen ausüben, sind auch nur Menschen. Bei ihnen kommen Reaktionen vor, die vergleichbar sind mit denen, die im täglichen Leben vieler anderer Menschen genauso geschehen. Politiker erleben Brüche und werden mit Fragen konfrontiert, in denen sie sich nicht wiederfinden. Wenn ein Roland Koch, ein Peter Müller oder ein Ole von Beust sagen, sie hätten ihren Job lange genug gemacht, und sie kündigen früh genug an, dass sie ab einem bestimmten Zeitpunkt nicht mehr verfügbar sind, dann kann ich nichts Verwerfliches daran finden.

Yogeshwar Aber die Rezeption dieser Rücktritte ist spannend. Keiner hat es gesehen wie Sie, dass es auch weise sein könnte zu gehen. Immer hieß es nur, da ist wieder einer, der das politische Establishment verlässt und die Tür hinter sich zuknallt.

Töpfer Ich habe großen Respekt vor den Menschen, die für vier und acht Jahre in die Politik gehen und danach wieder etwas anderes machen wollen. Eine solche Entscheidung halte ich für sehr sinnvoll, denn nur so gibt es einen Austausch. Es wird bei uns nicht gerade wenig darüber geklagt, die Durchlässigkeit von Politik zu Wissenschaft und Wirtschaft sei viel zu gering, die Karrierewege in beiden Bereichen seien vollkommen verschieden.

Yogeshwar Doch auch wenn man das so kommunizierte, wie Sie vorschlagen, es ist in den Köpfen der Menschen, dass sich der Betreffende nicht dem vorhandenen Konflikt stellt, sonst wäre er ja nicht abgehauen. Beispiel Köhler: Bei vielen Menschen ist hängen geblieben, dass der ehemalige Bundespräsident gekränkt war, weil er für seine Äußerungen scharf und womöglich unfair kritisiert wurde. Und dann sagte er, ich lasse mich nicht so in diesem Amt behandeln – und ging. Genau das ist für mich ein Indiz dafür, dass es uns an einer Kultur des Klärens, des Reflektierens und des daraus folgenden Entscheidens fehlt. Stattdessen tun wir so, als hätten wir Diskussionssendungen im Fernsehen, obwohl sie in Wahrheit Theaterstücke sind, in denen die Rollen schon vorher feststehen und in denen die Dramaturgie nicht nach dem Inhalt, sondern nach dem Potenzial an Polemik konzipiert wird.

Töpfer Gehen wir unseren Weg ein Stückchen zurück. Wir haben gesagt, dass die Zusammenhänge immer komplexer werden, es ständig schwieriger wird, die Menschen so weit zu informieren, dass sie wirklich sachverständig mitdiskutieren können. Wir waren beide der Ansicht, dass es deswegen umso wichtiger wird, Vertrauen in einige Persönlichkeiten zu haben. Und wir haben festgestellt, dass sich unsere Diskussionskultur mehr und mehr innerhalb bestimmter Zirkel abspielt, mit der Konsequenz, dass dieses Verhalten auch im Parlament zu beobachten ist. Es gibt einige Parlamentarier, die sich für Energie interessieren und deshalb für die Fraktion diese Arbeit erledigen. Sie werden Mitglied in einem entsprechenden Ausschuss, werden Sprecher für diesen Politikbereich. Dafür haben diese Abgeordneten zum Beispiel in der Sozialpolitik keine besonderen Kompetenzen. Andere Kolleginnen und Kollegen erfüllen diese Aufgaben – eine Vorgehensweise, die nicht nur typisch ist für Parlamente. Man kann nicht erwarten, dass sich sämtliche Mitglieder einer Fraktion mit der Energiefrage in aller Detailliertheit beschäftigen, auch wenn dies eigentlich notwendig wäre. Insofern ist die Kombination von Vertrauen und ...

Yogeshwar ... Kompetenz.

Töpfer Ja, auch Kompetenz. Diese ist von großer Bedeutung und Grundlage für Respekt und Vertrauen. Ist dabei ein Defizit festzustellen, dann liegt es daran, dass wir uns für viele Dinge nicht genügend Zeit lassen können. Eine Diskussionskultur kostet Zeit. Dazu ein Erlebnis vom Anfang meiner Tage in Afrika. Ich hatte die afrikanischen Umweltminister gebeten, nach Nairobi zu kommen. Ich wollte sie kennenlernen, in Erfahrung bringen, wie sie mit den verschiedenen Problemen ihrer Länder umgehen, ihnen mein Denken darlegen. Da es mein erstes größeres Zusammentreffen mit afrikanischen Politikern war, bereitete ich mich sehr gründlich vor, mit einem tollen Ablaufplan, Flipcharts und allem, was man mal gelernt hat, um eine solche Tagung zum Erfolg zu führen. Als die Sitzung begann, stellte ich den sicherlich recht straffen Zeitplan vor, wobei es mich äußerst nervös machte, dass inmitten dieser afrikanischen Ministerrunde jemand saß, der ständig lächelte. Schließlich sprach ich ihn daraufhin an: «Warum lächeln Sie die ganze Zeit?» Er antwortete: «Wissen Sie, es gibt einen Unterschied zwischen Europäern und Afrikanern. Ihr in Europa habt die Uhr, wir in Afrika haben die Zeit.» Ich musste diesem Mann zustimmen. Die Afrikaner hatten eine Diskussionskultur, die nicht in einen genauen Ablaufplan einzupassen war.

Mit einer sehr klugen Afrikanerin aus Tansania, die zu meiner Zeit in Nairobi das Siedlungsprogramm der UN leitete, bekam ich mich deswegen auch noch in die Haare. Als ich Anna die Vorteile von geheimen Wahlen auf kommunaler Ebene zu erklären versuchte, protestierte sie heftig: «Wir wollen keine geheimen Wahlen. Wir wollen die Themen, die die Kommunen betreffen, offen ausdiskutieren. Wir wollen dazu beitragen, dass möglichst viele Menschen bei den Entscheidungen mitgehen.» Daraufhin meinte ich: «Anna, ist es nicht so, dass dein Mann dir sagt, was du zu tun hast?» Mit Entsetzen blickte sie mich an: «Du kennst die Rollenverteilung von Mann und Frau in Afrika nicht im Geringsten.» Was ich sagen will: Wir müssen uns Zeit nehmen und die Probleme ausdiskutieren. In Afrika wird das gemacht, wir nennen das gern etwas naserümpfend «palavern». Einige wagen sogar die Behauptung, dass die Afrikaner, weil sie so viel palavern, genau da sind, wo sie jetzt sind.

Yogeshwar Zeit ist in der Tat entscheidend für die Qualität der Diskussion, da kann ich Ihnen nur zustimmen. Doch betrachtet man den Zeithorizont der Politik, so wird er geprägt von Wahlen und Wahlkampf. In der Wirtschaft sind es Quartalsberichte. Das führt notgedrungen zu einer sehr kurzfristigen Perspektive. Die schnellen sichtbaren Erfolge sind überlebenswichtig, und damit bleibt die langfristige Perspektive auf der Strecke.

Inzwischen bezweifle ich sogar, ob es überhaupt noch um Sachfragen geht. Im Kontext der Fernsehsendung *Die große Show der Naturwunder* haben wir einmal ein interessantes Experiment gemacht, und zwar zeigten wir Kindern Porträts von Politikern auf Wahlplakaten. Die Kinder wussten nicht, was für eine Politik die abgebildeten Personen vertraten, sie sollten nur entscheiden, wem sie die Kapitänsmütze aufsetzen würden. Die Politiker selbst kandidierten bei den verschiedensten Wahlen, so bei der Parlamentswahl in Portugal, bei Kommunalwahlen in Frankreich, sogar bei einer Bürgermeisterwahl in Thüringen. Bei diesem Experiment stellten wir fest, dass die Kinder zu 79 Prozent richtig lagen, dass ihre Wahl auf diejenigen fiel, die in der Realität auch gewonnen hatten. Was bedeutet, dass der erste visuelle Eindruck, den ein Wahlplakat hinterlässt, offensichtlich für den Ausgang der Wahl mehr Gewicht hat als differenzierte Aussagen über Wege, die man gehen möchte.

Töpfer Darauf hatte ich bereits hingewiesen. Sie erinnern sich aber, dass ich gerade Diskussionskultur eingefordert habe?

Yogeshwar Ja, aber ich frage mich: Ermöglichen die Spielregeln des politischen Establishments den richtigen Raum für diese Diskussionen, oder brauchen wir nicht andere Ebenen, unabhängig von Wahlkämpfen, Wahlterminen, Talkshows, Wahlprognosen und Wahlergebnissen? Denn dann könnte man es sich erlauben, auch Thesen auszusprechen, die man sonst verschweigen müsste, weil sie als wahlschädigend gelten.

Töpfer Die Ethikkommission war ja ein solch neues Instrument, eine Konsequenz aus der bisherigen Diskussionskultur. Nirgendwo war sie rechtlich verankert, genauso wenig wie das, was Heiner Geißler in Stuttgart gemacht hat. Der Präsident des Bundesverfassungsgerichts, Andreas Voßkuhle, hat dies hinreichend zum Ausdruck gebracht und recht kritische Anmerkungen dazu gemacht. Eigentlich basiert unsere gesamte Gesellschaft auf streitschlichtenden Rechtsprechungen, auf dem Grundsatz *rule of law*. Mit Verfahren, die vorher gesetzlich festgelegt wurden, diskutiert man ein Projekt, eine Investitionsmaßnahme, bis ein letzter Schiedsspruch gefällt wird, mit dem auch die Streitpunkte endgültig geschlichtet sein sollten.

Immer häufiger merken wir, dass dieses Prinzip offenbar nicht mehr richtig funktioniert. Ein rechtlich nicht verankerter Mediator wird tätig, eine Kommission. Sie übernehmen die Aufgabe, bei einem schon erfolgten Abschluss eines Genehmigungsverfahrens die Verwerfungen innerhalb der Gesellschaft aufzuarbeiten. Ich finde dies sehr sinnvoll, wobei ich nur gern sähe, dass ein Mediator schon früher eingesetzt würde, parallel zu wichtigen Entscheidungen und nicht erst dann, wenn es fast schon brennt.

Yogeshwar In Dänemark und in den Niederlanden gibt es Bürgerkonferenzen, um die Menschen mehr an politischen Entscheidungsprozessen zu beteiligen, besonders dann, wenn es um kritische Themen geht. Ich kann mich erinnern, dass Jürgen Trittin, da war er noch Bundesumweltminister – Ihr Enkel, stimmt das …?

Töpfer Richtig, der Enkel.

Yogeshwar Jedenfalls ging es in einer Gesprächsrunde, die das Bundesumweltministerium organisiert hatte, um das Thema Elektrosmog. Hierbei gab es auf der einen Seite Bürger, die sich dagegen wehrten, überall Handymasten aufzustellen, man wisse schließlich nicht, welche gesundheitlichen Auswirkungen das habe. Auf der anderen Seite standen die Betreiber der Masten, die natürlich bestritten, dass man deswegen zum Beispiel Schlafstörungen haben könne. Das Büro von Jürgen Trittin fragte mich, ob ich diese Diskussion moderieren würde. Im ersten Moment hatte ich keine große Lust, doch wir einigten uns darauf, die gesamte Veranstaltung in Form eines Bürgerforums zu organisieren.

Der Umweltminister unterstützte diesen Ansatz, und das Verblüffendste, was für mich dabei herauskam, war der eindeutige Mangel an gegenseitiger Information. Durch die klare Gesprächsführung wurden die Ängste, Zweifel und auch die Hoffnungen beider Parteien erfasst. Die Betreiber begriffen endlich, worin die Skepsis einiger Menschen begründet war, und die Mobilfunkgegner spürten, dass sie dabei ernst genommen wurden. Ich erinnere mich noch genau an verschiedene Situationen, bei denen das Informationsdefizit offensichtlich wurde und verständliche Ängste durch Transparenz, Offenheit und einen gegenseitigen rücksichtsvollen Umgang miteinander ausgeräumt werden konnten. Plötzlich ging es um Fakten und nicht um Glaubenskriege. Die spannungsgeladene Atmosphäre des Anfangs löste sich auf, und aus einem Gegeneinander wurde ein Miteinander. Das Feedback beider Seiten war positiv – und die Bürgerkonferenz wurde ein Erfolg. Natürlich gab es auch ein paar Unbelehrbare, die nie umdenken, weil sie sich so definieren.

Töpfer Das ist es, was Heiner Geißler mit dem Fakten-Check meint: Wir sollten uns zu einem Verfahren verpflichten, bei dem nur die Fakten eine Rolle spielen, nicht die Meinungen zu Fakten.

Yogeshwar In den USA gab es im Kontext der ersten Aids-Kampagnen den Spruch «*Fight the fear with the facts* – Bekämpfe die Angst mit den Fakten.» Doch Fakten brauchen den Kontext. Es gibt einen Unterschied zwischen Daten und Information und einen weiteren zwischen Information und Wissen. Einst war ein Mehr an Information gleichbedeutend mit einem Mehr an Demokratie. Doch im Moment erleben wir, dass ein Mehr an Information dazu führt, dass wir aufgrund einer verwirrenden Vielfalt von Daten entweder an ihnen ersticken oder in ihnen ertrinken. Mit anderen Worten: Letztlich haben wir vor lauter Fakten überhaupt keine Ahnung mehr. Wir brauchen dringend die Filter, die Ordner, die Fokussierer.

Töpfer Was uns zu der Einsicht führt, dass der Daten-Check, die Frage des Filterns, immer wertgebunden ist. Aus diesem Grund ist Transparenz so notwendig: Denn die Person, die als Mediator eingesetzt wird oder in einer Ethikkommission Sichere Energieversorgung mitarbeitet oder dieser vorsitzt, beeinflusst möglicherweise, welches Ergebnis am Ende formuliert wird. Natürlich hat man das auch unserer Kommission vorgehalten, und auf diesen Vorwurf konnte man nur entgegnen, indem man auf die Vielfalt und die Unabhängigkeit der siebzehn Teilnehmer verwies.

Yogeshwar So komisch das klingen mag, aber ich habe sogar Personen aus dem Bereich der Energiewirtschaft getroffen, die dazu in der Lage waren, Interessen abzugleichen und ehrlich und kompetent zu argumentieren. Insofern ist es mir zu einfach, wenn gesagt wird: «Der kommt aus der und der Ecke, und deshalb wird er auch eine ganz bestimmte Haltung vertreten.»

Töpfer Aber nach welchen Kriterien werden Gremien im Allgemeinen personell besetzt? Im parlamentarischen Bereich spiegeln sie die Mehrheiten im Parlament wider. Bei Kommissionen, die von einer Regierung einberufen werden, ist diese Wahrscheinlichkeit, wenn nicht gar diese Gefahr, ebenfalls gegeben und wird in der Öffentlichkeit fast diskussionslos unterstellt. Die meisten haben eine bestimmte Haltung, die sie auch während der Arbeit im Gremium oder Untersuchungsausschuss nicht ändern. In der Öffentlichkeit verstärkt sich dadurch die Meinung, dass diejenigen, die eine Mehrheit bilden, sich am Ende auch mit ihrer Auffassung durchsetzen, den Ausgang bestimmen. Ansichten von Minderheiten haben in diesen festgefahrenen Strukturen keine Chance.

Yogeshwar Gremien sollten sich also nur auf einen einzigen Konsens verpflichten, nämlich den, dass man erst durch die Arbeit mit den Fakten, durch das hinzugewonnene Wissen, durch Kompetenz und Einsicht zu einer Haltung kommen darf. Aber das würde eine völlig andere Kultur bedeuten, eine, die es erlaubt, im Prozess der Urteilsbildung, bedingt durch eine Vermehrung von Kenntnissen, auch seine Meinung zu verändern, ohne dadurch das Gesicht zu verlieren. Doch eine solche Kultur haben wir nicht in Deutschland.

Töpfer Konrad Adenauer schreibt man den Satz zu: «Was kümmert mich mein Geschwätz von gestern.» Wenn sich die Rahmenbedingungen ändern, wäre es schlimm, wenn ich meine Meinung, meine Bewertung eines Problems nicht den neuen Erkenntnissen anpassen kann. Nur so ist doch auch zu begründen, warum einige, die vorher für die Kernenergie eingetreten sind, jetzt möglicherweise nicht mehr dahinterstehen.

Yogeshwar Was mich interessieren würde: Gab es persönliche Erfahrungen, durch die sich Ihre Haltung zur Atomenergie veränderte?

Töpfer Natürlich hat Tschernobyl dazu beigetragen, dass ich mich anders mit AKWs beschäftige, doch das traf ja nicht nur auf mich zu, sondern auf eine Vielzahl von Menschen. Aber noch heute bin ich der Meinung, dass sich derartige Kraftwerke sicher betreiben lassen, sicher in der Hinsicht, dass man Frühwarnsysteme für alle möglichen Risiken einkalkuliert, um entsprechende Handlungsmöglichkeiten zu haben. Was mir immer fehlte, war ja die Alternative. Wie können wir auch ohne Kernkraftwerke eine sichere Energieversorgung gewährleisten, die wettbewerbsfähig wie auch ökologisch verantwortbar ist?

Ob Tschernobyl oder Fukushima, immer wieder war zu erkennen, wie sehr wir uns von der Atomenergie abhängig gemacht haben. Das ist für eine Gesellschaft sehr belastend. Da Sie im Forschungsinstitut in Jülich gearbeitet haben, werden Sie das nachvollziehen können. Man kann sich sehr lange mit mir darüber unterhalten, ob es sinnvoll war, die Entwicklung des Schnellen Brüters in Angriff zu nehmen und voranzutreiben, wie es nun in der unvollendeten Ruine in Kalkar zu besichtigen ist. Ebenso ist für mich die Frage sehr offen, ob der im Bau befindliche Hochtemperaturreaktor nicht anders hätte behandelt werden müssen, ob das Abschalten dieses THTR-300 in Hamm-Schmehausen, der nach einem Versuchsreaktor in Jülich gebaut wurde, der Weisheit letzter Schluss war.

Yogeshwar Ich erinnere mich gut an diese Phase. Da gab es einen gewaltigen Unterschied zwischen beiden Konzepten: Der Schnelle Brüter war eine hochriskante Technologie, passte aber in das Gesamtbild der Kernenergielobby. Der Hochtemperaturreaktor von seinem Erfinder Rudolf Schulten gehörte hingegen zu den sichersten Konzepten der Kernenergie, wurde jedoch auf dem Altar der Interessen der Energiekonzerne geopfert. Das war bitter!

Töpfer Ich bin keineswegs der Ansicht, dass der Ausstieg aus der Kernenergie zugleich beinhalten sollte, aus der Forschung auf diesem Gebiet auszusteigen. Dies hat die Ethikkommission auch genau so gefordert. Sie ist dafür von niemandem kritisiert worden. Wir dürfen nicht vergessen, dass weltweit noch über vierhundert AKWs betrieben werden. Allein deswegen müssen wir in Deutschland vermeiden, dass es zu einem Fadenriss in dieser Technologie kommt. Dies gilt verstärkt mit Blick auf die hoch radioaktiven Abfälle. Wir sehen, dass es überall auf dem Globus Sicherheitsfragen zu Kernkraftwerken zu beantworten gibt. Allein aus diesen Gründen dürfen wir uns in der Forschung nicht gänzlich von der Kernenergie entfernen. Gegenfrage – wie war denn Ihre Einstellung zur Kernenergie?

Yogeshwar Als ich Anfang der achtziger Jahre nach Jülich kam, konnte man einfach in den Versuchsreaktor hineinspazieren. Es gab keinen Sicherheitszaun, auch eine Sicherheitsperson war weit und breit nicht zu entdecken. Man grüßte den Pförtner, nahm sein Dosimeter, zog Kittel und Überschuhe an und betrat den Reaktor. Und dann erlebte ich, wie die Kernenergie plötzlich zu einem Hochsicherheitsthema in diesem Forschungszentrum wurde: Sperrzäune und Sicherheitsschleusen wurden errichtet, Wachmannschaften patrouillierten entlang der Sicherheitsbereiche. Für uns frei denkende Wissenschaftler war das eine absurde Umstellung. Plötzlich standen alle Mitarbeiter unter einer Art Generalverdacht. Es kursierte die Vokabel des «Innentätermodells».

Die Forscher sollten plötzlich im Vorfeld besonders überwacht und kontrolliert werden, denn im Prinzip könnte ja jeder von uns einen Anschlag planen. 1982 gab ich hierzu mein erstes Fernsehinterview in dem Magazin *Report Baden-Baden*, denn auch Mitarbeiter an anderen Standorten waren davon betroffen.
Dies zu erleben war für mich spannend, weil ich bis zu diesem Zeitpunkt noch keine politische Haltung zur Atomenergie hatte. War sie nun gut oder schlecht? Ich wusste es nicht. Zwar war es damals Mode, mit einem «Atomkraft? Nein danke»-Button herumzulaufen, die Gegenseite konterte mit dem Button «Atomkraft – Ja bitte!», doch auf so einen simplen Nenner konnte ich meine Meinung nicht bringen. Dieser extreme Sicherheitsapparat ließ mich spüren, dass die Kernenergie eine gefährliche Kontrolle und Überwachung der Bürger mit sich bringt – und das lehnte ich ab. Und dann gab es zwei weitere Schlüsselerlebnisse. 1982 fand in Spanien die Fußball-Weltmeisterschaft statt. Die Spiele wurden im Fernsehen übertragen, und mitten im Reaktor, in der Warte, hatten die Kollegen ebenfalls ein Fernsehgerät aufgestellt! Immer dann, wenn ein Tor fiel, ertönte eine Hupe. Wir verließen unsere Experimente, liefen in den Kontrollraum und sahen uns die Wiederholung des Tors an. Allein die Tatsache, dass es einen Fernseher in einem damals noch aktiv laufenden Reaktor gab, konnte kaum als in Ordnung betrachtet werden. Wäre das nach draußen gedrungen, man hätte von einem Skandal gesprochen. Aber es zeigte mir, dass Menschen, dass wir alle uns nicht von der Technik einsperren lassen. Auch wenn eine sensible Technologie größte Disziplin abverlangt, ist es eine Illusion, zu meinen, dass Menschen sich daran halten. Das kann nicht funktionieren. Selbst nicht in einem Land wie Deutschland.
Was mich zu meinem nächsten Erlebnis führt: Es gab zum Teil gesetzliche Verordnungen über den Transport radioaktiver Substanzen von A nach B. Diese waren in ihrer Handhabung so büro-

kratisch und komplex, dass zu beobachten war, wie sie allein aus pragmatischen Gründen mehrfach unterlaufen wurden. Auf dem Papier mögen manche Sicherheitsabläufe richtig und schlüssig erscheinen, doch die Realität sieht oft anders aus. Auch hier wurde mir deutlich, dass das System Atomenergie eine so strikte Kontrolle von Arbeitsabläufen verlangt, die auf Dauer kaum umsetzbar sind. Trotz aller Software und aller Steuerungssysteme, trotz aller Vorkehrungen und Abläufe wird diese Technologie immer noch von Menschen betrieben. Das war dann auch das Hauptargument, das sich meine Meinung dahingehend änderte, dass ich schließlich zum Kritiker der Kernenergie wurde. Wenn das Fehlverhalten eines einzigen Menschen, wie es ja in Tschernobyl der Fall war, zu einer gigantischen Katastrophe führen kann, dann ist das Risiko einfach zu groß. Das Verhältnis von Ursache und Wirkung hat in der Kernenergie die Grenze des gesellschaftlich Vertretbaren überschritten.

Töpfer Das ist exakt der Ansatz, den wir nach Fukushima in der Ethikkommission genutzt haben. Es ging nicht um die Frage, ob die auslösenden Faktoren, die zur Katastrophe in Japan geführt haben, auch bei uns eintreten könnten. Es war die Erkenntnis, dass man auslösende Faktoren grundsätzlich nicht ausschließen kann, die eine in der Sicherheitsauslegung des Kernkraftwerks nicht bedachte katastrophale Konsequenz haben könnten. Glücklicherweise haben wir die Alternativen so weit entwickelt, dass wir aussteigen können. Ein Nichtausstieg bei einer derartigen Alternative wäre ethisch nicht verantwortbar.

Yogeshwar Entschuldigen Sie, wenn ich hier insistiere. Wir hatten schon gesagt: Entscheidend ist nicht der Ausstieg aus der Kernenergie, sondern der Einstieg in die Energiewende. Und das heißt auch, dass wir den Einstieg nicht allein mit dem Ausstieg begründen sollten. Wie können wir die Energiewende neu justieren? Für mein Gefühl kreisen wir die ganze Zeit um die Frage: Reicht es aus, wenn wir beim alten, aus den Zeiten der Industrialisierung stammenden Betriebssystem dieser Gesellschaft bleiben und nur das eine oder andere Detail nachbessern? Oder geht es um etwas Fundamentaleres? Das meine ich jetzt nicht ideologisch, nicht im Sinne eines Klassenkampfes.

Für mich stellt sich das folgendermaßen dar: Wir haben ein System, welches darauf aus war, den Ressourcenverbrauch zu steigern, ein System, bei dem die Vokabel «Wachstum» unglaublich wichtig ist. Jetzt stehen wir vor der Herausforderung, dass die Ressourcen endlich sind. Es gibt einige, die sagen, jetzt entwickeln wir eine andere Technologie, um immer noch bei demselben System zu bleiben. Ich sage dazu Nein. Auf Dauer, und da können wir möglicherweise die Dinge genauer betrachten, werden wir unweigerlich zu der Erkenntnis kommen, dass dieses System grundlegend verändert werden muss, natürlich unter Einbeziehung des *Homo sapiens* mit all seinen Fehlern und Eigenarten. Es kann nicht nur darum gehen, eine Technik zu verändern und dabei den Status, die Spielregeln, das Betriebssystem zu erhalten.

Töpfer Dazu habe ich gleich eine Rückfrage: Sie sagen, es muss so etwas wie eine kulturelle Revolution geben, ein anderes Denken, eine andere Vorstellung davon, wie sich menschliches Leben entwickeln soll. Beschreiten wir, global gesehen, aber nicht bereits sehr deutlich einen Weg heraus aus der Monopolisierung unserer Entwicklungsvorstellungen? Dadurch, dass andere Entwicklungsvorstellungen, verbunden mit Tradition, mit kultureller, religiöser oder ethnischer Identität, eigentlich so etwas wie eine Veränderung der Globalisierungskoordinaten mit sich bringen. Deshalb meine Frage an Sie: Ist Ihrer Meinung nach eine solche kulturelle Revolution eher in den hoch entwickelten Industrieländern des Westens zu erwarten, oder werden diese grundsätzlichen Veränderungen nicht in hohem Maße auch mit dem Bedeutungsgewinn anderer Weltregionen selbstbewusst durchgesetzt?

Yogeshwar Sie hatten Gandhi erwähnt, der sich zur westlichen Kultur geäußert hat. Aber wir dürfen nicht darauf warten, dass schließlich andere uns vorgeben, wie wir zu leben haben. Plötzlich könnten ja auch die klugen Chinesen uns Direktiven geben ...

Töpfer Ich will nur ganz gerne Ihre Meinung dazu wissen.

Yogeshwar Erlauben Sie, dass ich meine Antwort in Frageform kleide? Wie viel CO_2 braucht ein Mensch zum Glück? Wie viel CO_2 muss er ausstoßen, um zufrieden zu sein? Wie viele ...

Töpfer Halt, ein Hinweis! Ich hoffe, er hat einen kulturellen Bezug. Sie haben von Ihrem Großvater und seiner mobilen Bibliothek gesprochen. Ihrem Großvater wäre es fremd gewesen, seine Bedeutsamkeit aus dem Materiellen abzuleiten, und auch bei uns kommen immer mehr Menschen auf die Idee, dass die lange als unrealistische Vision angesehenen Forderungen nach einem Grundeinkommen womöglich gar nicht so falsch sind. Wer mehr Geld zur Verfügung haben möchte, könnte nach diesen Überlegungen zusätzliche Leistungen erbringen, könnte seine Zeit mehr für den Gelderwerb einsetzen. Aber trauen wir unserer Gesellschaft einen solchen Veränderungsprozess zu, ist er ökonomisch und sozial umsetzbar, können nicht auch Ansätze und vor allem Widerstände aus der globalisierten Welt erwartet werden?

Damit wir uns recht verstehen: Ich selbst bin, was das Letztere betrifft, sehr skeptisch. In Amerika haben wir Hollywood, in Indien Bollywood. Mein indischer Freund Ashok Koshla, Vorsitzender des «Club of Rome» und sozial höchst engagiert, hat mir vor kurzem gesagt, dass in Indien die Entwicklung hin zum westlichen Lebensstil und Konsumverhalten bereits unumkehrbar in Fahrt gekommen ist. Bollywood spiegelt offenbar die Überzeugung wider, ein eigenes kulturelles Verständnis einzubringen, aber in einer Form, die schon an anderer Stelle, eben im Westen, existent ist. Die Beispielkraft westlicher Lebens- und Wohlfahrtstandards ist gewaltig. Ob wir beide es wollen oder nicht, dieser Lebensstil wird überall auf der Erde als erstrebenswertes Modell angesehen.

Yogeshwar Sie überlegen, ob wir überhaupt in der Lage sind, unser Denken zu verändern. Ich erinnere mich noch, als meine Eltern von Indien nach Luxemburg zogen, das war zu meiner Gymnasialzeit, Ende der sechziger Jahre. Unter den Jugendlichen in Europa gab es eine große Bereitschaft, sich mit gesellschaftlichen und politischen Fragen auseinanderzusetzen. Europa war damals nicht nur eine ökonomische Idee, es ging über einen Finanzausgleich hinaus. Dieses Interesse an gesellschaftlichen und politischen Dingen kann ich im Moment nicht sehen. Die jungen Menschen von heute scheinen viel stärker konsumorientiert zu sein. Das erlebe ich bei meinen eigenen Kindern ...

Töpfer Also würde Ihre Antwort hinsichtlich eines veränderten gesellschaftlichen Denkens in einem «Nein» bestehen?

Yogeshwar Aktuell sind wir dazu nicht in der Lage.

Töpfer Das klingt fast wie eine politische Antwort.

Yogeshwar Aber ich gehe davon aus, dass es nicht so bleiben wird. In Ländern wie Spanien und Portugal gibt es eine hohe Jugendarbeitslosigkeit, das ist ein Nährboden, ein schwelendes Feuer, das durchaus zu brennen anfangen kann. Und irgendwann sagen sich auch die deutschen Jugendlichen: «Wir wollen das alles hier nicht mehr.»

Töpfer Irgendwann! Die Frage ist doch: Sollten Politik und Gesellschaft nicht darum bemüht sein, geeignete Rahmenbedingungen für diesen Wandel zu schaffen? Diese Änderungen setzen sich in der Zukunft durch. Der bemerkenswerte Aufstieg der «Piratenpartei» ist ein solches unübersehbares Signal. So freut und beunruhigt es mich zugleich, dass Sie sagen, eine solche Entwicklung braucht Zeit. Auch ich beobachte, dass die jungen Menschen heute fast noch materiell interessierter sind, als es ihre Eltern ohnehin schon waren. Eine andere Entwicklung wird nur möglich, wenn es eine Motivation gibt, einen Antrieb, etwa große visionäre Programme.

Ernst Bloch hat eine Unterscheidung zwischen abstrakter und konkreter Utopie herausgearbeitet. Die abstrakte Utopie ist dadurch gekennzeichnet, dass sie ferne, nicht die aktuellen Entscheidungen motivierende Ziele hat. Abstrakte Utopie wird damit zu einem Alibi für aktuelles Handeln, wird nicht fruchtbar. Helmut Schmidt hat einmal etwas Ähnliches gesagt, als er meinte, dass man Visionen als Fluchtpunkte missbrauchen könne, um sich den Mühen aktueller Grundprobleme, die bewältigt werden müssen, zu entziehen. Bloch, der kluge Philosoph, unterstrich die Bedeutung der konkreten Utopie, die von dem geleitet wird, was latent vorhanden ist, was nicht außerhalb jeglicher Reichweite ist. Es ging ihm nicht um das Bessere von Überübermorgen, sondern um ein Handeln auf der Basis dessen, was vorhanden ist. Viele Beispiele habe ich in meiner politischen Arbeit für den Satz gefunden: «Damit wir das Beste von morgen nicht verpassen, tun wir das Gute heute nicht, sodass das Schlechte von gestern bleibt.»

Die konkrete Utopie ist für mich auch wichtig bei der Energiewende. Lassen wir sie in eine abstrakte Utopie abgleiten, erzielen wir genau das Gegenteil, denn die Menschen könnten eine solche als viel zu risikobehaftet und zukunftsfern ansehen. In einer konkreten Utopie hingegen lassen sich Veränderungsprozesse auch tatsächlich verankern, werden Strategien zur Veränderung realistisch und glaubwürdig.

Yogeshwar Jede Veränderung muss konkret sein. Doch wie können wir uns die Veränderung vorstellen? In Form einer Kontinuität – von einem System ins andere, vom Nichtnachhaltigen ins Nachhaltige? Oder werden wir einen Bruch erleben? Brüche sind immer gefährlich, sie stehen stellvertretend für Konflikte, Krisen. Finanz-, Ressourcen-, Glaubenskriege.

Töpfer Kommen wir noch mal zum Ausgangspunkt zurück: Werden die unumgänglich notwendigen Veränderungen aus dem westlichen Denken heraus passieren oder aus anderen kulturellen und religiösen Zusammenhängen? Fordert man hier und heute in Deutschland mit voller Überzeugung die Energiewende, scheint es, als wäre man – und das meine ich jetzt nicht im negativen Sinn – fundamentalistisch. Man kann fast sagen: gläubiger als andere. Überhaupt werden wir im Westen mehr Gegenreaktionen bekommen, sowohl in die eine wie in die andere Richtung. Dazu braucht man sich in Amerika nur die Fundamentalisten der Tea-Party-Bewegung anzuschauen, durch die das Land nach rechts rückt.

Yogeshwar Kann man Tea Party und Energiewende miteinander vergleichen? Ich würde es nicht tun. In Teilen hat auch der Islam und haben ebenso andere Religionen eine Form von Fundamentalismus erreicht, was für mich ein Hinweis darauf ist, dass sich hier die Verlierer des Fortschritts versammeln. Das trifft nun auf die Energiewende gerade nicht zu.

Töpfer Aber darum geht es doch: Der Fortschritt wird nicht von allen erlebt, aber es besteht die Erwartung, ihn zu erreichen. Ich will die beiden Bewegungen auch nicht in einen Sack stecken und schon gar nicht draufprügeln. Aber ich möchte deutlich machen, dass Fundamentalismus – oder auch Radikalität – nicht nur Negatives beinhaltet. Meist verbinden wir damit etwas Unvernünftiges, eine Antiaufklärung, etwa dass in einigen Bundesstaaten der USA die wissenschaftlichen Grundlagen von Darwin nicht gelehrt werden dürfen.

Ist das der Punkt, von dem aus die Änderung innerhalb des vorhandenen Systems erfolgt, oder ist es doch ein anderes Verständnis vom Menschen, wie es vielleicht Meditation und Yoga oder auch andere, sagen wir spirituelle Praktiken lehren? Und die zugleich auch so etwas wie Brücken zwischen Ost und West beziehungsweise Nord und Süd darstellen? Anders gesagt: Kann man so etwas erwarten wie eine kulturelle Verschmelzung? Dann käme man nicht zu Brüchen, sondern zu Entwicklungen – und ich betone hier die Mehrzahl –, zu nachhaltigen Entwicklungen. Diese Vorstellungen sind außerordentlich reizvoll, weil es dadurch auch zu einer wechselseitigen Attraktivitätssteigerung kommen kann.

Yogeshwar Wenn nicht irgendwann Menschen aus dem Westen nach Indien gegangen wären, wenn nicht etwa die Beatles dieses Land aufgesucht hätten, dann wären Ayurveda und Yoga womöglich in Indien selbst verkümmert. Weil Indien aber auf einmal zu einem Land mit tollen exotischen Ideen wurde, ließen wir es zu, dass man Deutschland auf ein Land mit einer tollen Wirtschaft und einer tollen Technologie, vielleicht sogar noch einem tollen Wachstum reduzierte. Die westliche Kultur wurde zum Synonym wirtschaftlicher Prosperität, doch in unserer westlichen Kultur findet sich ein wahres Füllhorn an Bereicherungen: unsere Musik, die Literatur, die Philosophie. Der Westen ist auch die Heimat großartiger Denker, er ist die Wiege einer reichen Zivilisation und nicht nur der Ort gefüllter Supermarktregale. Wir haben zunehmend akzeptiert, dass andere Komponenten, die ebenfalls zu unserem Leben gehören, nicht mehr so wichtig waren. Bildlich gesehen, blichen sie geradezu aus. Und auf dieses Ausgeblichene könnte man sich ja mal wieder konzentrieren.

Töpfer Das heißt: Wir müssen wieder Freiräume für kulturelle Identitäten schaffen, da sie gerade auch in Zeiten der Globalisierung zur Stabilität beitragen. Ich bleibe aber hartnäckig: Welchen Beitrag kann die Entwicklung der Technik, die wir ganz sicherlich brauchen, um zehn Milliarden Menschen auf dieser Erde ein sicheres, friedliches Zuhause zu gewährleisten, leisten, damit das zu realisieren ist? Technologien verbinden sich stets mit einem globalen Anspruch ihrer Durchsetzung. Welche Rückwirkungen gehen von diesen Techniken auf Verhalten und Identitäten aus? Das ist für mich die spannende Frage.

7 KONKRET

Es lässt sich vieles ändern

Yogeshwar Energiewende und Klimaproblem werden häufig in einem Atemzug genannt, unter der Annahme, mit der Energiewende verringere sich zwangsläufig der Anteil an CO_2-Emissionen. Wird weniger Energie verbraucht, so die Argumentation, gibt es auch den Effekt einer Entlastung des Klimas. Aus meiner Sicht ist die Klimadebatte aber sekundär, zentral ist die Frage nach den Ressourcen, der Effizienz.

Töpfer Wir müssen uns damit auseinandersetzen, dass die Menschen es nach wie vor als Selbstverständlichkeit betrachten, dass ihnen Strom kontinuierlich zur Verfügung steht, mehr oder weniger billig. Ebenso selbstverständlich ist es für sie, dass sie hoch mobil sind und bleiben. Wie wir schon sagten, könnte man sie natürlich dazu auffordern, ihren Stromverbrauch einzuschränken. Dabei darf aber nicht übersehen werden, dass wir aufgrund der Energiewende eher einen Zuwachs an Stromverbrauch haben werden.

Yogeshwar Sie denken da jetzt sicher an die Elektromobilität.

Töpfer Das ist ein wichtiger Sektor in der gesamten Energiepolitik. Man muss einmal kalkulieren, was es bedeutet, wenn eine Million Autos von traditioneller Technik auf Elektroantrieb umgestellt werden. Es bewirkt, das wurde bereits ausgerechnet, bei gegebenen Rahmenbedingungen hinsichtlich des Stands der Technik und des Verhaltens der Menschen eine Steigerung der Elektrizitätsnachfrage um ein Prozent. Das erscheint auf den ersten Blick wenig, aber würde man sämtliche Fahrzeuge in Deutschland entsprechend umbauen, hätte man bei einer Anzahl von rund fünfundvierzig Millionen Autos eine fünfzigprozentige Erhöhung unserer Stromnachfrage.

Der Tendenz nach wollen wir also weniger Strom verbrauchen – gleichzeitig steigt die Elektrizitätsnachfrage. Die Frage ist jetzt, wie man das kompensiert und aus diesem Dilemma herauskommt. Natürlich ist die Besorgnis groß, dass man eine weitgehend CO_2-freie Energie wie die Kernenergie durch eine CO_2-belastendere Technik ersetzt durch vermehrten Einsatz fossiler Energieträger. Dieser Gedanke ist ja auch in das neue Energiekonzept der Bundesregierung aufgenommen worden. Aus vielen guten Gründen haben wir in unserem Kommissionsbericht vorgeschlagen, dem Gas in der Stromversorgung eine deutlich höhere Rolle einzuräumen. Gas hat den großen Vorteil, dass es mit Abstand die beste relative CO_2-Wirkung hat. Aber es bleibt das Problem, dass man ohne die Kernenergie im Strombereich tendenziell einen CO_2-Anstieg in einer Übergangszeit in Kauf nehmen müsste. Da die Klimaziele der EU vorgegeben sind und Deutschland eine besonders hohe Verpflichtung übernommen hat, ist ein Ausstieg auf Kosten der Klimapolitik nicht akzeptabel.

Yogeshwar Demnach haben wir für die nächsten Jahre eine sehr spannende Grundkonstellation: Gehen wir den Schritt in Richtung Elektromobilität, so ergibt das erst einmal keine besonders positive CO_2-Bilanz. Das heißt, Elektromobilität ist nur dann sinnvoll, wenn wir es schaffen, Strom zu erzeugen, der nicht unsere Umwelt belastet. Ich denke, dass das möglich sein sollte. Normalerweise stellen wir uns bei Elektromobilität vor, dass die konventionellen Verbrennungsmotoren in den konventionellen Autos durch Elektromotoren ausgetauscht werden. Die eigentliche Herausforderung könnte aber darin bestehen, Elektromobilität als

Sprung in eine qualitativ neue, in eine qualitativ andere Mobilität zu begreifen.

Bei Elektromobilität denken viele an das Auto, doch es gibt auch Elektrofahrräder – inzwischen wurden davon in Deutschland über 300 000 Stück verkauft. Sie sind nicht nur auf ältere Menschen zugeschnitten, die physisch nicht mehr in der Lage sind, kräftig in die Pedale zu treten. Immer mehr jüngere Menschen entscheiden sich für ein solches Elektrofahrrad als Alternative zum Auto. Die Konzepte der *urban mobility* greifen weiter, als wir es uns bislang vorstellen. Nirgendwo habe ich auf der Welt so viele Elektroroller gesehen wie in einigen chinesischen Städten, etwa in Schanghai. Ich denke, dass die Menschen ein Gefühl dafür bekommen sollten, dass es um eine wirkliche Veränderung gehen muss, nicht nur darum, unter der Motorhaube ein Aggregat gegen das andere auszutauschen, und dann weiter wie bisher.

Töpfer Solche Transformationsprozesse werden ihre Zeit brauchen, und mehr und mehr werden alte und neue Strukturen nebeneinander existieren und Auswirkungen haben. Insbesondere Ulrich Beck hat diese Parallelität von Veränderungsprozessen, die ohne vehemente Brüche ablaufen, die «Zweite Moderne» genannt. Dieses Konzept ist sicherlich breiter angelegt als von mir hier angesprochen. Dennoch ist es zum Verständnis sehr hilfreich. Die viel stärkere Beteiligung und Einbindung von Bürgern bei Projekten wie «Stuttgart 21» führt keineswegs zu Ablösungen von den rechtlich fixierten, demokratischen Repräsentations- und Beteiligungsverfahren, eher im Gegenteil.

Diese «Zweite Moderne» können wir auch im technischen Bereich verfolgen. Ob wir tatsächlich eine Systemänderung beispielsweise im Sinne einer gänzlich neuen Mobilität in einem überschaubaren Zeitraum realisieren, wird nach meinem Dafürhalten nicht nur eine Frage der technischen Innovationen sein, sondern ebenso davon abhängen, ob wir zu einer Verhaltensänderung bereit sind. In einer Gesellschaft, die immer älter wird, erhält die Frage nach der Sicherheit von Verkehrssystemen eine zunehmend größere Bedeutung. Ich selbst sehe eine Entwicklung, in der das Elektroauto zunächst das Stadtauto sein wird. Das wiederum macht eine enge Abstimmung mit der Stadtplanung zwingend erforderlich.

Im Emirat Abu Dhabi wird Masdar City, eine Ökostadt, gebaut. Diese soll frei von CO_2-Emissionen sein und komplett durch erneuerbare Energien versorgt werden. Diese «CO_2-neutrale Wissenschaftsstadt» ist wiederum sehr individuell in der Bedürfnissteuerung und kaum global zu realisieren. Sie könnte aber einen wichtigen psychologischen Effekt auslösen, könnte ein Labor für neue Lösungsperspektiven sein, sowohl was die zukünftige Forschung als auch was das Verhalten der Menschen angeht. Aber ob wir hier in Deutschland jemals in der Situation sein werden, keinen Ausstoß von Kohlendioxid mehr zu haben?

Yogeshwar Das ist eine dieser großen Fragen ...

Töpfer Da ist es besser, noch einmal bei unserem Strommix und der E-Mobilität anzusetzen, an der Stelle, wie wir Energie erzeugen und wie wir sie nutzen. Das ist nämlich sehr eng miteinander verbunden. Setzen wir in der Zukunft auf E-Mobilität, wird man den ökologischen Effekt nur unter dem Gesichtspunkt einer veränderten CO_2-freien Stromerzeugungskapazität und durch Verhaltensänderungen, wozu auch die Nutzung von Elektrofahrrädern gehören kann, erzielen. Aus eigener Erfahrung im Stadtverkehr Schanghai kann ich sagen, dass sich diese kleinen Dinger durch ihre Lautlosigkeit auszeichnen, aber dadurch auch Probleme machen. Als Fußgänger eine Straße zu überqueren stellt eine größere Gefahr dar. Wie aus dem Nichts tauchen sie auf. Weil sie keinen Krach machen, würde der Stadtraum durch sie tendenziell stiller. Als ich in Schanghai war, sah ich übrigens nicht nur diese Elektrofahrräder. Zur Expo 2010 haben sie auch ihr öffentliches

Verkehrsangebot ausgebaut, mit einem neuen Untergrundbahnnetz, das eine Länge von über vierhundert Kilometern hat. In einer Qualität, die man hierzulande kaum findet.

Yogeshwar Aber selbst in Deutschland lassen sich Veränderungen bemerken. Junge Erwachsene im Alter von zwanzig, dreißig Jahren machen weniger häufig einen Führerschein als frühere Generationen. Sie lassen sich viel stärker auf Konzepte wie Carsharing oder Mitfahrbörsen ein. Noch immer ist das eine kleine Gruppe von Menschen, aber sie haben das Auto nicht mehr als Statussymbol nötig. Sie empfinden diesen kleinen Raum nicht mehr als ihr Zuhause, in dem sie in der Nase bohren dürfen, wenn sie an einer roten Ampel stehen.

Noch etwas Allgemeines zum Thema Pkw. So absurd es erscheint, aber es ist eine Tatsache: Drei Viertel aller Autofahrten sind nicht länger als zehn Kilometer, eine von zehn Touren hat nicht einmal die Länge von einem Kilometer. Überlegt man sich darüber hinaus, dass die Menschen einen nicht geringen Teil des Jahres arbeiten, um ihr Auto zu bezahlen, das zudem noch die meiste Zeit unbenutzt herumsteht, so steigert das noch die Befremdlichkeit. Muss der *Homo sapiens* das Gefühl haben, ständig anderthalb Tonnen durch die Gegend fahren zu können, noch dazu im Alleingang?

Und: Angesichts der Staus in den Mega-Citys wie New York, Bangalore oder Seoul beobachten wir, dass das Auto die stets in der Werbung suggerierte Freiheit verliert. Sieht man im Fernsehen, wie jemand ein neues Auto voller Freude über leere Serpentinenstraßen in der Toskana fährt, so hat das nichts mehr mit der Wirklichkeit zu tun.

Töpfer Die automobile Mobilität führt in die Immobilität, in den Dauerstress.

Yogeshwar Ja.

Töpfer Die Geschwindigkeit im Autoverkehr in der Innenstadt von Peking liegt eher unter als über zehn Kilometer pro Stunde. Dieser Verkehr ist nicht nur mit ökologischen Lasten verbunden, sondern auch mit gewaltigen Kosten. Wir bewegen uns auf ein Urban Millennium zu. Seit 1950 hat sich die städtische Bevölkerung mehr als vervierfacht. Die Zahl der Megastädte wird, vor allem in den Schwellen- und Entwicklungsländern, deutlich zunehmen. Insgesamt ist eine enorme Verstädterung bereits im Gange. In China werden 2030 mindestens 65 Prozent der Menschen in Städten leben. Die nachhaltige Gestaltung von Städten, von großen Agglomerationsräumen, rückt damit in den Mittelpunkt gesellschaftlicher und politischer Herausforderungen.

Dabei wird eine Stadt kaum noch etwas sein, was mit dem Idealtypus einer europäischen Stadt des Mittelalters zu tun hat. Der holländische Architekt und Stadtplaner Kees Christiaanse hat einmal die verschiedenen Entwicklungsstadien einer Stadt mit den diversen Möglichkeiten verglichen, ein Ei zuzubereiten. In der mittelalterlichen Stadt sah er ein gekochtes Ei, alles eng zusammen und eine Mauer als Sicherheit um die Stadt. Wer nicht nachbarschaftsverträglich war, kam vor die Mauer ...

Yogeshwar Und dann kam das Spiegelei.

Töpfer Genau, mit dem gelben Dotter in der Mitte und dem umliegenden Eiweiß, das waren dann die angeschlossenen Industrialisierungszonen und Vorstädte. Und was wir jetzt haben, das ist praktisch Rührei, *srambled egg*, Kaiserschmarren. Zerrissene Stadtstrukturen wie in Schanghai oder Nairobi.

Yogeshwar Oder auch Los Angeles – nirgendwo gibt es ein Zentrum.

Töpfer In den Megastädten und Agglomerationsräumen existieren jeweils viele «Zentren». Immer deutlicher zeichnet sich eine dezentrale Konzentration in der Konzentration ab. Wahrscheinlich wird es dazu kommen, dass mehr und mehr städtische Strukturen nebeneinander bestehen und man die Nachbarschaftsverträglichkeit von Funktionen erhöhen muss.

In Deutschland gibt es bis heute Abstandserlasse, also Vorschriften dazu, wie weit etwa Wohnungen von einer Industrieanlage entfernt sein müssen. Arbeiten und Wohnen galten über Jahrzehnte als nicht nachbarschaftsverträglich. In Zukunft wird sich das wieder ändern, schon durch die Möglichkeiten elektronischen Arbeitens von zu Hause aus. Auch werden wir uns Gedanken darüber zu machen haben, wie wir in solchen Rührei-Strukturen mit der Landwirtschaft umgehen. Sicher werden wir sehen, dass sich stärker als bislang eine urbane Landwirtschaft entwickelt, wobei Böden eine immer geringere Bedeutung für die Produktion landwirtschaftlicher Erzeugnisse spielen könnten.

Yogeshwar Wie sollte man auch sonst diese Mega-Citys ernähren!

Töpfer Bereits jetzt gibt es interessante Modellstudien für eine vertikale Landwirtschaft: Anbau von Gemüse und Kartoffeln an Häuserfassaden, Schweine, die in Türmen gehalten werden. Konzepte werden entwickelt, die selbst wieder geschlossene Systeme darstellen und für die Mobilität große Auswirkungen haben.

Weitere konkrete Beispiele: In Schanghai existiert kein gesetzliches Anrecht auf die Zulassung eines Autos. Um fahren zu dürfen, braucht man eine Art Konzession, die 5000 bis 6000 Euro kostet und ersteigert werden muss. Wie immer bei diesen Konzepten entdeckte man Lücken, durch die man zu schlüpfen versuchte. So erwarb man sich, ganz schlau, eine Konzession für eine Fahrerlaubnis außerhalb von Schanghai, die natürlich wesentlich billiger war. Und mit den Nummernschildern von außerhalb fuhr man dann in die Stadt. Aber diesem Vorgehen wurde ein Riegel vorgeschoben. In Peking sind solche Maßnahmen nicht vorgenommen worden, was dazu führte, dass in der Hauptstadt der Volksrepublik die Zahl der Autos pro tausend Einwohner wesentlich höher ist als in Schanghai. Doch in beiden Städten ist die Tendenz weiter zunehmend.

Konzepte wie jenes in Schanghai haben jedoch eine kritisch zu sehende soziale Komponente: Die Reichen können sich nicht nur dicke Autos leisten, die können sich auch noch das Recht auf Mobilität kaufen. Und so ist davon auszugehen, dass wir uns in den großen Städten auf weniger eigentumsbezogene Mobilitätslösungen hinbewegen werden. Ein Auto wird dann nicht mehr individuell für ein oder zwei Fahrten pro Tag genutzt, sondern durchgehend. Man stelle sich nur einmal morgens, während des Berufsverkehrs, an eine Kreuzung und zähle die Autos, in denen nur eine Person sitzt – das spricht in der Tat nicht für großen Einfallsreichtum.

Yogeshwar Fährt man in Washington zum Flughafen, so dürfen dort auf der linken Spur nur Autos mit zwei oder mehr Personen fahren. Diese Maßnahme findet man ebenfalls in vielen anderen amerikanischen Städten. Das könnte ein ganz einfaches Regulativ auch für uns sein.

Töpfer In den USA hat das zur Produktion von Dummys geführt. Da hat sich eine blühende Industrie entwickelt.

Yogeshwar Ja, diese Puppen, die dann als Beifahrer herhalten. Dennoch sollte man den Schritt hin zur Gemeinsamkeit tun und dafür auch Anreize schaffen – in diesem Fall, indem ich, wenn ich nicht allein fahre, die linke und eher weniger befahrene Spur benutzen darf. Schon vor Jahren habe ich den Vorschlag gemacht, dass Dienstwagen ab einem bestimmten CO_2-Ausstoß steuerlich nicht mehr absetzbar sein sollten. Damit hätte man mit einem Schlag ein Signal gesetzt, dass es in eine andere Richtung gehen soll.

Töpfer Das war ein guter Vorschlag, der auch von Politikern aufgegriffen wurde, aber er war nicht mehrheitsfähig.

Yogeshwar Weil die Dienstautos der Politiker zu dick sind?

Töpfer Da geht es nicht nur um die Politiker! Die Automobilindustrie in Deutschland ist nicht gerade ohne Einfluss auf politische Entscheidungen! Die Macht derer, die solche dicken Autos verkaufen, ist einfach nicht unerheblich.

Yogeshwar Aber es gibt doch ein paar Verbündete wie Sie, die nicht unbedingt einen großen Wagen fahren müssen.

Töpfer Ist es denn tatsächlich so, dass so viele Politiker einen derart dicken Dienstwagen fahren, der weit über den erforderlichen Komfortanspruch und die Symbolwirkung hinausgeht?

Yogeshwar Über den symbolischen Wert könnten wir lange diskutieren ...

Töpfer Wichtig für mich ist, festzuhalten, dass auch bei großen Autos bestimmte Emissionswerte pro Kilometer vorgegeben sind. In der großen Fahrzeugklasse zeigen diese spezifischen Emissionswerte deutlich nach unten.

Yogeshwar Die Politiker sind übrigens nicht die Einzigen, die mit dem Problem der dicken Dienstfahrzeuge zu konfrontieren sind. Ich könnte Ihnen von seltsamen Begebenheiten erzählen, beispielsweise wenn ich zu Fernsehtalkshows abgeholt wurde. Da durfte ich in Fahrzeuge steigen, die dreizehn oder vierzehn Liter pro hundert Kilometer verbrauchen. Die Symbolwirkung wäre sensationell, wenn die Kette von Bedeutung einer Person, PS und Hubraum, wenn diese alte Koalition einmal zerbrechen würde.

Töpfer Könnten Sie sehen, welches Auto ich fahre – wobei ich in Berlin überhaupt keinen Pkw benutze –, dann würden Sie davon absehen, mit dem Hinweis auf eine «alte Koalition» doch recht pauschal zu argumentieren.

Yogeshwar Ich habe es auch nicht persönlich gemeint, nur eine allgemeine Frage aufgeworfen.

Töpfer Natürlich existiert noch ausgiebig das, was Konsumpsychologen als *«To keep up with the Joneses»* beschrieben haben. Man will gleichziehen mit dem, was der Nachbar auch hat, mit ihm mithalten. Das betrifft besonders den sichtbaren Konsum. Wenn der Nachbar Jones sich ein bestimmtes Audi-Modell gekauft hat, darf das eigene Auto nicht eine Preisklasse darunter liegen.

Zudem verfeinern sich beim Konsum mehr und mehr die Mittel der Suggestion, sodass man die Indoktrination nicht mehr so bewusst merkt.

Yogeshwar Wie ich schon sagte: «Ich werde gemöchtet.»

Töpfer In Deutschland gilt es, etwa im Vergleich zu Italien und Frankreich, die Tatsache zu beachten, dass hierzulande in besonderer Weise Premiumautos, also größere Autos, hergestellt werden. Führt man nun einen neuen Wert ein, der sich gegen diese Autoklasse richtet, dann hat das massive Konsequenzen für die hiesige Automobilbranche. Dafür wird man bei der nächsten Wahl kaum eine Mehrheit bekommen. Herr Kretschmann, der grüne Ministerpräsident von Baden-Württemberg, hat diesbezüglich seine ersten Erfahrungen gemacht, als er meinte, dass in Zukunft eher weniger als mehr Autos gebaut werden sollten. Und wenn schon, dann Autos, die effizienter sind. Er hat seine Aussage dann kurz danach relativiert.

Yogeshwar Aber genau darum geht es ja. Als wir uns im Februar 2007 auf dem Wissenschaftsforum Petersberg zu einer Diskussionsrunde mit dem Titel «Vor uns die Sintflut? Leben mit der Klimakatastrophe» trafen, stellten wir beide fest: Wir müssen weg vom Auto und hin zum Prinzip der Mobilität kommen. Doch schnell wurde uns beiden klar, welche Rolle die ökonomischen Faktoren dabei spielen. Ein Winfried Kretschmann muss im Autoland Baden-Württemberg vorsichtig werden, wenn er eine zukunftstaugliche Politik gestalten möchte.

Töpfer Deshalb bin ich der Meinung, dass Mobilität eine Dienstleistung werden muss. Denken wir nur an die Fälle, wo die Siedlungsstrukturen eine erzwungene Mobilität produzieren, wo die Menschen gar nicht anders können, als ein Auto zu benutzen.

Yogeshwar Allein die Vorstellung, wie viel Raum wir den Fahrzeugen überlassen, in Form von Parkplätzen, Parkhäusern, Straßen, Verkehrsschildern, Ampeln – all das könnte man drastisch reduzieren, wenn man andere Mobilitätskonzepte hätte. Vielen Menschen ist es nicht bewusst, dass sie zwei Monate im Jahr arbeiten, nur um ihr Auto zu bezahlen. Warum muss man ein Auto besitzen, reicht es nicht, wenn man es bei Bedarf benutzt? Kaufe ich mir Mobilität als Dienstleistung, kann ich mit einem großen Auto in den Urlaub fahren, nutze ein kleines Fahrzeug für die Fahrt in die Stadt, kann flexibel mal mit dem Fahrrad oder der Bahn unterwegs sein. Ich besitze dabei nichts, sondern darf alles nutzen. Wir werden darauf nicht mehr lange zu warten brauchen: Denn in dem Maße, wie wir förmlich am Autoverkehr ersticken, stehen die Alternativen in einem besseren Licht da.

Töpfer Aber es hat sich doch schon vieles zum Positiven hin verändert. Dieser Mechanismus wirkt bereits.

Yogeshwar Hier in Deutschland?

Töpfer Auch hier in Deutschland. Ich erinnere mich noch daran, welche Gefechte ausgetragen wurden, wenn man eine Straße zur Fußgängerzone erklären wollte. Die Einzelhändler haben auf den Barrikaden gestanden, weil sie meinten, die Kundschaft würde ihnen wegbleiben. Jetzt ist es genau umgekehrt. Jetzt kommen sie von selbst an und fragen, ob man aus ihrer Straße eine Fußgängerzone machen könne. Man hat gemerkt, dass die Menschen lieber in autofreien Zonen einkaufen. Irgendwann werden wir auch vollkommen autofreie Städte haben.

In Berlin gab es schon einmal Ansätze dazu, als man Ringautobahnen und zudem Bahnhöfe wie den Anhalter oder den Schlesischen Bahnhof baute; dorthin wurden die Waren von außen gebracht und danach über die Bahn in die Stadt hinein verteilt. In gar nicht allzu ferner Zukunft werden wir die außerhalb der Stadt liegenden Bahnhöfe noch mit dem Auto anfahren dürfen, aber man wird nicht mehr mit dem Pkw in die Stadt hineinfahren können. Ich fahre häufig mit der Deutschen Bundesbahn aus Ostwestfalen nach Berlin. Sie sollten sehen, wie intensiv die

Park-&-Ride-Angebote an den ländlichen Bahnhöfen genutzt werden.

In London wiederum gibt es eine Innenstadtmaut, die London Congestion Charge. Eingeführt hat sie 2003 der Bürgermeister Kenneth Livingstone, der «Rote Ken». Jeder Autofahrer muss, wenn er in die City hineinfahren will, eine Tagesgebühr bezahlen, ausgenommen sind nur Busse, Taxen oder auch Fahrzeuge mit alternativen Antrieben. Solche Systeme existieren auch schon in Oslo oder Stockholm; es werden noch viele andere Städten hinzukommen. Wir werden ein Bündel von Maßnahmen haben, die den Individualverkehr reduzieren, darunter auch Ideen, an die wir möglicherweise im Augenblick noch gar nicht denken.

Yogeshwar Und wie werden wir in Zukunft mit dem Problem «Fliegen» umgehen? Im Moment scheint es fast einen gegenläufigen Trend zu geben: Die Passagierzahlen steigen und steigen. Deutsche Jugendliche haben es sich angewöhnt, übers Wochenende nach Mallorca zu fliegen, um sich zu betrinken. Bei unserer neuartigen, gleichförmigen «Kultur» ist aber kaum davon auszugehen, dass sie noch wirklich wissen, wo sie sind.

Töpfer Aber was soll man auch dagegen sagen, wenn es billiger ist, nach Mallorca zu fliegen, als mit dem Taxi von Köln nach Bonn zu fahren, um sich dort zu betrinken.

Yogeshwar Neben den supergünstigen Flugangeboten gehen wir aber noch in anderen Bereichen bislang sehr sorglos mit den Emissionen um. Ich denke da an den Bereich der Logistik. In Bonn ist ein Unternehmen zu Hause, das 0,1 Prozent des weltweiten CO_2-Ausstoßes produziert. Ein einziges Unternehmen! Da muss man sich schon fragen, ob die Just-in-time-Belieferung, die auf Dauer absurde Umweltbilanzen hat, nicht eines Tages auch heruntergefahren werden muss. Und noch ein dritter Punkt, über den wir ebenfalls schon gesprochen haben: die Regionalisierung. Kann es weiter sinnvoll sein, Äpfel aus Neuseeland zu essen, selbst wenn sie mit dem Etikett «Bio» versehen sind? Oder T-Shirts aus Asien zu kaufen? Für eine Fernsehsendung haben wir einmal den Weg kalkuliert, den ein solches Shirt absolviert, von der gepflückten und gewogenen Baumwolle über deren Färbung bis hin zur Herstellung der Textilie, einschließlich des Aufdrucks. Wir kamen dabei auf rund 50 000 Kilometer. Hier zeigt sich, dass die globale Arbeitsteilung auch zu Auswüchsen bei der Mobilität führen kann, die im Grunde nicht länger tragbar sind.

Töpfer Das ist wiederum eine Frage der Preisgestaltung. Hat man billige Transportpreise ...

Yogeshwar ... soll man sich nicht wundern, dass sie genutzt werden.

Töpfer Outsourcing, Just-in-time, das alles ist ein Reflex darauf, dass solche Strategien aus betriebswirtschaftlicher Sicht sehr kostengünstig sind. Die externalisierten, auf den Straßenverkehr, auf die Umwelt verlagerten Kosten brauchen in diesen betriebswirtschaftlichen Kalkulationen nicht berücksichtigt zu werden. In einem *Spiegel*-Artikel habe ich über den ersten Wasser-Sommelier in Deutschland gelesen. In einem Berliner Sternelokal gibt es einen Mann, der dem Gast eine vierzig Positionen umfassende Wasserkarte reicht. Da kann man Regenwasser aus Tasmanien bekommen, das 16 000 Kilometer zurückgelegt hat. Es gibt auf der Karte auch Wasser von den Fidschi-Inseln, aus Patagonien, Südafrika oder aus Tennessee. 65 Euro kann eine solche Flasche kosten – angesichts eines solchen Preises werden die Frachtkosten des Wassers geradezu bedeutungslos.

Yogeshwar Da wären wir wieder beim Fliegen. Aus heutiger Sicht erscheint es schwer vorstellbar, elektrobetriebene Flugzeuge zu bauen. Die derzeit modernste Batterie, diejenige mit der besten elektrischen Speicherdichte, besitzt ein Gewicht von fünfundzwanzig Kilogramm bei einem Energiegehalt von 0,3 Litern, also anderthalb Kölschgläsern Benzin. Es gibt hier noch das Problem des Leistungsgewichts. Batterien können noch nicht Energie – bezogen auf ihr Eigengewicht – so konzentrieren, wie dies fossile Brennstoffe vermögen. Und gerade bei Flugzeugen spielt das Gewicht eine fulminante Rolle. Die elektrischen Alternativen bei der Mobilität wollen also gut überlegt sein. Elektrisch zu heizen ist beispielsweise aus physikalischer Sicht das Absurdeste, was man machen kann.

Töpfer Deswegen müssen wir weiter denken. Unter dem Gesichtspunkt Klima ist zu fragen: Können wir mehr Strom erzeugen? Können wir dadurch zu einer wirklichen Low Carbon Economy kommen? Ist dies auch realistisch, wenn für eine Übergangszeit in der Stromerzeugung mehr fossil betriebene Kraftwerke eingesetzt werden? Deswegen hat in der Ethikkommission neben der Mobilität der Wärmemarkt eine wichtige Rolle gespielt. Es ist unglaublich, was für alte Heizungsanlagen noch in deutschen Häusern stehen. Da könnte man glatt in Ohnmacht fallen. Der Wirkungsgrad ist erbärmlich niedrig.

Yogeshwar Das betrifft aber nicht nur die Heizung, die alten Häuser selbst sind ein Problem, die Wärmedämmung ist katastrophal ...

Töpfer Mit neuen Häusern allein lösen wir das Problem nicht. In Deutschland wird jährlich nur ein Prozent der bestehenden Bausubstanz erneuert. Bezogen auf die Gesamtheit der Häuser bedeutet dies, dass man rund hundert Jahre brauchen würde, um unseren Gebäudestand energetisch durch Neubau zu optimieren. Doch nicht nur die Hülle eines Hauses ist von Belang, sondern auch das, was sich in seinem Inneren abspielt: Wie wird geheizt? Welche Elektrogeräte stehen da, in welchem Zustand befinden sie sich? Man muss nur einmal das Lebensalter von Kühlschränken in Deutschland und die damit verbundene Effizienz überprüfen. In meinen Augen ist das eine Ansatzgröße, um Energieverbrauch und CO_2-Emissionen nachhaltig zu senken, und zwar massiv zu senken. Diese Ansatzgrößen haben weiterhin den Vorteil, dass sie unabhängig von der Entscheidung für eine bestimmte Energietechnologie sind, was immer eine Festlegung auf viele Jahre hin bedeutet. Wir haben uns dringlichst darum zu kümmern, dass die Klimaziele im Wärme- und Mobilitätsbereich schnell und verlässlich umgesetzt werden.

Yogeshwar Erstaunlich ist für mich: Obwohl seit längerem bekannt ist, dass wir ein wachsendes Klimaproblem haben, weiß kaum jemand, dass ein normales Auto mit einer Fahrleistung von 15 000 Kilometern pro Jahr etwa doppelt so viel CO_2 produziert, wie das Auto an Gewicht hat. Hier liegt noch eine gewaltige Aufklärungsaufgabe vor uns. Der reduzierte Energieverbrauch muss zu einem Gütesiegel werden. Bei öffentlichen Gebäuden wie Kindergärten, Schulen und Ämtern haben wir damit schon angefangen, dort gibt es seit 2009 einen Energieausweis. Dieser Pass enthält von Grün bis Rot eine Farbverlaufsskala, die anzeigt, wie es um den energetischen Zustand eines Gebäudes bestellt ist. Er muss in den Gebäuden ausgehängt sein; immerhin ist das ein erster Indikator für einen Schritt in die richtige Richtung.

Töpfer Wer Verhalten ändern will, muss mit Informationen anfangen; das hatten wir bereits gesagt. Wir haben tatsächlich viel zu wenige Informationen über den Energieverbrauch einzelner Produkte, sie sind auch viel zu kompliziert, da gebe ich Ihnen völlig recht. Viel ließe sich auch dadurch bewegen, dass man die Mieter in die Investitionen für Heizungsanlagen einbindet. Dies ist momentan allein Sache des Vermieters; unser Mietrecht lässt eine Umwälzung der Investitionskosten in bessere Heizungssysteme nur sehr begrenzt zu. Und weil das so ist, weil nur der Mieter einen Vorteil von besseren Anlagen hat – nämlich geringere Energiekosten – und der Vermieter den Nachteil, dass er die Kosten zu tragen hat, bleibt es vielfach bei den alten Systemen.

Die Engländer haben für solche Maßnahmen den Begriff «Green New Deal» geprägt. Das nimmt den von US-Präsident Roosevelt erfundenen Begriff des «New Deal» auf; damals standen dahinter

Maßnahmen zur Bewältigung der Weltwirtschaftskrise der dreißiger Jahre. Jetzt möchte man nach der ökologischen Krise die Karten noch einmal neu mischen mit wirtschaftspolitischen Maßnahmen, die zu einem ökologischen Umbau der Industriegesellschaft führen – deshalb Green New Deal.

Yogeshwar Und bei den Informationen brauchen wir korrekte Informationen. In den letzten Jahren konnte man leider oft genug erleben, dass fast wahllos Sanierungsmaßnahmen mit Krediten subventioniert wurden, etwa bei der Wärmedämmung, bei Solarkollektoren, bei bestimmten Dichtungen, ohne dass ausreichender Sachverstand dahintersteckte. Immerhin haben die Kommunen angefangen, nicht mehr alles allein entscheiden zu wollen, sondern auf die Vorschläge von Energieexperten zu hören. Beispielsweise wären viele besser beraten gewesen, wenn sie statt einer teuren Photovoltaikanlage auf dem Dach ihre Hauswände wärmegedämmt hätten. Das kann manchmal günstiger sein und zudem einen größeren Effekt haben. Aber bislang gibt es auf diesem Markt noch viel Wildwuchs, und es wird leicht vergessen, dass es auch in der Photovoltaikbranche ökonomische Profiteure gibt. Dazu ein Erlebnis: Vor gar nicht langer Zeit befand ich mich auf einem kleinen Flughafen im Siegerland, und ich wunderte mich, dass er mit einer elektronischen Landehilfe, einem ILS, ausgestattet war. Wozu brauchte man ein solches System auf einem Provinzflughafen? Als ich danach fragte, erklärte man mir, in der Nähe würde jemand wohnen, der große Windkrafträder baut, der habe einen Privatjet im Hangar stehen. Und als ich mir dieses Flugzeug genauer ansah, eine Cessna *Citation* X, ein sehr teures und großes Flugzeug, mit dem man sogar transatlantische Ziele erreicht, fiel mir auf dem Flugzeug ein Spruch auf. Da stand in großen Lettern: «*Green energy = clean energy*». Das war schon etwas zynisch, fand ich.

Töpfer Enttäuschungen muss man immer einkalkulieren, auch bei neuen ökologischen Produkten. Wie häufig ist uns schon der Prototyp eines Ein-Liter-Autos vorgeführt worden, aber anscheinend bleibt er ein Unikat für Automobilmessen. Als meine Kinder ein ganz besonders energetisch ausgewiesenes kleines Auto kaufen wollten, wurden ihnen lange Lieferungszeiten in Aussicht gestellt. Mit anderen Worten: Diese Fahrzeuge werden in so kleinen Serien gebaut, dass die Hersteller hinterher sagen können: «Es lohnt sich nicht, sie weiter zu produzieren, sie werden kaum verlangt.» Kein Wunder auch bei diesen Wartezeiten und Anschaffungs- und Wartungskosten.

Ein wenig habe ich die Sorge, dass auch beim E-Auto Vergleichbares passieren wird. Im Augenblick sagen alle, wir könnten da schon weiter sein. Aber liegt das im Interesse der bisherigen Zulieferindustrie in der Automobilbranche? Bei einem E-Motor werden bestimmte, bislang unverzichtbare Teile nicht mehr gefragt sein, denn auf einmal kommt Chemie unter die Haube, also eine gänzlich andere Technologie, und dadurch bedingt kommt auch eine vollkommen andere Zulieferindustrie zum Zug.

Yogeshwar Das ist ein zentraler Punkt, und ich bin dankbar, dass Sie ihn ansprechen. Die Energiewende bedeutet für viele etablierte Unternehmen auch ein Verlassen des bekannten Terrains. Der Automobilbauer, der in der Welt der Verbrennungsmotoren hervorragend Bescheid weiß, muss beim Elektromotor vollkommen umdenken. Ganz abgesehen davon, dass er in naher Zukunft womöglich – ich hatte es angesprochen – gar nicht mehr Autos, sondern Mobilität als Dienstleistung verkaufen muss.

Die mächtigen Energiekonzerne, die in der Lage sind, große Kraftwerke zu bauen, haben nicht gelernt, wie man sich in kleineren Energiestrukturen vernetzt. Bislang bestanden ihre Kundenkontakte aus dem Versand von Stromrechnungen, doch eine vernetzte Energielandschaft verlangt nach neuen und qualitativ anderen Kundenbeziehungen. Viele Unternehmen müssen, wenn sie überleben wollen, auch einen inneren Wandel vollziehen. Vergleichbar ist das mit Großcomputerherstellern, die auf einmal von PCs und dem Internet überrannt wurden. Die Energiewende bedeutet für viele Branchen, ob in der Automobil- oder in der Transportindustrie, dass sie ihr Kerngebiet erweitern müssen.

Töpfer Veränderungen sind aber dringend notwendig, wer das nicht erkennt ...

Yogeshwar ... der stirbt.

Töpfer ... der wird zumindest große Probleme bekommen. Dazu ein altes, recht bekanntes Beispiel, die Produktion der Olympia-Schreibmaschinen in Roffhausen in der Nähe von Wilhelmshaven. In diesem Werk war man immer der Meinung, die mit Abstand beste Schreibmaschine der Welt zu haben, dabei nicht bemerkend, dass solche Geräte durch einen technologischen revolutionären Akt, nämlich durch den Computer, gar nicht mehr gebraucht wurden. 1991 musste der Schreibmaschinenhersteller seine Tore schließen. Und heute kommt man an einem iPad nicht vorbei.

Yogeshwar Neben Ihnen liegt aber ein Nokia-Handy.

Töpfer Ja, ein älteres Modell, sollten Sie darauf anspielen. Ich bin es immer noch gewohnt, ein Produkt so lange zu benutzen, bis es nicht mehr funktioniert. Wenn dieses Handy es nicht mehr macht, werde ich auch eines aus der neuesten technologischen Generation erwerben. Bei den technischen Lösungen im Elektronikbereich ist die von uns schon diskutierte unglaubliche Beschleunigung unserer Zeit besonders gut zu beobachten. Man hat mir gesagt, es würde schon so etwas wie «abgetriebene Produkte» geben, also Produkte, die gar nicht mehr das Licht des Marktes erreichen, weil inzwischen schon wieder eine neue Generation entwickelt wurde. Man muss nur weiterdenken, welche Abfallberge mit dieser schnellen Lebenszeit von Produkten verbunden sind. Die Abfallberge aus dem Elektronikbereich sind weltweit dramatisch hoch, eine Kreislaufwirtschaft ist noch längst nicht durchgesetzt.

Yogeshwar Was heißt Abfall? Der Abfall ist per se unser Konsum. Es gibt keinen Unterschied mehr. Der Konsum führt zu den hohen Zahlen von Mobiltelefonen.

Töpfer Aus diesem Grund müssen wir auch darauf hinwirken, dass sie nach Gebrauch vom Hersteller zurückgenommen und demontiert werden. Diesen Vorschlag hatte ich einmal dem damaligen Deutschlandchef von Nokia unterbreitet. Er gab mir in einer Veranstaltung zur Antwort, dass man für die Demontage einer bestimmten Handy-Generation fünf Werkzeuge brauchen würde, bei der nächsten vielleicht nur noch eines. Es hat der Wahrheitsfindung nicht gedient, dass im Hintergrund – das Gespräch fand anlässlich der Einweihung einer Pilotanlage in Köln statt – jemand rief: «Den Hammer!»

Entscheidend ist, den Produzenten von elektronischen Geräten so weit gesetzlich zu verpflichten, dass er ein Eigeninteresse entwickelt, seinen «Abfall» als leicht behandelbares und wieder in den Markt einbindbares Recyclingprodukt zu sehen, den Stoffkreislauf also zu schließen. Bislang werden nur die Produkte verändert, eine bessere Behandlung von Abfällen hat man parallel aber nicht hinbekommen. Es gab Vorschläge für eine Abfallabgabe – doch wenn man eine solche einführt, ist der Produzent frei von Verantwortung. Nur wenn die Hersteller Verantwortung übernehmen, lassen sich Produktionsprozess und Produkt verändern. Man muss sich nur überlegen, welche Rückwirkungen dies auf den Energieverbrauch hätte. Die Energienachfrage würde sich extrem vermindern – und zudem würde man in der Produktion einen wirklichen Kreislauf haben.

Yogeshwar Der Unterschied zwischen einem alten und einem neuen Handy liegt – stofflich gesehen – ja auch fast bei null. Die Differenz besteht lediglich in der Art, bestimmte Elemente intelligent neu zusammenzusetzen. Mithin hätte man hier ein Riesenpotenzial, die elektrischen Geräte auseinanderzunehmen, einzuschmelzen und wieder neu nutzbar zu machen – gerade bei Produkten mit kurzen Zykluszeiten.

Töpfer Leasingverträge bei Autos sind eine andere Maßnahme, die in Zeiten schnellen Fortschritts sehr gut passt. Wir nutzen ein Fahrzeug für eine bestimmte Zeit, sind die Kinder aus dem Haus, können wir auf ein kleineres umsteigen. Diese Flexibilität wird mit einer Gutschrift aus dem energetischen Bereich belohnt, da wir dann ja weniger Schadstoffe produzieren. Ich bin davon überzeugt, dass wir mit dem Schließen von Kreisläufen prioritär weitermachen müssen. Ein Kreislauf, den wir überhaupt noch nicht geschlossen und bislang auch nur am Rande erwähnt haben, ist der des Kohlenstoffs, genauer gesagt, der von Kohlendioxid. Wann schließen wir den Kohlenstoffkreislauf? Wann behandeln wir CO_2 nicht mehr als einen Abfallstoff, sondern als Asset, als Wertstoff? Das ist für mich die Herausforderung! Es ist keine Vision, sondern wir werden dahin kommen. Ich kämpfe dafür – na ja, ich engagiere mich –, dass schon in absehbarer Zeit der Kohlenstoffkreislauf geschlossen werden kann. Beispiele dafür gibt es in der Algenproduktion, in der Chemie, bei der Erzeugung von Methanol, aber auch in anderen Bereichen.

CCS hingegen, Carbon Capture Storage, die Abscheidung von CO_2 in einem Kraftwerksprozess und dessen anschließende Speicherung in geologischen Strukturen, ist keine Lösung, weil eben hier Kohlendioxid als Abfall behandelt wird. Es ist eine Lösung in einem linearen Denken – und für mich daher nicht nachhaltig. Das ist ein Irrweg, der nur Kosten und Energie verursacht.

Yogeshwar Und am Ende hat man auch dort wieder Stätten, an denen sich Menschen versammeln, um zu protestieren.

Töpfer Die Akzeptanz wird ganz bestimmt nicht zu erreichen sein, die Demokratieverträglichkeit ist bei CCS nicht gegeben. Jedoch wären Algen ein weiterer Weg zum Schließen des Kohlenstoffkreislaufs: Algen sind wahre CO_2-Killer. Algen kommen in der Natur vor, und wie jede andere Pflanzenart auch benötigen sie Kohlendioxid zur Photosynthese, zu diesem komplexen Prozess, bei dem sie am Ende Nährstoffe zum Weiterwachsen produzieren, aber ebenso Sauerstoff an die Umwelt abgeben und dadurch die Ökosysteme stabilisieren. Forscher der privaten Jacobs-Universität in Bremen arbeiten an einem Projekt, einer davon ist Professor Laurenz Thomsen, bei dem Meeresalgen in einer Art Bio-Algenreaktor produziert werden, der die CO_2-Abgase von Kraftwerken auffangen und zu Biosprit verarbeiten soll.

Yogeshwar Auf der Internationalen Luft- und Raumfahrtausstellung 2010 in Berlin startete während einer Luftfahrtshow erstmals ein Flugzeug, eine zweimotorige Diamond, angetrieben mit Algenbenzin. Möglich wird das dadurch: Spezielle Algen resorbieren das CO_2 in der Atmosphäre und produzieren mit Hilfe der Sonnenstrahlung Öl, das wiederum als Treibstoff genutzt wird. Die Algen werden in Bioreaktoren gezüchtet. Der geschlossene Kreislauf ist hergestellt.

Töpfer Dabei hatten Sie vorhin gesagt, beim Fliegen gäbe es keine anderen Möglichkeiten.

Yogeshwar Meine Behauptung war, dass wir noch fossile Ressourcen brauchen, weil Batterien bislang zu schwer sind, um Flugzeuge elektrisch zu betreiben.

Töpfer Im Bayer-Konzern in Leverkusen nutzt man das klimaschädliche CO_2, um Polyurethan herzustellen, einen Kunststoff, der vielfach eingesetzt wird, vom Dämmmaterial bis zum Haushaltsschwamm. Ich war eingeladen, als man im Juli 2011 die Pilotanlage in Betrieb nahm, um diesen innovativen CO_2-Schaumstoff herzustellen. Erdöl wird dabei eingespart. Und das Projekt im Technikumsmaßstab läuft offenbar derzeit so gut, dass eine großtechnische Anlage geplant wird. Ein anderes Chemieunternehmen, das weiter unten am Rhein sitzt, die BASF in Ludwigshafen, setzt offenbar auf ein Verfahren zur Herstellung von Ameisensäure durch CO_2-Hydrierung. Forschungen zum Schließen des Kohlenstoffkreislaufs gibt es auch mit dem Ziel, das Synthesegas Methanol herzustellen.

Das alles sind Basischemikalien, aus denen sich Düngemittel, Kunststoffe und die meisten anderen Endprodukte der Chemieindustrie herstellen lassen. Sicherlich wird das die Petrochemie nicht vollkommen verdrängen, diese neuen Methoden können aber ein wichtiger Beitrag zur Klimapolitik werden. Langfristig stellt sich darüber hinaus ein anderes Problem: Bei Holz ist die Konkurrenz zwischen stofflicher und energetischer Nutzung schon voll ausgebrochen. Es ist also empfehlenswert, darüber nachzudenken, wie lange Öl noch energetisch, also zur Energieerzeugung, genutzt werden oder für die Prozesse der Chemie, also zur stofflichen Verwendung, verfügbar sein muss.

Yogeshwar Not macht erfinderisch, so behauptet es schon ein altes deutsches Sprichwort.

Töpfer Genau. Unter meinen Eltern war die Reaktion auf Not idealtypisch verteilt. Meine Mutter sagte: «Not lehrt beten» und mein Vater: «Not macht erfinderisch». Das sind die beiden Pole der Reaktion auf Knappheit und Not.

Yogeshwar Möglicherweise werden wir, wenn wir diese enormen Potenziale ausnutzen, irgendwann eine Energiewirtschaft haben, eine Stoffwirtschaft, die auf der einen Seite die direkte Sonnenenergie elektronisch nutzt und auf der anderen Seite auf geschlossenen Prozessen basiert, vielleicht sogar auf der Basis von Kohlenstoff. Kohlenstoff ist ein natürliches chemisches Element, sozusagen von der Natur vorgegeben, es ist die große Energiespeichermaschine, ohne sie läuft nichts. Wir werden nur weiter überleben können, wenn wir unsere Energie, unsere Ressourcen wieder in einen geschlossenen Prozess einspeisen. Ich greife nochmals auf das Beispiel Mobiltelefone zurück: Wenn wir sämtliche stoffliche Substanzen beisammenhaben und sie nach Art eines Kochrezepts behandeln – man nehme so viel Gramm Silber und so viel Gramm Eisen –, dann besteht die große Innovationsfreude darin, aus ähnlichen Mengenangaben von einer Generation zur nächsten mehr daraus machen zu können. Der Fortschritt misst sich dann nicht mehr im Anstieg des Ressourcenverbrauchs, sondern in der implementierten Intelligenz. In einem solchen Verständnis wäre Fortschritt etwas wirklich Kreatives und keineswegs nur ein Hochblasen von Energieressourcen.

Töpfer Für mich ist wichtig, dass der Ausstieg aus der Kernenergie nicht zulasten einer laxeren Betrachtung der Klimaproblematik geht. Das muss ich immer und immer wieder unterstreichen. Beide Aufgaben sind nicht kompromissfähig. Aus diesem Grund bin ich auch so extrem an Einsparmöglichkeiten für CO_2-Emissionen außerhalb des Stromsektors interessiert. Nach dem G8-Gipfel 2007 in Heiligendamm wurde überall, wo ich hinkam, von Angela Merkel als der Klimakanzlerin gesprochen. Die Energiewende darf die Glaubwürdigkeit in der Klimapolitik nicht gefährden.

Yogeshwar Es gibt dabei einen weiteren Punkt, den wir nicht unterschätzen dürfen. Im Moment tun wir so, als sei der Ausstieg aus der Kernenergie so etwas wie ein ökonomisches Verlustgeschäft. Gerade ein Land wie Deutschland hat jedoch mittel- und langfristig enorme Chancen, wenn wir unsere neue Energieeffizienz, unsere Ressourceneffizienz zu unserer Stärke im internationalen Wettbewerb machen. Ich glaube, dass es weltweit eine enorme Nachfrage nach energieeffizienten Produkten geben wird, und wer diese in petto hat, der wird gewinnen. Deutschland könnte da eine Vorreiterrolle spielen, und zwar bei großen wie bei kleinen Lösungen.
In weiten Teilen der Welt ist Elektrizität heute noch nicht einmal in ausreichendem Maß vorhanden, da weist die Weltkarte trotz allen künstlichen Lichts dunkle Flecken auf. Hier könnte man de-

zentrale kleine Energiesysteme einführen. Wir wissen, dass das Sinken der Analphabetenquote direkt mit der Zunahme des elektrischen Lichts korreliert. Da gibt es bemerkenswerte Initiativen, mit Mikrokrediten und einem klugen System der Wartung. Diese Systeme sind bezahlbar und ein Fortschritt für die Bevölkerung. In Indien stellte man fest, dass die Elektrifizierung von ländlichen Regionen in der Tat zu einer höheren Bildung führt, weil die Menschen abends bei Licht lesen können.

Töpfer Und zu einer niedrigeren Geburtenrate: Lesen statt Liebe machen. Diese Auswirkungen sind unter anderem in Indien empirisch nachgewiesen. Wir wissen auch, dass ein Blackout, ein Stromausfall in New York, zu mehr Geburten geführt hat! In Kenia sind die Haushalte nur zu zehn Prozent an moderne Energiesysteme, also verlässlich, an Strom angeschlossen. Das hat Konsequenzen für Bildung und Ausbildung insgesamt. Der Zugang zu Energie hat auch Rückwirkungen auf das Selbstverständnis der Frauen in der Gesellschaft, in der Familie. Ist Strom nicht verlässlich verfügbar, wird die wirtschaftliche Entwicklung behindert oder durch die notwendige Ergänzung durch Dieselmotoren verteuert.

In einer Diskussion mit einer Parlamentariergruppe aus den USA hatte ich mich einmal bemüht, die ökonomische Rationalität der Energiewende zu erläutern. Die Gäste blieben sehr skeptisch. Sie verstanden unter «moderneren Energiesystemen» etwas gänzlich anderes als ich. Sie favorisierten Kernkraftwerke. Ich schlug dann folgenden Deal vor: «Die USA konzentrieren sich auf das Angebot von AKWs, wir in Deutschland auf erneuerbare Energien. In fünf oder acht Jahren treffen wir uns wieder, und dann sehen wir mal, wer das bessere Geschäft gemacht hat.»

Ohne Energie jedenfalls ist Armut nicht zu überwinden. Der Zuwachs der Weltbevölkerung wird sich in den nächsten Jahren auf zwei große Regionen konzentrieren: auf Afrika und auf den indischen Subkontinent, alle anderen Regionen sind stabil oder haben bereits eine rückläufigere Bevölkerung wie wir in Deutschland. China wird seinen Scheitelpunkt vor 2050 erreichen. Deswegen ist es sinnvoll, den Fokus der erneuerbaren Energien auch genau auf diese beiden zuvor genannten Gebiete zu legen. Die Energiebedürfnisse in Afrika durch Kernenergie zu befriedigen – welch ein absurder Gedanke!

Yogeshwar In Südafrika wird aber darüber nachgedacht.

Töpfer Allein um wirklich unabhängig zu werden, sollten andere Formen der Energiegewinnung in den Blick genommen werden. Durch Kenia etwa verläuft das Rift Valley, eine junge geologische Formation, die zum Ostafrikanischen Grabenbruch gehört. Dieses Rift Valley hat hervorragende Kapazitäten, was Geothermie angeht. In einem Teilbereich sind es 20 000 Megawatt.

Yogeshwar So viel braucht das Land ja gar nicht.

Töpfer Ja, das ist weit mehr, als die Kenianer für ihre Stromversorgung benötigen. Schon jetzt gibt es dort drei kommerziell betriebene Geothermiekraftwerke, zwei weitere sind im Bau beziehungsweise geplant. Damit wird Energie erzeugt, ohne das Land von den fluktuierenden Weltmarktpreisen fossiler Energieträger abhängig zu machen. Im neuen Fünfjahresplan von China ist festgelegt, dass sich die Kapazitäten aus Windkraft, Photovoltaik und Biomasse bis zum Jahre 2020 mehr als vervierfachen sollen, von knapp 50 Gigawatt im Jahr 2010 auf 200 Gigawatt am Ende des Jahrzehnts. 70 Gigawatt – das muss man sich einmal überlegen. Die installierte Leistung aller deutschen Kraftwerke beträgt 100 Gigawatt. Die Chinesen planen ebenfalls fünf Gigawatt durch Photovoltaik, was genauso spektakulär ist. Wenn wir in diesen Bereichen technologisch weltweit führend sein und bleiben könnten – ich wiederhole es noch mal –, dann hätten wir eine Dauerabsicherung unserer wirtschaftlichen Position.

Weltweit besteht das Stromangebot zu etwa 17 Prozent aus Kernenergie, und um diesen siebzehnprozentigen Anteil zu erhalten, müsste man bei ansteigender Bevölkerung und mit dem Ziel, Armut zu überwinden, in Größenordnungen von neunhundert bis tausend Kernkraftwerken gehen – bei weiter steigenden Bau- und Unterhaltungskosten, von den Sicherheitsfragen ganz zu schweigen.

An der Westküste Finnlands wird auf der Insel Olkiluoto im Bottnischen Meerbusen der dritte Block des Kernkraftwerks Olkiluoto gebaut. Fragen Sie da mal nach, was man in der Kalkulation veranschlagt hat und was der jetzige Zwischenstand ist. Und fragen Sie mal nach, wann das hätte fertig sein sollen und wie weit es jetzt ist. Ich meine das nicht schadenfroh. Aber wir werden bei der Kernenergie noch Kostendynamiken erleben, an die wir bislang nicht gedacht haben. Konzentrieren wir uns hingegen auf Technologien zur Herstellung erneuerbarer Energien, könnten wir uns in Deutschland weiterhin zum Global Player beim Export von Anlagen zur Energieerzeugung und zur Energieeffizienz entwickeln. In der Windenergie sind wir qualitativ die besten, nur quantitativ ist China an uns vorbeigezogen. Längst haben wir im Bereich der Windenergie noch nicht die technischen Möglichkeiten ausgereizt – die Kostenkurve zeigt weiter deutlich nach unten. Es ist faszinierend zu sehen, welche Leistungssteigerungen allein durch eine Optimierung der Rotorblätter erzielt werden können.

Yogeshwar Es geht aber nicht nur um Energieerzeugung. Wir sollten auch an Smart Grid denken, an die intelligenten Stromnetzlösungen, an Smart Metering, womit nicht nur der intelligente Zähler gemeint ist, sondern auch die Möglichkeit, dass jedes Haushaltsgerät in Zukunft eine IP-Adresse hat und somit vernetzt wird. Das alles wäre eine Revolution. Und Deutschland hat seine Stärke im Engineering-Bereich – der Umgang mit komplexen Prozessen, das können die Deutschen, da sind sie top.

Töpfer Energieeffizienz und intelligente Transport- und Speichermöglichkeiten sind und bleiben die Stärke der deutschen Industrie.

Es werden virtuelle Kraftwerke entwickelt, in denen wir die verschiedenen Energien so zusammenschalten, dass sie grundlastfähig werden. Virtuelle Kraftwerke sind Verknüpfungen von nicht kontinuierlich produzierenden Energiequellen, sodass dennoch eine permanente Versorgung möglich wird. Denn weder scheint ständig die Sonne, noch bläst der Wind kontinuierlich. Auf der Hannover Messe 2011, in deren Mittelpunkt Energiethemen standen, hat man bereits ein erstes Modell dafür vorgestellt. Das übliche K.-o.-Argument, erneuerbare Energie seien nicht grundlastfähig, könnte dadurch schrittweise entkräftet werden. Ich bin fest davon überzeugt, dass man durch weitere Forschung diese Grundlastfähigkeit erreichen wird.

Yogeshwar Bei aller Begeisterung sollten wir aber nicht den Fehler begehen, daraus eine Art nationaler Sippenhaft zu machen und anderen Ländern den deutschen Weg geradezu aufzudrängen. Das haben wir Deutschen in der Vergangenheit schon öfter getan.

Töpfer Dies wird hierzulande von den Verantwortlichen sehr bewusst nicht gemacht. Wir wollen unsere Chancen in Deutschland nutzen und nicht Oberlehrer sein. Sie selbst haben jedoch mit Blick auf die Energiewende von einem Apolloprogramm gesprochen. Stellen Sie sich vor, das Apolloprogramm wäre nicht positiv verlaufen! Das hätte eine Menge negativer Auswirkungen auf die USA gehabt, auf die Technologiekapazitäten, auf die Frage der Durchsetzungsmöglichkeiten.

Yogeshwar Die Amerikaner waren clever genug, Apollo ab einem bestimmten Punkt nicht als ein nationales Projekt erscheinen zu lassen. Neil Armstrong war der erste Mensch auf dem Mond, nicht der erste Amerikaner auf dem Mond.

Töpfer Das ist richtig, und ich will auch niemanden in Sippenhaft nehmen. Ich will nur sagen: Wir müssen uns bewusstmachen, dass die Energiewende nicht lax behandelt werden darf – sie muss mit einer außerordentlichen Intensität entwickelt, sie muss in dem vorgesehenen Zeitraum ohne ökonomische Brüche realisiert werden. Denn es ist davon auszugehen, dass es Gegenbewegungen geben wird, Lobbyisten aus dem technologischen Bereich, die Prämien für den Status quo zahlen. Manchmal frage ich mich schon, wie wir das alles in den Griff bekommen wollen. Begeisterung reicht nie aus, rationales und konsequentes Handeln über eine längere Zeit hinweg ist hingegen nicht jedermanns Sache.

Yogeshwar Ist denn die kritische Masse groß genug, um diesen Weg, den wir beide teilen, gehen zu können? Man braucht genügend Menschen, um ein solches Apolloprogramm durchzustehen. Man braucht genügend kluge Politiker, die verstehen, welche Richtung einzuschlagen ist. Und in der Industrie sind Unternehmer und Manager notwendig, die den Mut haben, sich auf diesen Weg zu machen – und auch das nötige Kleingeld dafür bereitstellen.

Töpfer Ich gebe kein hoffnungsfrohes Ja ab. Ich habe große Besorgnis, was diese von Ihnen genannte kritische Masse betrifft. Durch den schon erwähnten Vertrauensverlust in Politik und Politiker müssen Menschen erst wieder dazu gebracht werden, diese Gemeinschaftsaufgabe entschlossen in Angriff zu nehmen. Es gibt immer wieder Beispiele dafür, dass diejenigen, die im Garten mit dem Wasserschlauch in der Hand stehen, darüber klagen, dass kein Wasser kommt. Dabei verschweigen oder übersehen sie, dass sie gleichzeitig mit dem Fuß auf dem Wasserschlauch stehen. Das sind die Verhinderer. Man muss also auch genau hinschauen, wo die indirekten Einflussmöglichkeiten liegen.

Yogeshwar Anders gefragt: Sind unsere politischen und gesellschaftlichen Strukturen auf die Energiewende vorbereitet? Oder sind sie es nicht?

Töpfer Diejenigen in der Ethikkommission, die aus der Wirtschaft kamen, meinten, die Politiker, die Regierung würden eine solche Riesenherausforderung nicht bewältigen können, das müsste man als ein Managementprojekt ansehen. Einige wollten die Wende auch ins Grundgesetz hineinschreiben, um zu verhindern, dass sie wieder rückgängig gemacht werden kann. Aber dann fängt man an, einzelne Technologien aufzuführen – und das ist für meine Begriffe nun wirklich nicht Aufgabe des Grundgesetzes. Mein Ziel war und ist es, die Strukturveränderungen in die Parteien hineinzutragen.

Yogeshwar Da haben Sie sich einiges vorgenommen.

Töpfer Wie dem auch sei, wir müssen auf jeden Fall prozessbezogen vorgehen. Wir haben einen Ausstiegsbeschluss, aber ich glaube nicht, dass wir einen wirklich leistungsfähigen Prozess der Umsetzung beschlossen haben, der nicht mehr revidiert werden kann. Noch ist mir bei dem jetzigen Ausstiegsbeschluss zu viel Prinzip Hoffnung. Jetzt sollten wir unsere Überlegungen darauf konzentrieren, wie man Stabilität in die Energiewende hineinbringt. Wenn wir durch andere Krisen abgelenkt sind, ist es eher unwahrscheinlich, dass die Medien bei der Umsetzung des Ausstiegs helfen. Also muss das, was wir dafür benötigen, in einer Struktur fixiert werden. Deswegen schlugen wir ja auch in der Ethikkommission das Forum Energiewende vor. Es muss einen parlamentarischen Beauftragten geben, dem alle rechenschaftspflichtig sind. Wenn es uns nicht gelingt, so etwas einzurichten, wird es uns auch nicht gelingen, uns von dem unabhängig zu machen, was gerade die Aufmerksamkeit der Politik und der Bevölkerung auf sich zieht.

Yogeshwar Für mich ist das im Wesentlichen eine Frage der klaren und ehrlichen Vermittlung. Vielleicht hilft da ein Vergleich: Wenn Sie einen Nachbarn haben, den Sie nicht mögen, dann wird jedes Geräusch, das er verursacht, zur Qual. Wenn Sie ihn allerdings mögen, akzeptieren Sie auch, dass er nachts feiert. Damit die Menschen die Energiewende überzeugt mittragen, muss man sie auf die richtige Weise mitnehmen. Mit so etwas wie den von Ihnen schon angesprochenen Beschleunigungsgesetzen oder anderen administrativen Maßnahmen werden wir eher Konflikte erzeugen oder vorhandene gar verschärfen. Es ist wichtiger, dass die Menschen eine positive innere Haltung zur Energiewende entwickeln. Schauen Sie sich nur die Kommunen an, die sind erstaunlich motiviert und kreativ, wenn es darum geht, die Energiewende zu realisieren. Hier wird nicht von oben dekretiert, sondern hier werden die Menschen vor Ort in Energiefragen eingebunden, und zwar auf einer Ebene, wo sie selbst aktiv mitwirken und von sich aus diese Wende forcieren können.

Töpfer Ich habe meine Vorbehalte gegenüber Beschleunigungsgesetzen bereits artikuliert; überhaupt keine Vorbehalte habe ich hingegen gegenüber verstärkten kommunalen Aktivitäten, im Gegenteil. Die Kommunen haben uns mit in die Lage versetzt, jetzt eine realistische Perspektive für den Ausstieg aus der Atomenergie zu finden. Ohne die Aktivitäten von Stadtwerken hätten wir das nie hinbekommen. Wobei man immer im Auge behalten sollte, dass Stadtwerke «behördliche Einrichtungen» sind und damit nicht gerade Belege höchster Effizienz bei Umsetzungen von neuen Strukturen. Aber es ist spannend zu sehen, wie auf einmal ganz andere Leute darüber nachdenken, was man machen kann.

Yogeshwar Das ist der Schlüssel: Beziehe die Menschen mit ein. Sicher, der Boom der Solarthermie, der Photovoltaik, der Windkraft in Deutschland ist nicht nur auf dem Nährboden eines großen Idealismus entstanden. Aber als diese Technologien dann vorhanden waren, merkten die Leute, dass es für sie in Sachen Energie, wo man sie jahrzehntelang einzig zum Bezahler von Stromrechnungen degradiert hatte, eine Chance der aktiven Mitgestaltung gab. Das ist etwas, was für die Bürger sehr attraktiv ist.

Töpfer Angela Merkel sagte ja, dass sie sich über jeden wundere, der noch Geld auf seinem Sparkonto hat. Die Förderung der Solarenergie sei doch so ausgestattet, dass man über zwanzig Jahre hinweg garantiert eine zweistellige Rendite hätte.

Yogeshwar Ob sie zweistellig ist, das weiß ich nicht. Aber sie ist sicherlich höher als das, was man im Moment für Tagesgeld bekommt.

Töpfer In einer Diskussion sagte der Ministerpräsident von Schleswig-Holstein, Peter Harry Carstensen, dass er eigenes Land für zehn Windkraftanlagen zur Verfügung gestellt habe – er hat es öffentlich geäußert, deshalb darf ich es hier auch wiedergeben –, und als Pachtgebühr würde er dafür 20 000 Euro erhalten. Also, das ist nicht nur etwas für die Portokasse. Das ist natürlich und zu Recht ein materieller Anreiz. Würden wir uns bei der Energiewende nur auf die guten Menschen verlassen, so wichtig sie sind, dann wäre dieses Großprojekt nicht zu schaffen. Sie muss für jeden Einzelnen zu einem Business Case werden, das muss gelingen.

Yogeshwar Wenn man hier von Hennef aus über den Berg fährt, in Richtung Bonn, so gibt es dort einen Bauern, der jeden Quadratmeter seiner Scheunen – der liebe Gott wollte es anscheinend, dass sie alle große Dächer haben und nach Süden ausgerichtet sind – mit Photovoltaik tapeziert hat. Ich glaube nicht, dass der Mann ein überzeugter Ökologe ist. Aber bei den heutigen Einspeisevergütungen macht er bestimmt kein schlechtes Geschäft.

Töpfer Immer wieder wird der Fehler gemacht, auch in den Wissenschaften, dass mit Hightech nur Großtechnologien gemeint sind. Wenn ich so stark betone, dass es bei der Energiewende um Hightech gehen muss, dann weil ich den Eindruck vermeiden möchte, eine Energiewende sei eine Rückkehr zu drittklassigen Technologien. Angesichts der Weltbevölkerungszahlen ist es für mich aber genauso bedeutsam zu sagen: «Leute, konzentrieren wir doch unser wissenschaftliches Forschungsinteresse auf ein Hightechangebot energieeffizienter Maßnahmen, die jeder nutzen kann, die nicht durch Kapitalintensität und Großtechnik bestimmt sind, sondern auf ein Ernten kleiner Energiemengen vor Ort.» Immer wenn ich dies sage, klingt es etwas lieblich, soll es aber gar nicht sein. Dadurch könnte man meiner Ansicht nach eine andere Entwicklungskultur mitbegründen.

Yogeshwar Gestatten Sie mir dazu – mal wieder – ein Beispiel aus Indien: Die Familie und gute Freunde meines Vaters betreiben in der Himalaya-Region eine Organisation. Sinn und Zweck dieser Organisation ist es, die dortige Landflucht zu verhindern. Um nun das spezielle geografische Gebiet zu stabilisieren, wurden Terrassenfelder errichtet, um auf ihnen Reis anzubauen. Da man nicht auf eine große Infrastruktur zurückgreifen konnte, mit der man das Wasser auf die Felder hochzupumpen vermochte, musste eine andere Lösung gefunden werden. Also entwickelten sie eine Solarpumpe, um an das nötige Wasser zu gelangen. Das ist eine einfache, dezentrale Lösung, die aber nicht trivial ist, sondern perfekt für eine ländliche Region mit hoher Sonneneinwirkung. Es ist erstaunlich, wie wenig Angebote es in dieser Hinsicht gibt, obwohl der Markt dafür sicher groß wäre.

8 ZUSAMMEN FREI

Ein Schritt in die Zukunft

Töpfer Richtigerweise ist einmal gesagt worden, dass wir die Zukunft nicht prognostizieren, sondern erfinden sollten. Für mich ist das ein wichtiger Ansatzpunkt, der viel zu häufig übersehen wird. Bei einer Prognose sollte man auch zwischen einer Status-quo-Prognose und einer Wirkungsprognose unterscheiden, Erstere führt eigentlich nur dazu, dass nichts geschieht, bei Letzterer müssen wir uns klarmachen, worin die Instrumente bestehen, die uns zu unseren Zielsetzungen führen. In dieser Perspektive sind wir schon nahe dran, die Zukunft zu erfinden, sie uns zu denken. Dabei spielen Wertstrukturen eine entscheidende Rolle: Wie stellen wir uns das Zusammenleben der Menschen auf diesem Planeten vor? Und da gibt es natürlich die unterschiedlichsten Ansichten.

Für viele ist es eine Selbstverständlichkeit, dafür zu kämpfen, dass Kinder nicht hungrig zu Bett gehen oder fehlernährt werden; in anderen Regionen machen sich die Menschen berechtigte Sorgen, dass sie selbst und vor allem die Kinder zu dick werden – eine Fehlernährung ganz anderer Form. In einigen Ländern überlegen sich Politiker, wie sie die Geburtenrate erhöhen können, in anderen, was man machen kann, damit nicht zu viele Kinder geboren werden. All diese Überlegungen verlaufen parallel, in einer Welt, die nicht mehr durch Mauern geteilt ist, sondern durch Mobilitäten aller Art – physische Mobilitäten, Mobilitäten der Bilder und

Sprachen – eng zusammengerückt ist. Und die Aufgabe ist es, dass sich diese großen Unterschiede, die sich angesichts der Globalisierung verstärkt haben, nicht weiter vergrößern, sondern dass das Auseinanderklaffen sich wieder reduziert.

Ein Weg dahin ist das Streben nach einer energie- und ressourcenleichteren Lebensweise – wobei diese nicht großen Verzicht bedeutet, sondern sinnvolle Änderungen von Technik und Lebensstil. Die Frage der Energieerzeugung wird dabei zentral sein. Wir müssen alles dafür tun, mehr und mehr von Energien wegzukommen, die in welcher Form auch immer durch «Bergbau» gewonnen werden. Das sind begrenzte Ressourcen. Der nachhaltige Weg geht unzweifelhaft zu den erneuerbaren Energien, die unbegrenzt sind. Damit ist auch die Chance verbunden, weltweite Konflikte und Spannungen zu beenden, da diese häufig genug mit einem Kampf um diese geografisch konzentrierten Energieressourcen verknüpft sind. Gerade ein Land wie Deutschland sollte sich das als Ziel vornehmen.

Unsere Bevölkerung wird weniger, sie wird älter, sie wird bunter. Wir sollten überlegen, wie wir das alles einbinden können in unser bisheriges Mantra, das da lautete, dass wir unbedingt wirtschaftliches Wachstum brauchen. In den USA hat mir mal jemand den Hinweis gegeben: «Wer einen Hammer hat, für den ist jedes Problem ein Nagel.» Bei uns ist der Hammer das Wachstum. Jedes Problem, das wir haben, versuchen wir durch Wachstum zu überwinden, zu lösen – und merken dabei manchmal gar nicht, dass dieses eigentlich nur der Antrieb dafür ist, wieder neue Schwierigkeiten zu schaffen.

Dieses im Blick, halte ich es für wichtig, dass wir uns selbst wiederfinden. Das meine ich gar nicht utopisch, aber wir sollten uns stärker auf anderes in unserem Leben besinnen als nur auf Wachstum. Auf Faktoren, die für ein glückliches Leben sorgen, auf etwas, das ich als Lebenserfolg bezeichnen würde. All dies mündet für mich in eine dialogbezogene Gesellschaft, die nicht mehr durch nationale Grenzen, sondern durch Verständnis und Toleranz gekennzeichnet ist. War es nicht Hegel, der darauf hingewiesen hat, es sei falsche Toleranz, wenn man um des lieben Friedens willen das Falsche akzeptiert? Eine im richtigen Sinne tolerante Auseinandersetzung kann nur gelingen, wenn man Verständnis für die Position des anderen entwickelt, ohne in eigene Beliebigkeit zu verfallen.

Ganz klar ist auch, dass wir die Natur, die Umwelt wesentlich stärker in unsere Lebens- und Wirtschaftsverhältnisse einbinden müssen als bislang. Nur so finden sich Chancen für den Einzelnen, für eine Stabilität unserer wirtschaftlichen Entwicklung. Wo immer wir auf Kosten der Natur, der Schöpfung, unseren Wohlstand genießen, ist dies ethisch nicht verantwortlich und rücksichtslos mit Blick auf die Menschen, die später oder in anderen Regionen diese Kosten tragen müssen.

Yogeshwar Ich stimme Ihnen zu, dass wir den eingeschlagenen Weg sehr viel grundsätzlicher in Frage stellen müssen. Wir vergessen dabei gerne, dass die Industrialisierung, die daraus resultierende gesellschaftliche Ordnung und natürlich das von Ihnen genannte Mantra des wirtschaftlichen Wachstums noch sehr jung sind. Die moderne Industriegesellschaft ist nur wenige Generationen alt. Wir könnten versucht sein zu glauben, dass unsere Art zu leben, die dahinterstehende wirtschaftliche Logik und instrumentelle Vernunft ein unumstößliches Naturgesetz darstellen, doch dem ist keinesfalls so. Unsere Gesellschaftsordnung ist nicht absolut, andere vergleichbare Ordnungssysteme sind historisch betrachtet sogar weit älter. Natürlich können wir nicht zurückspringen, etwa in das Zeitalter des Feudalismus, der absolutistischen Monarchie oder in ein religiös geprägtes Gesellschaftssystem. Vielmehr sind wir gefordert, Begriffe wie Wachstum, Fortschritt, Technisierung, Globalisierung, Geld, Freiheit und Demokratie in

der aktuellen Form auf den Prüfstand zu stellen – und hierbei sollten wir unseren Blick nicht nur auf uns richten.
Erst wenn man das begreift, eröffnen sich neue Ansätze, denn die Bekämpfung der Armut oder der nachhaltige Umgang mit der Natur waren ja bislang nicht die Kernstärke unseres Systems. Es gibt auf diesem Planeten noch viel zu viele Katastrophen, die häufig nicht als solche bezeichnet werden. Hunger ist für mich die elementarste dieser Katastrophen. Sich vorzustellen, dass in diesem Augenblick, wo wir hier miteinander sprechen, Menschen in anderen Regionen krank werden oder gar sterben, weil es ihnen an den elementarsten Dingen fehlt, ist eine moralische Provokation. Ich kenne noch sehr gut die Farbe des Hungers. Das ist so ein dunkles, leicht gelbliches Braun. Deswegen ist es eine große Herausforderung für uns, genau diese Katastrophen, die hierzulande weniger laut sind als die von Fukushima, zu erkennen und zu bewältigen.
Dazu brauchen wir zum einen eine Haltung, also unsere Werte und unsere Empathie, und zum anderen aber auch unsere Technik, die uns neue Optionen gibt. Wahrscheinlich sind wir die erste Generation, die in der Lage ist, mit technischen Maßnahmen unser eigenes Leben und das unserer Mitmenschen so unmittelbar zu verändern. Nehmen wir als Beispiel die mittlerweile beinahe verschwundene Telefonzelle: Vor zwanzig Jahren enthielt sie noch ein Schild mit der Aufforderung: «Fasse dich kurz!» Inzwischen hat sich in dem Bereich der Telekommunikation beinahe alles verändert. Das zeigt, dass wir als Gesellschaft sehr wohl in der Lage sind, uns zu verändern. Für ein beklemmendes Gefühl der Lähmung gibt es keinen Grund mehr. Ganz im Gegenteil. Wenn wir es wollen, können wir die Dinge weltweit verbessern.
Wenn wir von Veränderungen reden, fallen diese bei uns, verglichen mit anderen Staaten, vielleicht klein aus. Die Menschen in Indien und China müssen derzeit innerhalb einer Generation weit

mehr Umbrüche durchleben als wir. Als Kind habe ich noch erfahren, wie Indien die Zeit bekam, wie hier die ersten Uhren in Fabriken hergestellt wurden. Damals war Mutter Teresa noch ein Synonym für Indien – das Land erschien voller Slums und voller Armut. Heute hat sich gezeigt, dass die Menschen von Delhi bis Bangalore – oder zumindest in einem Teil des Subkontinents – mit dem IT-Business groß werden.

Dies alles wird aber nur weiter funktionieren, sowohl in Deutschland wie auch in anderen Staaten, wenn wir anfangen, nicht nur von globaler Wirtschaft zu reden, sondern konsequent auch so etwas wie eine globale Empathie zu entwickeln. Wenn wir begreifen, dass es nicht nur darum geht, Waren auszutauschen, sich an anderen zu bereichern, sondern mit den Menschen weltweit mitzufühlen – so wie anlässlich von Fukushima. Meine allererste Freundin war eine Japanerin. Da hatte ich das Gefühl, als das Unglück in Japan passierte, es passierte auch mir, einem Teil von mir. Mithin sollten wir diese globale Empathie viel stärker in den Vordergrund rücken.

Und was folgt daraus? Es bedeutet, dass wir uns von dem Fortschrittsdenken unserer Väter verabschieden müssen. Länder und Kontinente wurden in eine Erste, Zweite und Dritte Welt eingeteilt. Der Export unserer Produkte aus der Ersten Welt in die Zweite und Dritte Welt war eine Einbahnstraße, und Techniken wie die Kernenergie wurden als allgemeingültige Patentlösung propagiert. Es ist fast Hybris, zu meinen, die gesamte Welt sei nur durch Technik aktiv umzugestalten.

Sollen alle irgendwann so leben wie wir? Entscheidend wird für uns sein, den Fortschritt, den wir uns vorstellen, schon im Vorfeld auszutarieren. Wir sollten uns fragen: Wer sind die Gewinner und wer die Verlierer des Fortschritts, den wir anstreben? Wie ist es um seine Nachhaltigkeit bestellt, wie um die Ressourcen? Das alles sind Fragen, die meine Eltern, die Generation unserer Väter nie gestellt haben. Die haben sich nicht damit auseinandergesetzt, dass Ressourcen endlich sind oder dass das Klima irgendwann anfängt, empfindlich zu reagieren, und dass die Biodiversität einmal so dramatisch abnimmt.

Wir haben als Generation die Chance, eine neue Gebrauchsanleitung für den weiteren Fortschritt zu entwickeln, die nicht von einem wirtschaftlichen, sondern von einem emphatischen Denken bestimmt wird. Wir sollten uns klarmachen, dass jede Veränderung in Sachen Energie hierzulande die Kraft hat, befruchtend auf den Rest der Welt zu wirken. Wir dürfen nicht wie in der Vergangenheit Energie einfach nur nutzen und die Augen vor den Konsequenzen verschließen, im Hinblick sowohl auf die Ressourcen als auch auf die Emissionen. Für mich ist es wichtig, dass wir in dem Bewusstsein handeln, möglicherweise eine kulturelle Öffnung zu erleben, eine Verschiebung von Schwerpunkten. Neugierig sollten wir beobachten, was andere zu bieten haben, wobei sie vielleicht ebenso uns helfen können. Und wir sollten uns gegenseitig Mut machen, denn unsere Generation hat die ungeheure und gleichwohl realistische Möglichkeit, einen Weg einzuschlagen, der zu einer friedlicheren Welt führt.

Töpfer Da muss ich noch eines hinzufügen: Der von mir besonders geschätzte spanische Jesuit, Hochschullehrer und Schriftsteller Baltasar Gracián – er lebte im 17. Jahrhundert – schrieb einmal: «Man verstehe gut und zur rechten Zeit einzuhalten, denn das Schwierigste beim Laufen ist das Stillstehen.» Dieses Zitat findet sich in seinem Buch *Handorakel und Kunst der Weltklugheit*, das von Arthur Schopenhauer übersetzt wurde. Es ist ein bemerkenswerter, ein beachtlicher Satz. Bemerkenswert deswegen, weil er deutlich macht, dass das Stillstehen offenbar ein Teil des Laufens ist, des Fortschritts also. Das heißt, wir müssen Fortschritt so gestalten, dass er das Stillstehen einbindet und es sogar honoriert. Wir sind immer der Gefahr ausgesetzt, viel zu schnell zu rennen, sodass wir am Ende über unsere eigenen Füße fallen und auf der Nase landen. Also: Man lerne, früh genug innezuhalten. Man lerne, den Wald wieder zu sehen, nicht nur die Bäume.

Die Zeit sollte bei uns eine neue Dimension bekommen. Wir sollten uns zum Ziel setzen, dass ein Zuwachs an Zeit Wohlstand ist, dass unsere Perspektive nicht allein materieller Zuwachs sein kann. Zeit ist ein unmittelbarer Erfahrungswert, Zeit zu haben ein großer Vorteil, wenn wir unser Leben ändern. Nur wenn wir Zeit haben, können wir uns mit den Dingen ernsthaft beschäftigen – etwa mit der Dezentralisierung von Energieerzeugung. Fortschritt lässt sich einzig über eine Reflexion von Zeit verstehen, im Sinne der Frage: Was war und wohin soll es gehen? Bislang kommt das zu kurz.

Yogeshwar Innehalten ist in der Tat ein wichtiges Moment. Nur so kann man einen einmal eingeschlagenen Weg nach entsprechender Prüfung auch wieder verlassen. Das ist menschliche Freiheit, gerade angesichts einer Technik, die sich so rasch verändert. Nur das Innehalten ermöglicht es uns, nicht dem Automatismus der technischen Möglichkeiten, dem Diktat des Machbaren oder dem Druck der Marktgesetze zu erliegen. Das Ziel muss sein, unsere Zukunft aktiv und bewusst zu gestalten. Entwicklungen dürfen wir nicht mehr unreflektiert geschehen lassen, es besteht dabei die Gefahr, dass man ihnen am Ende einfach nur hinterherhechelt.

Die wahre Freiheit einer Kultur, einer Gesellschaft besteht meiner Meinung nach darin, dass die Menschen selbst entscheiden können und nicht zum Spielball eines Systems werden. Wir können Wege verlassen, wenn wir merken, dass sie falsch sind. Fortschritt beinhaltet eben manchmal auch den Schritt zurück nach vorn. Wir sollten den Mut haben, nicht mehr nur einem linear ausgerichteten Zukunftsglauben zu folgen – diesen Weg beschritten unsere Väter –, sondern Nebenpfade zu beschreiten. Ich erinnere: Menschen, die anfingen, die Kernenergie zu kritisieren, wurden seinerzeit als Personen bezeichnet, die sich gegen den Fortschritt stellen würden. Aufgrund meiner Profession als Physiker war ich an einem solchen natürlich stark interessiert, und das gilt auch weiterhin. Aber er muss mit dem Gedanken verbunden sein, zu erkennen, dass ein einmal eingeschlagener Weg sich als der falsche erweisen kann und man nochmals neu ansetzen muss.

Töpfer Professor Hans Karl Schneider, mein vor kurzem verstorbener, hoch verehrter Doktorvater, sagte gerne: «Sie können zwei Wege gehen. Sie können sich in einen schnell fahrenden Zug setzen und bis zur Endstation in ihm sitzen bleiben. Sie können ihn aber auch nur für kurze Strecken benutzen, dann steigen Sie aus und nehmen einen anderen Zug. Sie können das mehrmals wiederholen. Vielleicht kommen Sie nicht an der Endhaltestelle an, aber im Zweifelsfall kommen Sie dort an, wo Sie nicht hinwollten, aber hinsollten.» Leben besteht darin, Entscheidungen zu treffen, unter Alternativen zu wählen. Und je älter man wird, umso mehr befindet man sich in einer Situation, wo es nicht mehr so viele Alternativen gibt. Insofern sollte man sehr frühzeitig damit beginnen, das Leben mit einer Bereitschaft zu Alternativen zu verbinden.

Da ich schon Gracián zitiert habe, kann ich auch noch einen weiteren Satz von ihm anbringen: «Jeder Dumme ist überzeugt, und jeder Überzeugte ist dumm. Je irriger sein Urteil, umso größer sein Starrsinn.» Diesen Gedanken führte er weiter fort und meinte, dass die Festigkeit eines Menschen in den Bereich des Willens gehört und nicht in den des Verstands. Von vielen wird das bei uns anders gesehen. Sie sind davon überzeugt, dass Festigkeit zum Verstand gehört – was aber nur dazu führt, dass ein Stillstehen nicht mehr produktiv genutzt werden kann, weil man einzig weiterlaufen will. Wer seinen Willen einsetzt, weiß, wann er weiterlaufen und wann er innehalten muss, um etwas zu überdenken.

Nie werde ich den Moment vergessen, als wir uns 2001 in Stockholm trafen, um dort über eine Konvention zu verhandeln, in der es um völkerrechtlich bindende Verbots- und Beschränkungsmaßnahmen für bestimmte Schadstoffe ging, also um Pestizide wie DDT, Hexachlorbenzol oder Dioxine oder Furane. Diese «Persistant Organic Pollutants» (POPs) werden auch als das «Dirty Dozen» der chemikalischen Stoffe bezeichnet. Gerade in dem Augenblick, als in Stockholm diese Konvention von Delegierten aus 122 Staaten in einer feierlichen Zeremonie unterschrieben wurde, wies jemand darauf hin, dass 1948, genau in diesem Saal, der Schweizer Chemiker Paul Hermann Müller für seine Entdeckung der DDT-Wirksamkeit den Nobelpreis für Medizin bekommen habe. Vor rund sechzig Jahren war ein Mensch für seine Forschungen zu DDT ausgezeichnet worden, und nun stand dieses Pestizid auf einer Liste der umweltschädlichen Stoffe. Für mich war das ein Zeichen großer Offenheit und Toleranz in der Wissenschaft. Da wurde ein Stillstehen genutzt, um sich selbst in Frage zu stellen.

Yogeshwar Den Antreibern der Globalisierung kann man den Vorwurf machen, dass sie die einzelnen Gesellschaften in eine Situation hineingehetzt haben, in der wir uns ständig ökonomisch miteinander vergleichen. Etwa: Wenn die Preise für Arbeit in einzelnen Ländern fallen, verliert sie auf einmal an Wertschätzung. Auch haben wir uns von den Energiepreisen unter Druck setzen lassen. Und genau diese eindimensionale Betrachtungsweise müssen wir aufgeben: Wirtschaftliche Kategorien und Kategorien der Wettbewerbsfähigkeit dürfen nicht mehr die einzigen Konstanten sein, die unser Leben bestimmen. Wir wissen nicht, wie der Energiemarkt in zwanzig, dreißig Jahren aussehen wird, wir können es höchstens erahnen ...

Töpfer Wie würden Sie ihn denn sehen? 2050 sollen wir 80 Prozent weniger CO_2-Ausstoß haben. Wie bekommen wir das hin?

Yogeshwar Es bleibt uns gar nichts anderes übrig, als das hinzubekommen. Alles andere mündet in eine Katastrophe. Die tatsächlich einzige konstante Energiequelle, die wir haben, ist die Sonne – und damit letztlich verbunden der Wind als regenerierbares biologisches System. Das sind für mich die Rahmenbedingungen. Die alten Kathedralen der Technik mit ihren Laufzeiten und Amortisationszeiten sind, wie gesagt, passé.

Töpfer Sicher, da sind wir uns einig. Es muss in Zukunft ohne Kernenergie gehen und auch ohne eine Energie, die sich in besonderer Weise mit CO_2 verbindet. Der konkrete Weg dahin muss immer wieder erarbeitet und überarbeitet werden, damit eine breite demokratische Mehrheit ihn unterstützt. Dadurch wird er realisierbar.

Yogeshwar Wieder ein Beispiel: Wenn Sie heute nach Bangalore gehen, kann es passieren, dass es um acht Uhr morgens einen Stromausfall gibt, und zwar deshalb, weil die Hälfte der Stadtbewohner ihr warmes Wasser für die Dusche elektrisch aufheizt. In vierzig Jahren wird es diesen morgendlichen Powercut nicht mehr geben, weil die Energieversorgung komplett anders verläuft, dezentral, von den Menschen mitgetragen. Ich erinnere an die Informationsrevolution. Sie ist deshalb so schnell vonstattengegangen, weil viele Menschen den PC und das mobile Telefon für ihre Belange entdeckt haben. Hätten nur wenige Leute da mitgezogen, wäre es nie zu diesem großen Schub gekommen. Die Kunst wird darin bestehen, das Energieproblem als ein Gesamtproblem unserer Gesellschaft zu vermitteln, zu dessen Lösung jeder Einzelne gefordert ist. Wir haben Photovoltaik in Deutschland – schauen Sie, mit welcher Resonanz das passierte. Photovoltaik in Spanien: Der Wunsch danach war so groß, dass der Staat überfordert war.

Töpfer Es sind aber auch die Auslösefaktoren dafür bekannt. Dass es bei uns so rasant ging, hat etwas mit der sehr guten Rendite des eingesetzten Kapitals zu tun. Es war eine Entscheidung der Politik, Photovoltaik durch eine lukrative Einspeisevergütung zu fördern. Also nicht nur die Forschungsförderung stand im Vordergrund, sondern ebenso die Öffnung des Marktes. Immer in der Erwartung, dass es zu einer weiteren Verbilligung der Solarenergie kommt. Aber noch bin ich nicht so weit, zu sagen, dass diese Transformationsprozesse, die wir angesprochen haben, ausreichen, um die Energiewende tatsächlich zu leisten. Schon fast entschuldigend möchte ich erneut hinzufügen, dass wir ebenso alles daransetzen sollten, um den Markt intelligent zu ergänzen, nämlich durch staatliches Entscheiden, durch Ordnungsrecht. In diesem verlässlichen Ordnungsrahmen muss der Markt gefordert werden, damit wir auf Dauer vernünftige Ergebnisse erzielen.

1972, auf der Stockholmer UN-Konferenz für Umwelt und Entwicklung, hielt die damalige indische Ministerpräsidentin Indira Gandhi – außer Olof Palme hatte es kein weiterer Regierungschef für nötig erachtet, an dieser Versammlung teilzunehmen – eine Rede, die mich beeindruckte. Sie sagte sinngemäß: Es sei ja gut und richtig, dass die entwickelten Länder den weniger entwickelten sagen würden, welche Fehler sie bei ihren Entwicklungsprozessen nicht machen sollten, aber sie wolle die hoch entwickelten Länder daran erinnern, dass sie genau durch diese Fehler ihren heutigen Wohlstand erreicht hätten. Und sie erteilte in ihrer Rede einer Konzentration auf den Umweltschutz auf Kosten wirtschaftlicher Entwicklung eine klare Absage: «*Poverty is the worst form of pollution* – Armut ist die schlimmste Form von Umweltverschmutzung.»

In etwas direkterer Form sagte mir mein indonesischer Kollege Emil Salim, ein noch heute in Asien sehr geachteter Umweltpolitiker, auf dem UN-Gipfel in Rio de Janeiro: «Klaus, lasst uns tun, was ihr getan habt. Lass uns erst reich werden, sauber machen können wir dann später noch.» Und das stimmt. Wir haben auch nicht mit Filtern und Kläranlagen unser wirtschaftliches Wachstum in Gang gesetzt. Willy Brandt hat in einem Wahlkampf Mitte der sechziger Jahre gesagt, er wolle den blauen Himmel über der Ruhr wieder sehen.

Wir wissen nicht, wie sich, gerade auch mit Blick auf die Ökologie, China weiterentwickeln wird. Aber man muss gar nicht so weit gehen: Die europäische Hauptstadt Brüssel hatte lange Zeit keine Kläranlage, die Fäkalien von 1,5 Millionen Menschen landeten ungereinigt im Flüsschen Senne. Eine entsprechende Anlage ist erst in den letzten Jahren fertig geworden. Wir vergessen oft: Unser wirtschaftliches Wachstum haben wir durch eine Auslagerung erheblicher Kosten auf die Natur subventioniert, und natürlich kommen jetzt die Entwicklungsländer und sagen: «Das, Freunde, wollen wir auch! Wir wollen auch Entwicklung, wir wollen auch eine ökonomische Perspektive, wir wollen diese am Anfang auch ökologisch subventionieren.» Und wir antworten: «Sorry, wir haben die Leistungs- und Assimilationsfähigkeit der Natur für uns ausgenutzt, sogar in vielen Bereichen übernutzt. Ihr kommt jetzt ein bisschen spät.» Deshalb müssen wir zeigen, dass wir ohne eine Belastung der Natur wirtschaftliche Stabilität sichern können. Sonst denken jene Länder, die sich noch entwickeln wollen: Aha, nun kommen die mit ihrer Umwelt und wollen uns ihre Umweltkosten aufdrücken und damit unsere Wettbewerbsfähigkeit einschränken, unseren Handel hemmen und damit Hunger, Not und Unterentwicklung zementieren.

Yogeshwar Aber Fukushima könnte auch ein Beispiel für andere Nationen sein, das Unglück dort könnte gezeigt haben, was ein Weg mit Atomenergie an Kosten verursachen kann. So wie man in vielen noch wachsenden Metropolen dieser Erde begriffen hat, dass eine Infrastruktur wie in Los Angeles, nämlich nahezu ohne öffentliche Verkehrsmittel, ein Fehler war. Indien etwa hat sehr früh erkennen müssen, dass in Großstädten eine Klärung der Luft und der Gewässer unbedingt notwendig war. Delhi gehörte zu den

Mega-Citys mit der höchsten Inzidenz von Lungenkrankheiten weltweit. In kürzester Zeit konnte man das ändern. Gehen Sie heute durch Delhi, so ist dort die Luft eine völlig andere als noch vor fünfzehn Jahren.

Töpfer Das hat man dadurch erreicht, dass die Auto-Rikschas, die auch als Taxen dienten und knatternde Zweitakter waren, die die schädlichen Abgase erzeugten, nun mit Elektromotoren betrieben werden. Diese Veränderung ist aber nicht durch Maßnahmen erfolgt, die von der Regierung in Angriff genommen wurden, sondern auf Druck der Zivilgesellschaft. Heute streitet man sich darum, wer der Urheber der Idee war. Um den Erfolg streiten sich bekanntlich immer mehrere Väter!

Yogeshwar In diesem Fall haben die Inder das Problem selbst geregelt. Doch entscheidend ist, in welchem Tempo sie diese Veränderung hinbekommen haben. Anderes Beispiel: Hier in Europa gibt es ein Rauchverbot in öffentlichen Gebäuden, und einige Wirte sind sehr einfallsreich, um es zu verhindern. Indien, so könnte man meinen, gehört mit Sicherheit zu den Nationen, die bei der Umsetzung des Rauchverbots eher das Schlusslicht bilden. So ist es aber nicht. Vor zwei Jahren erlebte ich mitten in Delhi, wie mich Menschen auf der Straße darauf aufmerksam machten, doch bitte nicht in der Öffentlichkeit zu rauchen. Ich sage das vor dem Hintergrund, dass Indien eines der Länder ist, in dem das Rauchen geradezu erfunden worden sein könnte. Da hat sich im Bewusstsein von Millionen von Menschen in größter Geschwindigkeit der Gedanke verankert, dass es gut sei, nicht einmal mehr im Freien eine Zigarette zu rauchen!

Töpfer Sie rauchen?

Yogeshwar Stimmt. Zugegeben, auch ich bin fehlbar. Aber zurück zum eigentlichen Thema: Wir sollten die anderen Länder nicht unterschätzen. Die Menschen dort sind intelligent genug, um zu wissen, dass auf lange Sicht die Folgen von Ökokatastrophen in keinem Verhältnis stehen zur Vorbeugung. Insofern bin ich da sehr zuversichtlich.

Töpfer Ja, die indischen NGOs, die Nichtregierungsorganisationen, haben da große Erfolge zu verzeichnen, haben vieles vorangetrieben, die richtigen Informationen gegeben. Und auch in anderen Ländern entstehen Bewegungen allein aus der Kenntnis bestimmter Sachverhalte heraus. Bislang sind wir immer der Meinung gewesen, dass wissenschaftlicher Fortschritt Gesellschaften verändert. Aber umgekehrt ist es genauso richtig: Gesellschaftliche Veränderungen verändern auch wissenschaftlichen Fortschritt. Widerstand in der Öffentlichkeit verändert die Sicht auf Probleme und führt zu neuen technologischen Überlegungen. Somit müsste man die Menschen noch stärker in den Prozess des wissenschaftlichen Forschens und Entwickelns einbinden. Über die zwingend erforderliche interdisziplinäre Perspektive hinaus muss eine transdisziplinäre Forschung selbstverständlich werden. Das wäre eine ganz neue Aufgabe, und die sogenannten Schwellenländer gehen da voran und lassen uns alt aussehen.

Yogeshwar Der Tata Nano, jener 2009 auf den Markt gekommene viersitzige Kleinstwagen des indischen Autoherstellers Tata Motors, ist sicherlich noch nicht die Lösung. Aber es ist interessant, zu sehen, wie es im Land meiner Kindheit Ansätze zu einer Stadtmobilität gibt, die sich von der im Westen unterscheiden.

Töpfer Und in der Türkei haben wir die Dolmuş-Taxen, die Sammeltaxen.

Yogeshwar Eine großartige Erfindung!

Töpfer Tolle Sache, ja. Aber versuchen Sie das mal in Deutschland umzusetzen.

Yogeshwar Wir sollten dennoch eine Offenheit für diese Dinge entwickeln, genau beobachten, was woanders entsteht, und uns davon auch inspirieren lassen. Wir sind nicht die Allwissenden, die dem Rest der Welt den Weg weisen. Wir alle sind Suchende. Unsere westliche Gesellschaft ist an vielen Stellen renovierungsbedürftig, und renovieren ist manchmal aufwendiger, als etwas neu zu bauen. In vieler Hinsicht werden wir uns von lieb gewonnenen Kategorien verabschieden müssen. Doch die qualitativ größte Differenz zwischen einem Staat wie Deutschland und einem wie Indien besteht für mich im Phänomen Angst. Die Menschen hier haben Angst, ihren Wohlstand, auch ihre Bequemlichkeit zu verlieren. Veränderung ist bei ihnen mit dem Gedanken verbunden, dass ihnen etwas abhandenkommen kann. Menschen, die nicht im Westen leben, unterscheiden sich davon fundamental. Sie befinden sich in einer Position, in der sie sagen können: «Gut, wir haben wenig, insofern können wir nur gewinnen.» Dadurch wird es in Zukunft auch auf psychologischer Ebene sehr spannend sein: Beharrungsängste versus ...

Töpfer ... versus Leapfrogging. Eigentlich ist das ja ein Begriff aus der Wirtschaft, aber ich finde, er passt hier sehr gut. Es ist die Möglichkeit, mehrere Entwicklungsstufen zu überspringen, weil sich gesellschaftliche Strukturen und Besitzstände nicht so verfestigt haben. Und das meine ich sehr positiv.

Yogeshwar Natürlich kann man höher springen, wenn man weniger Ballast aus der Vergangenheit mitschleppen muss. Ja! Während andere gewissermaßen aus dem Nichts Dinge aufbauen können, wird bei uns in Deutschland wahrscheinlich die größte Herausforderung sein, die fest zementierten Ansichten unserer Vätergeneration aufzugeben und sich den damit verbundenen Verlustängsten zu stellen. Der Angst kann man nur begegnen, indem sich der Einzelne sagt: «Es gibt trotzdem eine Möglichkeit.» Das Wort «alternativlos» war immer auch ein Ausdruck von Furcht. Man benutzte es, um den Menschen zu suggerieren: «Sonst verlieren wir!» Wäre man aufgeklärt gewesen, genauer informiert, hätte man das Diktat der Alternativlosigkeit gar nicht akzeptiert. Ich glaube, ein wichtiger Schlüssel zur Zukunft wird sein, diese Ängste zu verstehen, sie ernst zu nehmen und ihnen entsprechend zu begegnen. Eine Energiewende wird nur funktionieren, wenn die Herrschaft der Angst gebrochen werden kann.

Töpfer Dem füge ich hinzu: Es wäre auch meine größte Besorgnis, in einer Bevölkerung zu leben, die von Angst dominiert ist. Wer Angst hat, trägt nicht dazu bei, dass gesellschaftliche Notwendigkeiten eine politische Entscheidungsrelevanz bekommen. Er flieht vor der Aufgabe und macht sie daher erst unüberwindlich schwer. Mit Hans Jonas weise ich darauf hin, dass mir der Begriff «Furcht» sehr viel sinnvoller erscheint als «Angst». Mit Furcht verbindet sich Ehrfurcht, verbindet sich die Verpflichtung, ehrfürchtig und damit vorausdenkend Entscheidungen vorzubereiten und durchzusetzen.

Yogeshwar Aber wie verhilft man gerade dem Einzelnen zu einem stärkeren Selbstbewusstsein?

Töpfer Kaum mit einem Begriff wie «Wachstumsbeschleunigungsgesetz». Der klingt ja fast schon, als wolle man karikaturistisch bewusst überzeichnen. Beide Teile dieses Wortungeheuers sind nicht zukunftsfähig, weder Wachstum noch Beschleunigung.

Yogeshwar Sie haben gefragt, wie es in dreißig, vierzig Jahren aussieht. Mit etwas Glück werden wir dann zur Neujahrzeit keine Reden mehr hören, in denen Vokabeln wie «Wachstum» vorkommen. Vielmehr wird es in ihnen um Glück, Wahlmöglichkeiten, kulturelle Vielfalt und Freiheit gehen.

Töpfer Gerne wäre ich bei solchen Reden noch dabei. Meine Befürchtung ist jedoch, dass wir durch vorangegangenes Tun in einer fast zwanghaften Abhängigkeit stecken, was das Wachstum betrifft. Man spricht von einem «Lock-in-Effekt», von Pfadabhängigkeit. Wir brauchen Wachstum, um die massiv angehäuften Schulden abzubauen. Wir brauchen Wachstum, nicht zuletzt um den Wohlstand der Bürger zu sichern und sozialen Verwerfungen vorzubeugen. In den letzten Wachstumsperioden sind die Realeinkommen der Lohnempfänger weiß Gott nicht gestiegen. Man kann sich sogar darüber unterhalten, ob sie nicht gesunken sind. Wir benötigen Wachstum, um die eingegangenen Schuldverpflichtungen zu erfüllen. Griechenland und Italien, um nur zwei Beispiele zu geben, haben Hunderte von Milliarden Euro Schulden angehäuft. Und dort, wo jemand Schulden hat, stellt ein anderer Forderungen – eigentlich eine Banalität, doch sie wird häufig vergessen. Oder es wird gefragt: «Wie sind diese Schulden zu verstehen? Kann man sie abschreiben?» Das kann man nicht, man muss sie abarbeiten. Dabei denken manche an Inflation oder an Veränderungen der Wechselkurse. Ansonsten gibt es einen Zwang zum Wachstum. Andere Wege werden nicht aufgezeigt und entwickelt – außer man einigt sich auf solche, die nicht zur sozialen Stabilität beitragen.

Wir stehen permanent am Rande eines Staatsbankrotts. Was nichts anderes heißt, als dass Schulden aufgehäuft wurden, dass auf Kosten der ökologischen und ökonomischen Zukunft gelebt und in der selbstverständlichen Annahme weiteren wirtschaftlichen Wachstums gehandelt wurde.

Yogeshwar Klar. Wenn wir uns die Schuldensituation anschauen: Von außen betrachtet erscheint sie als absurd. Wenn wir uns die Zahl der Krisen und Katastrophen ansehen, die wir zurzeit auf dem ökonomischen Parkett erleben, und auf die Maßnahmen blicken, mit denen man ihnen zu begegnen versucht, so wird einem bewusst, wie sehr wir Gefangene sind. Unsere Vorgehensweisen wirken wie Rettungsversuche eines Denkens, das sich längst überholt hat.

Töpfer In diesem Sinne wäre vielleicht auch eine Katastrophe im Denken notwendig ...

Yogeshwar Auf jeden Fall brauchen wir für die Finanzwelt einen Ordnungsrahmen, vergleichbar demjenigen im Energiesektor, bei dessen Durchsetzung Sie mitgewirkt haben. Wir alle haben die Finanzkrise im September 2008 miterlebt, die mit der Pleite der amerikanischen Investmentbank Lehman Brothers einherging. Alle beklagten gemeinsam, was für Fehler das Investmentbanking gemacht hat, doch geändert hat sich letztlich nichts. Nichts haben wir daraus gelernt.

Töpfer Das lässt sich einfach erklären: Wir haben nicht zugelassen, dass sich die Katastrophe realisierte. Auf Kosten des Risikos einer sozialen und ökonomischen Destabilisierung ganzer Volkswirtschaften mit verheerenden Konsequenzen wurde die Katastrophe durch staatliches Handeln aufgefangen.

Yogeshwar Oder einfach nur verschoben.

Töpfer Die Verschiebung würde die Risiken der Anpassung drastisch erhöhen.

Außerdem: Alle Bemühungen zu einer weltweit nachhaltigen Entwicklung werden zu Makulatur, sollte wieder eine heftige Wirtschafts- und Finanzkrise die Welt erschüttern. Sollte diese Krise sehr massiv ausfallen, dann lässt sich eigentlich nichts mehr retten. Allmählich ist das Kriterium ja nicht mehr *too big to fail*, sondern *too big to save*. Wer sich da zum Retter aufschwingt, ist selbst unrettbar verloren. Im naturwissenschaftlichen Bereich ist die Grundlage von Versuchsanordnungen immer das Prinzip von Versuch und Irrtum. Doch ist der Irrtum so groß, dass er einen neuen Versuch gar nicht erst zulässt, ist an eine Fortsetzung nicht zu denken, darauf hatte ich schon hingewiesen. Auch beim ökonomischen System müssen wir uns fragen, wie lange es noch möglich sein wird, dass global Agierende es lediglich mit nationalen Kontrollen zu tun bekommen.

Yogeshwar Da ich weder Ökonom noch Finanzexperte bin, kann ich nur den Mechanismus fassen, das Symptomatische: Auf dem Finanzsektor wurde etwas prolongiert, aber nichts gelöst. Schon gar nicht global gelöst. Die US-Zentralbank druckte im Januar

2011 600 Milliarden Dollar, und das induzierte, dass die Inflationsraten und die Brotpreise in Ägypten stiegen – und eine Revolution auslösten. Ich frage mich: Ist dies das letzte Zucken eines Systems, das irgendwann nicht mehr funktioniert?

Töpfer Was ich unbedingt vermeiden will: dass wir uns hier in aller Detailliertheit Gedanken über eine sicherlich wichtige Facette menschlicher Lebensvoraussetzung, nämlich Energie, machen, sogar zu dem Schluss kommen, dass sich menschliches Verhalten ändern muss und Lebensentwürfe zu überprüfen sind, und dabei zentrale Einflussfaktoren ausblenden und so tun, als wären es lediglich externe Geräuschkulissen. Zur Nachhaltigkeit gehört in ganz besonderer Weise eine grundsätzliche Reform des Finanz- und Währungssystems. Ich hoffe sehr, dass eine Kernschmelze des Finanzsystems verhindert wird und nicht erst – wie bei Fukushima – nach der Katastrophe reagiert wird.

Yogeshwar Ich denke, dass die Menschen weltweit die Instrumente bestimmter Investmentbanker, ihre konstruierten Papiere, als einen Skandal empfinden. Niemand hält das für okay.

Töpfer Auch hier meine Rückfrage: Wir sind Weltmeister in der Analyse, aber wenn es darum geht, etwas zu tun und zu ändern, sind wir höchstens Kreisklasse. Diese Kluft müssen wir ein Stück weit aufarbeiten, und dafür brauchen wir Menschen, die nicht jeden mit einem Verdikt belegen, der ihre tatsächlichen oder vermeintlichen Besitzstände in Frage stellt oder auch nur in Frage zu stellen scheint. 2009 machte sich Angela Merkel zum G20-Gipfel ins amerikanische Pittsburgh auf. Vor ihrer Abreise zusammen mit dem damaligen Finanzminister Peer Steinbrück teilte sie der deutschen Öffentlichkeit mit, sie habe in ihrem Gepäck eine Charta für nachhaltiges Wirtschaften. Auf dem Gipfel selbst und auch hinterher war davon keine Rede mehr.

Ich habe mich gefragt: Was wird, was muss in einer solchen Charta stehen? Zeigt sie Wege auf, wie die mittel- und langfristigen

Konsequenzen finanzpolitischen und wirtschaftlichen Handelns einzubinden sind? Wie verhindert wird, dass Risiko von Haftung getrennt wird? Zeigt die Charta auf, wie dem Diktat der Kurzfristigkeit zu entkommen ist? Die Dominanz der Kurzfristigkeit ist das gemeinsame Merkmal aller Krisen. Solange wir uns davon beherrschen lassen, tanzen wir auf dem Vulkan. In Fukushima ist der Vulkan in die Luft gegangen – ein energetischer Vulkan im wahrsten Sinne des Wortes. Vergleichbares kann genauso gut in der Finanzwirtschaft passieren.

Yogeshwar Die Vereinigten Staaten stehen momentan mit dem Rücken zur Wand.

Töpfer Die sind schon nicht mehr mit dem Rücken zur Wand, die sind bereits mit dem Bauch auf der anderen Seite der Wand.

Yogeshwar All das zeigt doch, dass sich so etwas wie eine Energiewende nur unter der Voraussetzung realisieren lässt, dass sie eingebettet wird in eine grundsätzliche Nachhaltigkeit. Im Klartext heißt das: Eine Energiewende wird es nur dann geben, wenn auch der Finanzsektor ähnlichen Grundsätzen folgt, wie wir sie für den Energiesektor entwickelt haben. Man kann nicht ein aggressives Finanzsystem mit einer allein nachhaltigen Energiepolitik verheiraten.

Töpfer Als im Jahr 2000 die Millennium-Entwicklungsziele der Vereinten Nationen, die Millennium Development Goals, für 2015 formuliert wurden – insgesamt waren es acht Punkte, darunter die Senkung der Kindersterblichkeit, die Gleichstellung der Geschlechter, die ökologische Nachhaltigkeit, vor allem auch die Bekämpfung von Armut und Hunger –, kam in ihnen «Energie» nicht vor. Alle diese genannten Ziele aber sind entscheidend von Energie abhängig, werden davon nicht nur am Rande betroffen. Richtigerweise kann man sagen: «Wir essen Öl.» Obwohl im Vorfeld davon gesprochen wurde, nannte man sie auch nicht «Millennium Sustainable Development Goals».

Yogeshwar Ich halte es nicht für so entscheidend, ob nun das Wort «sustainable» in der Formulierung der Ziele auftaucht, solange Nachhaltigkeit in die Ziele selbst eingegangen ist.

Töpfer Doch darf man nicht vergessen: Wer die Begriffe beherrscht, beherrscht auch die Menschen und die Meinungen. Natürlich könnte ich Sie auch fragen: Wie sieht Ihrer Meinung nach die Töpferkerze oder das Wallmann-Ventil für die weltweite Finanzwirtschaft aus?

Yogeshwar Hier geht es weniger um ein Ventil, sondern vielmehr direkt um den Reaktorkern der Finanzwelt, der sich unkontrolliert hochschaukelt, der keine natürlichen Grenzen kennt. Es sei denn, er explodiert – mit den katastrophalsten Auswirkungen. Damit Finanzmärkte wieder natürliche Grenzen bekommen, reichen keine Ventile aus. Sie würden am Ende nur dazu führen, dass die Systeme weiterhin so agieren können, wie sie es schon zuvor taten. Da müssten wir grundsätzlich etwas ändern.

Töpfer Um im Bild zu bleiben: Die Fragen der Kernenergie lassen sich wesentlich besser lösen, wenn es einem, vielleicht durch den Einsatz eines Ventils, erspart geblieben ist, dass so ein Reaktor in die Luft fliegt. Darin sehe ich auch den Vergleich zur Finanzwelt. Ich bin da keineswegs resignativ. Es ist eine großartige Chance, die Energiewende in Deutschland erfolgreich umzusetzen. Aber gerade deshalb haben wir die Pflicht und Schuldigkeit, nicht nur die Analyse zu Ende zu bringen, sondern auch die Therapie, die Umsetzung. Es zeigt unsere Verantwortung auf, andere Krisen, die uns ebenfalls in einer Pfadabhängigkeit halten, ebenso zu erkennen und in ihrer Wechselbeziehung zu durchschauen. Noch einmal: Das gemeinsame Merkmal aller Krisen ist und bleibt die Dominanz der Kurzfristigkeit. Überall dort, wo wir unsere Handlungsketten ein Stück weit verlängern, leisten wir in der Tat einen Beitrag zur Nachhaltigkeit.

Yogeshwar Es ist die Zeit, die ihre Kinder frisst. Sie sagen es: Wir müssen die Dinge viel grundsätzlicher angehen. Da wäre: die Rolle von Geld in unserer Gesellschaft, von Energie, was ist das Ziel unseres Fortschritts? Krisen sind immer Ausdruck einer selbst verordneten Unfreiheit, einer selbst verschuldeten Unmündigkeit. Die Finanzkrise, die Energiekrise, die Klimakrise sind lediglich Symptome der Gefangenschaft in unserem System. Unsere Freiheit besteht darin, diese Systemgrößen nicht als unverrückbare Konstanten zu begreifen, sondern sie bewusst zu setzen und sogar neu zu definieren. Unsere Zukunft ist nicht vorherbestimmt, wir haben die Freiheit, unsere Zukunft selbst in die Hand zu nehmen.

Töpfer Es ist ein Prozess, an dem wir alle beteiligt sind. Im Großen wie im Kleinen. Mir ist das vorhin aufgefallen: Als der junge Sperber gegen die Scheibe flog, waren wir alle betroffen. Sie haben den Vogel aufgehoben, Ihre Frau holte die Plastikbox, Ihre Tochter hat ihn zugedeckt, ich habe meine Tochter angerufen, die Tierärztin ist, und der Fotograf fährt mit dem immer noch bewusstlosen Sperber direkt zum Tierarzt. Dieser unglückliche Vorfall bringt uns alle plötzlich einander näher, und jeder von uns trägt aktiv seinen Teil bei. Bei der Suche nach einer Lösung entwickelt sich Zusammengehörigkeit, wir fühlen uns nicht nur dem Tier, sondern ebenso untereinander verbunden. Der Unfall, für den Vogel schrecklich, hat so gesehen auch eine gewinnende Seite.

Yogeshwar Hoffen wir, dass er bald wieder fliegen kann. Sie werden heute Abend noch in ein Flugzeug nach Japan steigen, zu dem Ort der großen Katastrophe.

Töpfer Es ist gut, dass ich bei meinem Besuch in Japan mit vielen Vertretern der Nichtregierungsorganisationen und der Wissenschaft zusammentreffen kann. Viele der großen japanischen Zeitungen bemühen sich um Interviews. Die Nachdenklichkeit und die Suche nach Alternativen sind ganz offensichtlich im Mittelpunkt der japanischen Gesellschaft angekommen. Mein Besuch soll nicht für die deutsche Energiewende werben, sondern Informationen vermitteln, soll neue Verbindungen knüpfen. Ich werde dabei auf alte Freunde treffen und neue gewinnen können.

Yogeshwar Apropos Fliegen, da fällt mir eine Geschichte ein: Auf einem Langstreckenflug saß ich neben einem älteren Herrn, den ich nicht kannte. In der Luft hatte er Probleme mit dem Sicherheitsgurt, und ich half ihm. Die Stewardess fragte ihn: *«Are you together?»* Der alte Mann lachte, schaute sich um und erwiderte: *«Aren't we all together?»*

DANKSAGUNG

Dieses Buch wäre nicht ohne die Zusammenarbeit vieler engagierter Menschen entstanden. Stefan Bollmann vom Verlag C.H.Beck danke ich für die vielen anregenden Gespräche, in denen wir die Themenbereiche dieses Buchs konzipierten und strukturierten. Typisch bei unseren Telefonaten war immer sein beherztes Lachen, und so teilten wir von Beginn an unsere freudige Leidenschaft für dieses gemeinsame Projekt. Regina Carstensen hat die Gespräche zwischen Klaus Töpfer und mir schriftlich überarbeitet. Sie tat dieses mit großer Sensibilität und kritischem Sachverstand und besitzt offensichtlich die Gabe, sich in die Gedankenwelt eines anderen Menschen hineinzuversetzen. Beide waren mir an vielen Stellen eine wertvolle Hilfe, wenn es darum ging, Gedanken zu pointieren und die Argumente zu ordnen.

Unzählige Experten aus der Energieforschung, von der Solartechnik bis hin zu Fachleuten der Kernenergie, haben mir in erfreulich offenen und undogmatischen Gesprächen geholfen, Antworten auf meine Fragen in dieser sehr komplexen Materie zu finden. Ihnen allen an dieser Stelle ein festes Dankeschön!

Meinen Kollegen der Programmgruppe Wissenschaft beim WDR möchte ich für ihre großartige Unterstützung meiner Arbeit danken. Seit vielen Jahren haben wir uns im Rahmen unserer Sendungen mit den vielfältigen Aspekten der Energiethematik auseinandergesetzt; viele meiner Überlegungen nähren sich aus den

mutigen und unkonventionellen Diskussionen, die wir über Jahre hinweg geführt haben.
Zuletzt gilt mein Dank dem Menschen, der wie kein zweiter zum inspirierenden und kritischen Begleiter meines Lebens geworden ist: meiner Frau!

Ranga Yogeshwar

Dem Verlag C.H.Beck, und besonders Herrn Bollmann, danke ich für die Beharrlichkeit, sich nicht von meiner ursprünglichen Absage entmutigen zu lassen. Mein Dank gilt weiterhin der ganzen Familie Yogeshwar für ihre Gastfreundschaft und Regina Carstensen für ihre kunstvolle Transkription der aufgezeichneten Gespräche. Meine in diesem Buch vorgetragenen Überlegungen speisen sich aus vielen Quellen, nicht zuletzt aus der Reflexion der Erfahrungen, die ich in der Ethikkommission gemacht habe. Die Zusammenarbeit mit Günther Bachmann wird über die Ethikkommission hinaus fortgesetzt. Ihm schulde ich Dank für viele wichtige Gespräche und die freundschaftliche Zusammenarbeit. Mit Heiner Geißler konnte ich mich über seine Erfahrungen beim Projekt «Stuttgart 21» austauschen; die dort und die in der Ethikkommission gewonnenen Erkenntnisse werden bei uns im IASS aufgegriffen und systematisch weiterentwickelt. So darf ich last but not least auch den Mitarbeitern des IASS danken, insbesondere meinem persönlichen wissenschaftlichen Referenten Dr. Falk Schmidt. Alle hier namentlich Genannten waren in das Gespräch selbst und dessen Umsetzung in diesem Buch nicht eingebunden und sind deshalb für gedankliche Fehler in keiner Weise verantwortlich.

Klaus Töpfer

PERSONENREGISTER

Naturwissenschaft im dtv

Sandra Aamodt, Samuel Wang
Welcome to Your Brain
Ein respektloser Führer durch die Welt des Gehirns
Übers. v. N. Juraschitz
ISBN 978-3-423-**34615**-3

Hugh Aldersey-Williams
Das wilde Leben der Elemente
Wie Chemie Geschichte gemacht hat
Übers. v. F. Griese
ISBN 978-3-423-**34768**-6

Jamie Buchan
Pi mal Daumen
Was Zahlen erzählen
Übers. v. D. Mallett
ISBN 978-3-423-**34683**-2

Thomas Bührke
$E = mc^2$
Einführung in die Relativitätstheorie
ISBN 978-3-423-**33041**-1

Genial gescheitert
Schicksale großer Entdecker und Erfinder
ISBN 978-3-423-**24928**-7

Richard Dawkins
Der blinde Uhrmacher
Warum die Evolution der Beweis für ein Universum ohne Design ist
Übers. v. K. de Sousa Ferreira
ISBN 978-3-423-**34478**-4

Marcus Chown
Govert Schilling
Das Universum twittern
Kurze Sätze über große Ideen
Übers. v. B. Brandau
ISBN 978-3-423-**24955**-3

Marcus Chown
Warum Gott doch würfelt
Über »schizophrene Atome« und andere Merkwürdigkeiten aus der Quantenwelt
Übers. v. K. Neff und S. Hunzinger
ISBN 978-3-423-**34735**-8

Das Universum und das ewige Leben
Neue Antworten auf elementare Fragen
Übers. v. F. Griese
ISBN 978-3-423-**24712**-2

Intelligentes Leben im Universum
Was wir im Alltag über Physik lernen können
Übers. v. K. Neff
ISBN 978-3-423-**24802**-0

Keith Devlin
Die Berechnung des Glücks
Eine Reise in die Geschichte der Mathematik
Übers. v. E. Heinemann
ISBN 978-3-423-**34704**-4

Naturwissenschaft im dtv

Lewis C. Epstein
Denksport-Physik
Fragen und Antworten
Übers. v. H.-E. Lessing
ISBN 978-3-423-34682-5

Holm Friebe, Philipp Albers
Was Sie schon immer über 6 wissen wollten
Wie Zahlen wirken
ISBN 978-3-423-34777-8

Detlev Ganten, Thomas Deichmann, Thilo Spahl
Naturwissenschaft
Alles, was man wissen muss
ISBN 978-3-423-34237-7

Stephen Hawking
Das Universum in der Nussschale
Übers. v. H. Kober
ISBN 978-3-423-34089-2

Ulrich Kutschera
Tatsache Evolution
Was Darwin nicht wissen konnte
ISBN 978-3-423-24707-8

Michael Madeja
Das kleine Buch vom Gehirn
Reiseführer in ein unbekanntes Land
ISBN 978-3-423-34705-1

Christiane Nüsslein-Volhard
Das Werden des Lebens
Wie Gene die Entwicklung steuern
ISBN 978-3-423-34320-6

Ernst Pöppel
Der Rahmen
Ein Blick des Gehirns auf unser Ich
ISBN 978-3-423-34657-3

Josef H. Reichholf
Das Rätsel der Menschwerdung
Die Entstehung des Menschen im Wechselspiel mit der Natur
ISBN 978-3-423-33006-0

Die Zukunft der Arten
Neue ökologische Überraschungen
ISBN 978-3-423-34532-3

Der Ursprung der Schönheit
Darwins größtes Dilemma
ISBN 978-3-423-34767-9

Brigitte Röthlein
Schrödingers Katze
Einführung in die Quantenphysik
Hg. v. O. Benzinger
Illust. v. N. Schnyder
ISBN 978-3-423-33038-1

Naturwissenschaft im dtv

Marais du Sautoy
Das Geheimnis der Symmetrie
Mathematiker entschlüsseln das Rätsel der Natur
Übers. v. S. Gebauer
ISBN 978-3-423-**34658**-0

Thomas Schaller
Die berühmtesten Formeln der Welt
... und wie man sie versteht
ISBN 978-3-423-**34571**-2

Simon Singh
Fermats letzter Satz
Die abenteuerliche Geschichte eines mathematischen Rätsels
Übers. v. K. Fritz
ISBN 978-3-423-**33052**-7

Geheime Botschaften
Die Kunst der Verschlüsselung von der Antike bis in die Zeit des Internet
Übers. v. K. Fritz
ISBN 978-3-423-**33071**-8

Big Bang
Der Ursprung des Kosmos und die Erfindung der modernen Naturwissenschaft
Übers. v. K. Fritz
ISBN 978-3-423-**34413**-5

Rudolf Taschner
Der Zahlen gigantische Schatten
Die fantastische Welt der Mathematik
ISBN 978-3-423-**34553**-8

Frans de Waal
Der Affe in uns
Warum wir sind, wie wir sind
Übers. v. H. Schickert
ISBN 978-3-423-**34559**-0

Primaten und Philosophen
Wie die Evolution die Moral hervorbrachte
Übers. v. B. Brandau und K. Fritz
ISBN 978-3-423-**34659**-7

Das Prinzip Empathie
Was wir von der Natur für eine bessere Gesellschaft lernen können
Übers. v. H. Kober
ISBN 978-3-423-**34776**-1

Frederic Vester
Denken, Lernen, Vergessen
Was geht in unserem Kopf vor?
ISBN 978-3-423-**33045**-9

Michael Willers
Denksport-Mathematik
Rätsel, Aufgaben und Eselsbrücken
Übers. v. S. Vogel
ISBN 978-3-423-**24838**-9

dtv-Atlas Chemie
von H. Breuer
2 Bände
Band 1: ISBN 978-3-423-0**3217**-9
Band 2: ISBN 978-3-423-0**3218**-6

Bio – fair – nachhaltig

Georg Schweisfurth
Bewusst anders
Erfahrungen eines Öko-Pioniers

dtv premium
ISBN 978-3-423-**24951**-5

Es war Georg Schweisfurth nicht in die Wiege gelegt, dass er einmal zu den Öko-Pionieren des Landes gehören würde. Sein Vater gründete den Milliardenumsatz-Betrieb *Herta*, verkaufte aber 1985 und wurde sozusagen vom Saulus zum Paulus, als er die industrielle Lebensmittelerzeugung aufgab zugunsten einer ökologischen Landwirtschaft. Zusammen mit seinem Sohn Georg baute er die *Herrmannsdorfer Landwerkstätten* auf. Später war Georg Schweisfurth Mitbegründer der Bio-Kette *Basic*, von der es heute 28 Märkte in Deutschland und Österreich gibt.

Georg Schweisfurth zeigt am Beispiel zahlreicher Projekte, wie die Erzeugung ökologischer Lebensmittel auch zum wirtschaftlichen Erfolg werden kann. Voraussetzung ist, die Verbraucher zum Umdenken zu bringen, damit man auf den liebevoll produzierten Waren nicht sitzenbleibt.

Georg Schweisfurth erzählt hier die Geschichte seines Lebens, berichtet von seinen eigenen Unternehmungen, aber auch von vielen anderen Projekten, die zeigen, was jeder Einzelne tun kann.

»... ein Buch, das viele Nahrungsproduzenten nachdenklich machen könnte.«
Darmstädter Echo

Bitte besuchen Sie uns im Internet: www.dtv.de